中国区域金融稳定报告

（2024）

China Regional Financial Stability Report

(2024)

中国人民银行上海总部金融稳定分析小组　编

中国金融出版社

责任编辑：王雪珂
责任校对：刘　明
责任印制：陈晓川

图书在版编目（CIP）数据

中国区域金融稳定报告．2024／中国人民银行上海总部金融稳定分析小组编．-- 北京：中国金融出版社，2024.10. -- ISBN 978-7-5220-2573-5

Ⅰ．F832.7

中国国家版本馆 CIP 数据核字第 20246SF884 号

中国区域金融稳定报告．2024
ZHONGGUO QUYU JINRONG WENDING BAOGAO. 2024

出版发行　中国金融出版社
社址　北京市丰台区益泽路 2 号
市场开发部　（010）66024766，63805472，63439533（传真）
网上书店　www.cfph.cn
（010）66024766，63372837（传真）
读者服务部　（010）66070833，62568380
邮编　100071
经销　新华书店
印刷　北京侨友印刷有限公司
尺寸　210 毫米×285 毫米
印张　12.25
字数　222 千
版次　2024 年 10 月第 1 版
印次　2024 年 10 月第 1 次印刷
定价　168.00 元
ISBN 978-7-5220-2573-5
如出现印装错误本社负责调换　联系电话（010）63263947

《中国区域金融稳定报告（2024）》编写组

组　　长：孙　辉

总　　纂：饶庆文　黄　革　刘　明　谢　艳　王靖夫

统　　稿：张国文　郑振东　周正清　贾　喆

执　　笔：

第一章	贾　喆	谢　霏			
第二章	邱彦华	陈太玉	侯腊一	段金宝	舒　磊
第三章	罗晓蕾	陈奕丞	吴晋科		
第四章	陈　芳	石　实	段　然	冯永佳	速　韬
第五章	刘晓东	张继仁	康　丹	董　磊	
第六章	贾　喆				
专　栏	雷　蕾	郑　勇	叶雨东	吴　翔	曹　越
	黄声扬	彭于彪	张　靖	姜　阳	德吉央宗
	格桑央珍	卢海旭	于　亮		
专　题	赵　晨	黄　静	王大波	刘雪梅	雷梦菲
	李晓飞	杨灵语	居　姗	王　琳	郝雨时
	齐玉录	吴　进	覃麒桦	赵伟欣	丁　攀
	何　山				
附　录	童庆平	田　换	侯腊一	罗晓蕾	石　实
	刘　闯				

本报告涉及四个区域：东部地区十个省、直辖市，包括北京、天津、河北、上海、江苏、浙江、福建、山东、广东和海南；中部地区六个省，包括山西、安徽、江西、河南、湖北和湖南；西部地区十二个省、自治区、直辖市，包括内蒙古、广西、重庆、四川、贵州、云南、西藏、陕西、甘肃、青海、宁夏和新疆；东北地区三个省，包括辽宁、吉林、黑龙江。

本报告不含港、澳、台。

目 录

第一章
概　述

2023年是全面贯彻党的二十大精神的开局之年，是新冠疫情防控转段后经济恢复发展的一年。面对复杂严峻的国际环境和艰巨繁重的国内改革发展稳定任务，各地区[①]始终坚持以习近平新时代中国特色社会主义思想为指导，全面贯彻落实党的二十大、二十届二中全会、中央经济工作会议、中央金融工作会议精神，严格按照党中央、国务院决策部署，坚持稳中求进工作总基调，完整、准确、全面贯彻新发展理念，加快构建新发展格局，着力扩大需求、优化结构、提振信心、防范化解风险。总体来看，各地区国民经济回升向好，高质量发展扎实推进，民生保障有力有效，区域发展平衡性协调性进一步增强，向着全面建设社会主义现代化国家迈出了坚实步伐。各地区金融体系整体保持稳定运行，有力支撑区域经济社会高质量发展，金融供给侧结构性改革持续深化，金融高水平对外开放向纵深推进，各类金融风险得到稳妥有序处置，守牢了不发生区域性、系统性风险的底线。

一、区域经济金融运行综述

（一）区域经济运行及发展情况

2023年，面对各类风险挑战，在党中央、国务院坚强领导下，各地区顶住压力、克服困难，经济总体恢复向好，较好实现质的有效提升和量的合理增长，主要预期目标圆满完成，区域协调发展效能稳步增强。

经济总量稳步攀升，区域均衡发展基础不断夯实。2023年，国内生产总值（GDP）超过126万亿元，同比增长5.2%，实现了5%左右的预期目标。分地区看，东部、中部、西部和东北地区生产总值分别达到65.21万亿元、26.99万亿元、26.93万亿元和5.96万亿元，同比分别增长5.4%、5.0%、5.6%和4.8%（见表1），东部和西部经济增速相对快于中部和东北地区。分省份看，经济大省切实发挥稳增长“主力军”作用，前五经济大省[②]地区生产总值合计占全

表1　2023年各地区生产总值及其增长率　单位：亿元、%

地区生产总值＼地区	东部地区		中部地区		西部地区		东北地区	
	2023年	2022年	2023年	2022年	2023年	2022年	2023年	2022年
规模	652084.1	622017.8	269897.8	266512.6	269324.9	256985.6	59624.5	57946.3
全国占比	52.1	51.7	21.6	22.2	21.5	21.4	4.8	4.8
增长率	5.4	2.6	5.0	4.0	5.6	3.3	4.8	1.3

① 指东部地区、中部地区、西部地区和东北地区。

② 广东、江苏、山东、浙江、四川。

国的近四成，其中山东、浙江和四川全年地区生产总值分别首次迈上 9 万亿元、8 万亿元和 6 万亿元台阶。从增速看，西藏、海南和内蒙古地区生产总值较快增长，增速分别为 9.5%、9.2% 和 7.3%，分列全国前 3 位（见图 1）。

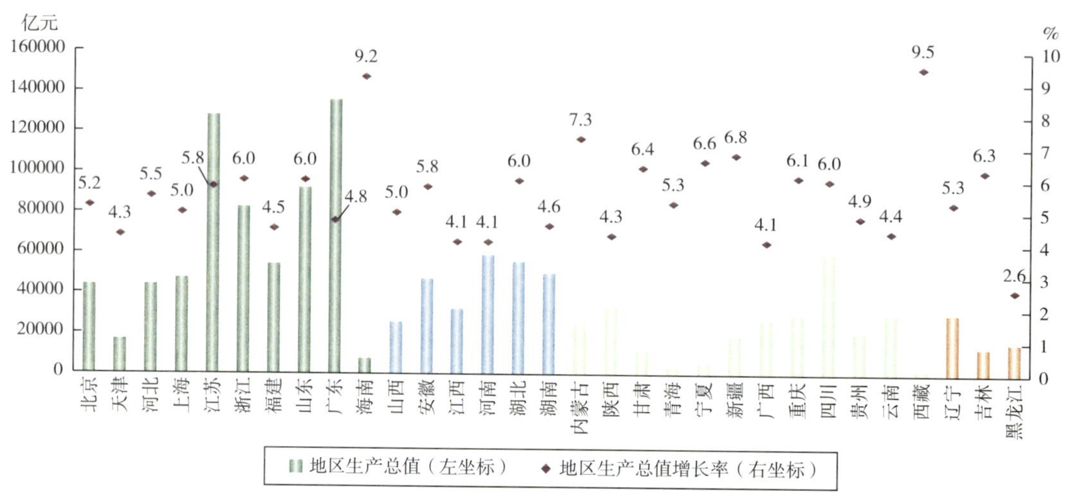

图 1　2023 年各省（自治区、直辖市）地区生产总值及其增长率

东部地区经济“压舱石”作用彰显，各区域重大战略、主体功能区战略引领示范作用显著增强。2023 年，东部地区生产总值占全国 GDP 比重达 52.1%，同比上升 0.4 个百分点；随着西部大开发战略深入推进，西部地区生产总值占全国比重达 21.5%，同比上升 0.1 个百分点，经济社会发展占全国比重稳中有升。各地区扎实推进京津冀协同发展、长江经济带发展、长三角一体化发展、成渝双城经济圈建设、粤港澳大湾区建设等区域重大战略，主体功能明显、优势互补、高质量发展的区域经济布局加快形成，发展质效稳步提升。2023 年，京津冀地区生产总值 10.44 万亿元，较上年增长 5.1%；长江经济带地区生产总值 58.43 万亿元，较上年增长 5.5%；长江三角洲地区生产总值 30.50 万亿元，较上年增长 5.7%；成渝双城经济圈地区生产总值为 8.20 万亿元，较上年增长 6.1%。粤港澳大湾区经济总量突破 14 万亿元，综合实力再上新台阶。总体来看，各地区经济增长更为均衡，东中西东北纵横联动、相互促进，区域经济表现出韧性强、潜力大、活力足和长期向好态势。

农业保持良好发展态势，工业生产回升向好，服务业较快恢复。从第一产业看，各地区持续加大农业生产支持力度，有力有效应对不利天气影响，2023 年第一产业增加值 8.98 万亿元，同比增长 4.2%。东部、中部、西部和东北地区第一产业分别增长 3.9%、3.4%、4.7% 和 5.2%（见表 2），其中西藏、吉林和宁夏第一产业增速分列全国前 3 位，分别增长 14.9%、12.2% 和 7.7%。从第二产业看，各地区加快推进新型工业化，第二产业增加值同比分别增长5.2%、5.0%、5.3%和3.6%。广东、江苏、山东、河南第二产业增速均高于第三产业；江苏、山东规模以上工业增加值分别增长7.6%、7.1%，位居全国前列，切实发挥了工业生产“排头兵”作用。从第三产业看，随着新冠疫情防控平稳转段，生产生活秩序全面恢复，服务业整体呈现较快增长态势，对经济支持作用持续增强，第三产业占GDP比重较上年提高0.1个百分点。各地区第三产业增加值同比分别增长5.6%、5.1%、5.9%和5.7%。分省份看，海南省旅游业快速恢复，叠加自贸港建设政策效应，第三产业同比增长10.3%，居全国首位；西藏、四川、湖北和内蒙古第三产业增速均高于7.0%，分别居全国第2位至第5位（见图2）。

表2 2023年各地区三次产业增加值及其增长率 单位：亿元、%

三次产业＼地区	东部地区		中部地区		西部地区		东北地区	
	增加值	增长率	增加值	增长率	增加值	增长率	增加值	增长率
第一产业	29116.1	3.9	22390.7	3.4	30500.8	4.7	7814.1	5.2
第二产业	247259.2	5.2	107121.6	5.0	104044.8	5.3	20610.8	3.6
第三产业	375708.8	5.6	140385.5	5.1	134779.4	5.9	31199.6	5.7

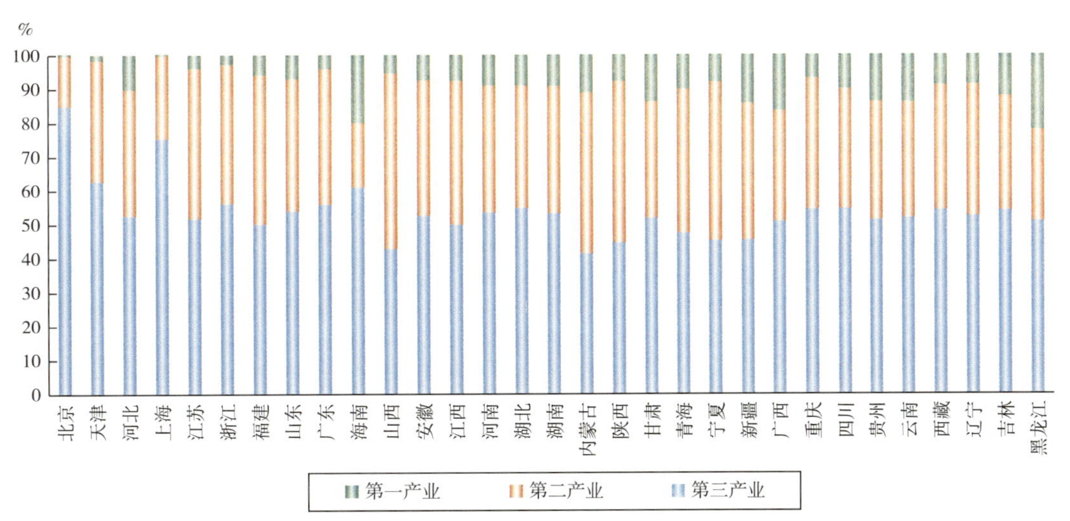

图2 2023年各省（自治区、直辖市）三次产业结构

消费较快恢复，国内大循环主体地位进一步巩固。2023年，随着各类消费场景逐步扩大，消费倾向持续恢复，社会消费品零售总额达47.15万亿元，同比增长7.2%。分地区看，东部、中部、西部和东北地区社会消费品零售总额分别增长7.2%、6.8%、7.5%和8.6%，较上年分别提高7.5个、5.3个、8.5个和13.7个百分点，中部地区恢复速度

相对较慢。分省份看，全国各省份社会消费品零售总额均实现正增长。其中，西藏（21.1%）、新疆（18.8%）、青海（17.3%）增速居全国前3位，消费明显复苏；上海、海南分别增长12.6%、10.7%，分别居第4位、第5位；甘肃、河北、四川和吉林增速均位于9%以上，充分发挥了稳增长作用（见图3）。

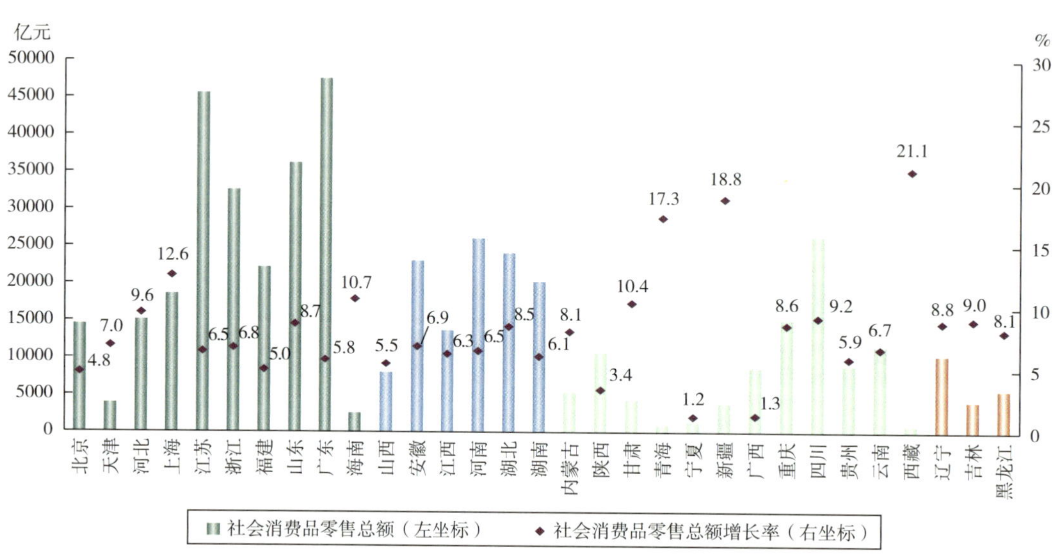

图3 2023年各省（自治区、直辖市）社会消费品零售总额及其增长率

投资呈现较强韧性，总体投资规模不断扩大。2023年，全社会固定资产投资（不含农户，下同）50.30万亿元，同比增长3.0%。分地区看，东部、中部、西部和东北地区固定资产投资同比分别增长4.4%、0.3%、0.1%和-1.8%，其中东部地区增速较上年上升0.8个百分点，中部、西部和东北地区增速较上年分别下降8.6个、4.6个和3.0个百分点。分省份看，主要受基建投资带动，西藏、内蒙古增速分别为35.1%、19.8%，居全国前2位。经济发达省份中，山东着力推动基础设施“七网”建设，基建投资同比增长达22.9%，上海固定资产投资增长13.8%，成为全国首个投资破万亿元的一线城市。受房地产投资同比降幅较大等因素影响，全国9个省份固定资产投资同比负增长，其中天津（-16.4%）、广西（-15.5%）、黑龙江（-14.8%）降幅相对较大。

出口顶住压力、促稳提质，外贸基本盘加力巩固。2023年，各地区积极培育外贸新增长点，展现出较强的韧性和国际竞争力，全年全国货物贸易进出口总额达41.76万亿元，同比增长0.2%，在高基数基础上实现了正增长。贸易结构继续优化，产业链更长、附加值较高的一般贸易进出口额占进出口总额比重提升至64.8%，较上年提高1.1个百分点。分地区看，东部、中部、西部和东北地区进出口总额同比分别增长0.2%、-2.7%、-1.2%和1.7%。

其中，各地区出口总额分别增长 1.2%、−5.0%、0.3% 和 6.5%，仅中部地区出口规模同比萎缩（见表 3）。分省份看，受益于对“一带一路”共建国家出口高增长，西藏、新疆和黑龙江出口同比分别大幅增长 127.7%、45.7% 和 39.4%。受美欧市场需求下滑较快、加工贸易订单转移等影响，东部地区个别外贸大省出口存在一定下行压力，江苏、山东出口同比分别下降 2.5%、2.1%。在外需低迷、上年基数较高等原因背景下，湖南、江西和山西出口分别下降 21.9%、17.3% 和 12.3%，拖累中部地区整体出口下行（见图 4）。

表 3　　2023 年各地区进出口及其增长率　　单位：亿元、%

进出口 \ 地区	东部地区		中部地区		西部地区		东北地区	
	金额	增长率	金额	增长率	金额	增长率	金额	增长率
进出口总额	331642.4	0.2	36176.2	−2.7	37432.8	−1.2	12317.0	1.7
其中：进口	145417.5	−0.1	12343.5	1.9	14687.7	−3.1	7393.8	−1.3
出口	186225.5	1.2	23832.7	−5.0	22745.1	0.3	4923.2	6.5

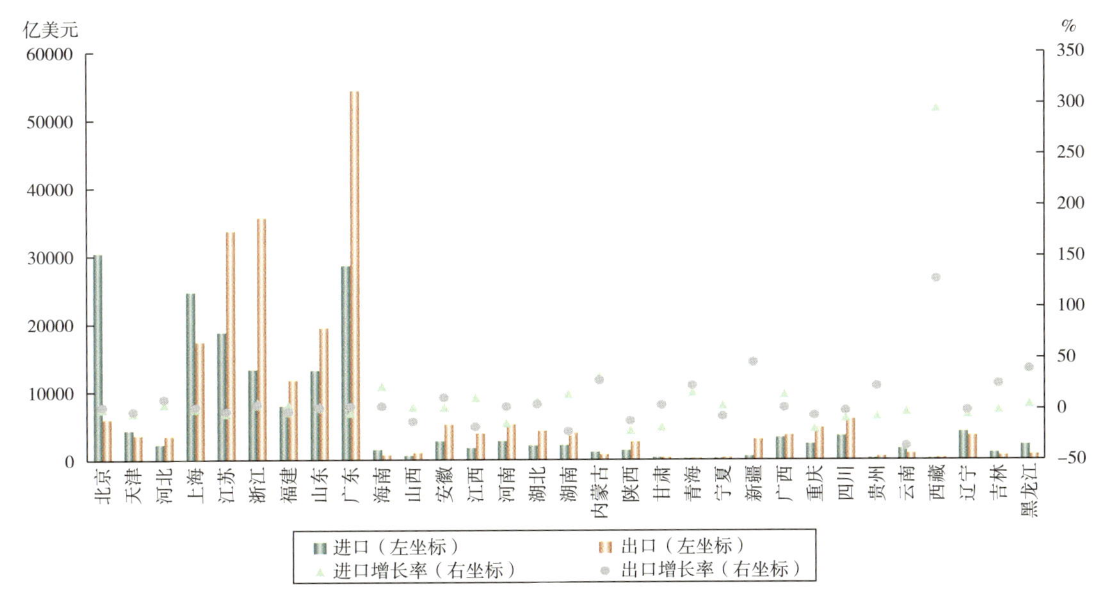

图 4　2023 年各省（自治区、直辖市）进出口及其增长率

消费价格保持温和上涨态势，生产价格降幅有所收窄。2023 年，居民消费价格指数（CPI）同比上涨 0.2%，物价运行保持总体稳定。各地区有序加大生活必需品货源组织力度，加强产销衔接，不断夯实保供稳价基础，东部、中部、西部和东北地区 CPI 分别平均上涨 0.3%、0.1%、0.1% 和 0.2%。分省份看，河北、黑龙江 CPI 涨幅居全国前列，

均为 0.6%，贵州、重庆等 6 省市出现负增长。受总体需求仍处于恢复阶段和基数效应等因素影响，工业生产者出厂价格指数（PPI）同比下降 3.0%，各地区 PPI 分别平均下降 2.6%、3.7%、3.7% 和 3.2%，东部、东北地区降幅整体低于中部、西部地区。分省份看，东部经济发达省份产业链齐全、供应链完备，产业基础扎实，PPI 降幅较小，上海、北京、广东 PPI 分别下降 0.3%、0.8%、1.5%，中部和西部地区部分省份由于采掘业、石化等传统资源密集型产业量增加，PPI 下降程度较大，个别省份下降幅度达 8%。

居民收入稳步增长，人民生活进一步改善。2023 年，全国居民人均可支配收入 39218 元，较上年增长 6.1%，东部、中部、西部和东北地区平均居民人均可支配收入较上年分别增长 5.8%、6.1%、6.1% 和 5.3%。分省份看，上海、北京和浙江的居民人均可支配收入稳居全国前 3 位，分别为 84834 元、81752 元和 63830 元，京沪携手迈上 8 万元台阶。除上述 3 省市外，江苏（52674 元）、天津（51271 元）、广东（49327 元）、福建（45426 元）、山东（39890 元）5 省份居民人均可支配收入跑赢全国平均水平，其中江苏、天津首次突破 5 万元。从增速看，西部地区省份增长相对较快，其中西藏以 8.7% 的增速居全国首位，甘肃、新疆、宁夏和陕西增速也居全国前列，分别达 7.5%、7.0%、6.8% 和 6.7%；东部地区个别省市增速慢于全国水平，广东、天津增速分别仅为 4.8%、4.7%（见图 5）。

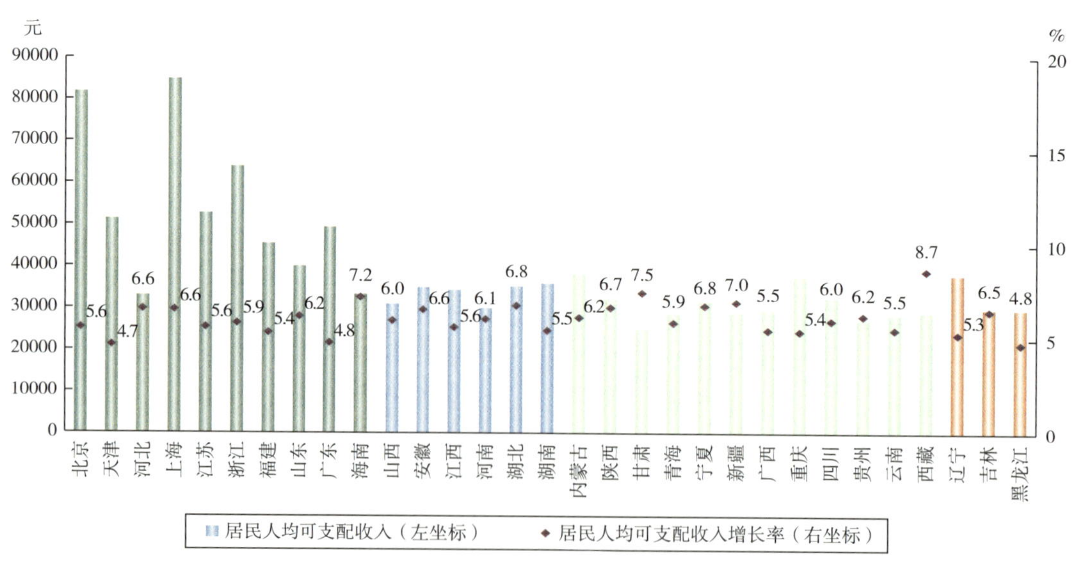

图 5 2023 年各省（自治区、直辖市）居民人均可支配收入及其增长率

财政收入恢复性增长，财政支出保持平稳。2023 年，全国一般公共预算收入 21.7 万亿元，受上年实施减税降费及低基数影响，同比增长 6.4%。分地区看，东部、中部、西部

和东北地区地方一般公共预算收入同比分别增长6.7%、6.9%、10.7%和12.0%，东部和中部地区财政收入增速偏慢。分省份看，西藏、吉林分别增长31.7%、26.3%，增速位居全国前列。全国一般公共预算支出27.5万亿元，同比增长5.4%，较上年小幅下降0.7个百分点，各地区地方一般公共预算支出分别增长3.2%、5.2%、6.8%和6.3%。分省份看，天津、内蒙古和青海分别增长20.2%、15.8%和10.8%，增速居全国前3位（见图6）。

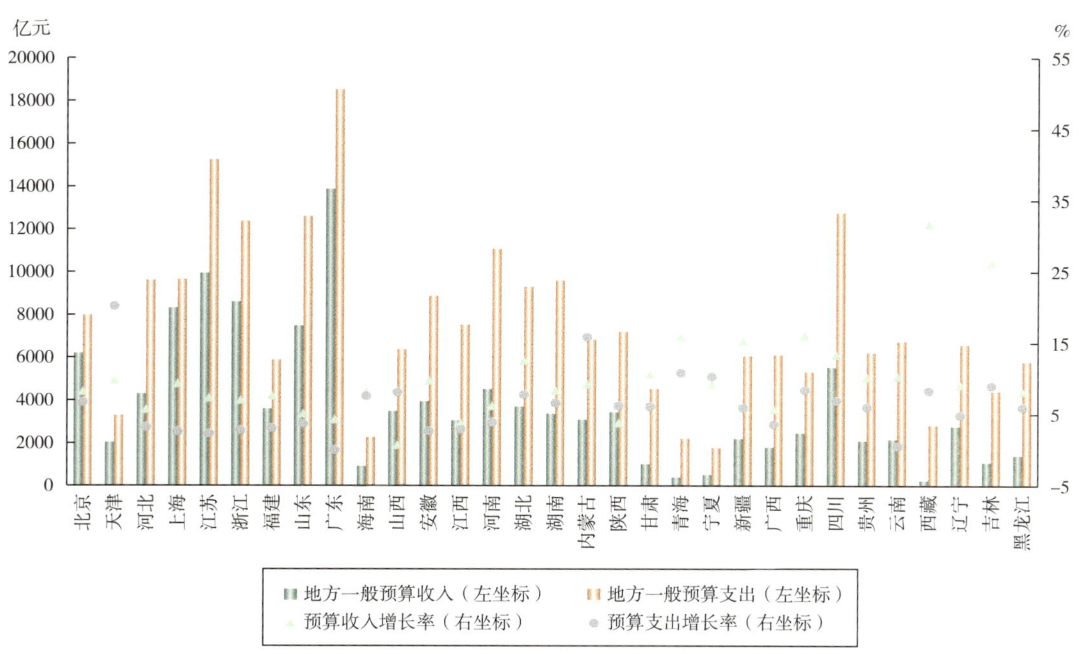

图6　2023年各省（自治区、直辖市）地方一般公共预算收支及其增长率

地方政府债务规模平稳扩容，新发行债券较快增长。截至2023年末，全国地方政府法定债务余额40.74万亿元①，同比增长16.2%。东部、中部、西部和东北地区债务余额分别增长15.0%、16.5%、17.0%和18.9%，各地区债务规模增速基本保持同一水平。分省份看，广东、山东、浙江、江苏、四川5省债务余额均超2万亿元，处全国前列，余额加总占比约三成。债券发行方面，由于第四季度集中发行特殊再融资债券等因素，全年地方政府债券发行额9.35万亿元，同比增长26.7%，更大力度发挥债券资金稳增长防风险作用，各地区同比分别增长13.3%、24.5%、41.2%和64.9%，其中西部和东北地区债券发行规模显著增长，分别超过全国平均水平14.5个和38.2个百分点。从增速看，天津、内蒙古、贵州发行债券增速较快，

① 地方政府债务相关数据均来自中国地方政府债券信息公开平台，下同。

分别增长149.6%、115.9%、98.3%（见图7）。从债务水平看，东部、中部、西部和东北地区负债率[①]分别为26.2%、32.3%、43.9%和50.7%，均低于60%的政府性债务风险控制警戒线。分省份看，江苏（17.7%）、上海（18.7%）、广东（22.0%）负债率全国最低。从利息负担看，各地区地方政府债务利息负担率[②]分别为5.3%、5.0%、5.3%和5.4%，均处于合理健康水平。分省份看，西藏（0.6%）、上海（2.9%）、山西（3.4%）偿债能力居全国前3位。

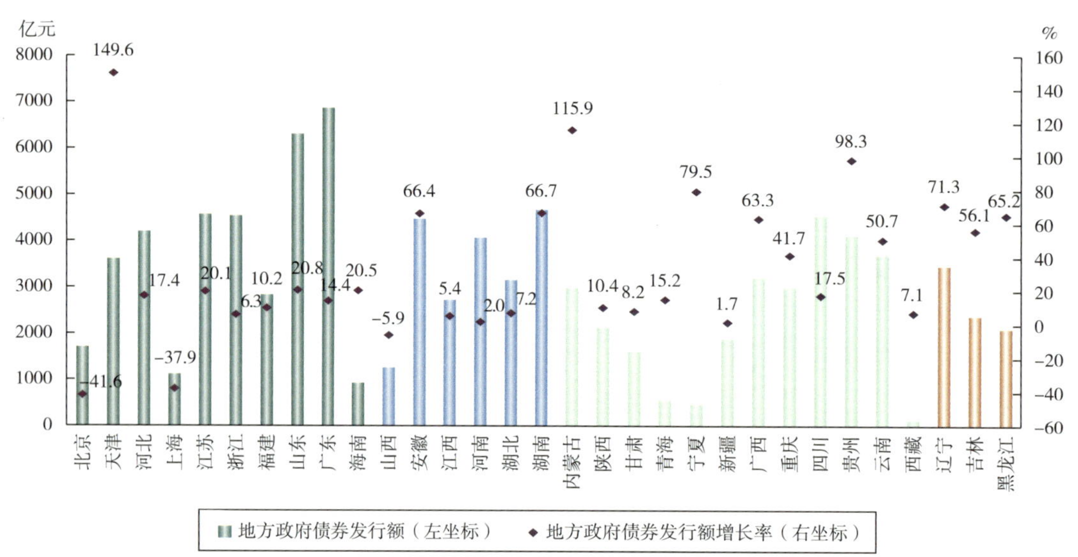

图7 2023年各地区地方政府债券发行规模及其增长率

房地产支持政策效果显现，市场供需指标降幅明显收窄。2023年，各地区积极“因城施策”优化房地产市场政策措施，推动市场整体平稳运行，全年全国房地产开发投资11.09万亿元，较上年下降9.6%，降幅收窄0.4个百分点。东部、中部、西部和东北地区房地产开发投资分别下降5.3%、9.5%、19.6%和24.5%，其中东部、中部和东北地区降幅均有所收窄，仅西部地区降幅小幅扩大2.0个百分点。分省份看，北京、上海、浙江、海南、宁夏、新疆、西藏房地产开发投资正增长，其中西藏、上海分别增长30.4%、18.2%，居全国前2位；天津房地产开发投资下降42.1%，降幅全国最大。全年全国商品房销售面积为11.17亿平方米，下降8.5%，降幅收窄15.8个百分点，各地区商品房销售面积降幅较上年分别收窄16.3个、8.1个、20.2个和34.9个百分点；全国

① 负债率=（地方政府债务总额÷GDP）×100%，《马斯特里赫特条约》将负债率60%设定为政府性债务风险控制警戒线，负债率介于60%~70%为黄色预警，高于70%为红色预警。

② 利息负担率=（债券付息÷地方一般预算支出）×100%。

商品房销售额11.66万亿元，下降6.5%，降幅较上年收窄20.2个百分点，各地区商品房销售额降幅分别收窄19.3个、14.5个、26.9个和33.2个百分点（见表4）。

表4　2023年全国各地区商品房销售情况　单位：万平方米、亿元、%

地区 / 商品房销售	东部地区		中部地区		西部地区		东北地区	
	2023年	2022年	2023年	2022年	2023年	2022年	2023年	2022年
面积	51590.0	56388.0	28330.0	40750.0	27829.0	34590.0	3986.0	4109.0
增长率	-6.7	-23.0	-13.2	-21.3	-7.5	-27.7	-3.0	-37.9
金额	71939.0	77413.0	20810.0	28358.0	21032.0	24456.0	2842.0	3080.0
增长率	-5.8	-25.1	-11.2	-25.7	-3.7	-30.6	-7.7	-40.9

（二）区域金融运行及发展情况

2023年，各地区金融系统坚定不移推进中国金融改革发展事业，金融体系整体保持稳健运行，金融服务实体经济质效显著提升，为促进区域经济可持续高质量发展提供了适宜的货币金融条件。

1. 银行业

机构数量总体保持平稳，部分省份农信社改革取得积极进展。截至2023年末，东部、中部、西部和东北地区银行业金融机构数量分别为1620家、1121家、1380家和384家。其中，地方法人银行分别为1235家、1056家、1294家和341家，由于农信社改革吸收合并市、县域法人等因素，东北、西部地区分别减少34家、26家。例如，辽宁省城商行改革和农信机构改革工作取得阶段性成果，辽宁农商行作为全国首家以统一法人模式组建的省级农商行挂牌成立；四川农村商业联合银行于2024年1月正式挂牌开业，德阳、雅安两地完成市级统一法人农商行改革；新疆四地州统一法人改革稳步推进，首家地州统一法人农商银行阿克苏塔里木农商银行挂牌开业。

银行业资产负债规模稳步提升，地方法人银行资产占比略有下降。截至2023年末，银行业金融机构总资产为417.26万亿元，总负债为383.12万亿元，同比分别增长10.0%和10.1%，增速与上年基本持平。分地区看，东部、中部、西部和东北地区银行业资产总额同比分别增长10.4%、9.6%、9.3%和7.4%（见图8），负债总额分别增长10.4%、9.7%、9.4%和7.2%。从地方法人银行看，全国地方法人银行资产总额为115.43万亿元，同比增长9.7%，低于银行业增速0.3个百分点，资产占比27.66%，较上年下降0.07个百分点。各地区地方法人银行资产总额分别为64.0万亿元、20.1万亿元、23.3万亿元和8.1万亿元，同比分别增长10.7%、8.8%、9.6%和4.9%；负债总额分别为58.8万亿元、

18.7 万亿元、21.5 万亿元和 7.6 万亿元，同比分别增长 10.8%、8.8%、9.7% 和 4.7%。

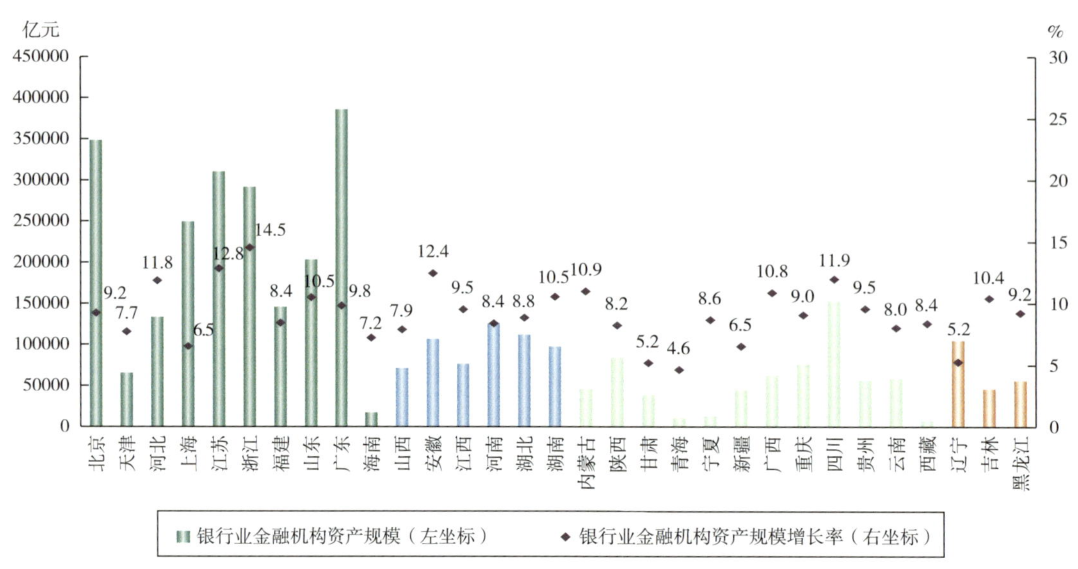

图 8　2023 年各省（自治区、直辖市）银行业金融机构资产规模及其增长率

贷款稳步增长，存款增加较多。截至 2023 年末，银行业金融机构各项贷款余额 237.6 万亿元，同比增长 10.6%。分地区看，东部、中部、西部和东北地区各项贷款余额同比分别增长 11.4%、11.2%、11.4% 和 3.1%，其中东部、中部和西部地区增速均高于全国水平，较上年末分别上升 0.4 个、0.1 个和 1.4 个百分点，东北地区下降 0.7 个百分点。信贷结构持续优化，年末中长期贷款余额同比增长 11.9%，增速维持高位，比各项贷款增速高 1.3 个百分点，各地区分别增长 12.4%、13.5%、11.2% 和 3.5%（见表 5）。银行业金融机构各项存款余额为 289.9 万亿元，同比增长 9.6%。各地区各项存款余额同比分别增长 11.0%、9.3%、9.1% 和 9.6%，增速较上年均出现回落（见图 9）。

表 5　　2023 年各地区银行业金融机构中长期贷款情况　　单位：亿元、%

地区 中长期贷款	东部地区		中部地区		西部地区		东北地区	
	2023 年	2022 年	2023 年	2022 年	2023 年	2022 年	2023 年	2022 年
余额	831839.4	787354.0	285942.4	257259.6	348823.4	312902.9	67562.3	64711.5
增长率	12.4	15.4	13.5	11.3	11.2	10.5	3.5	2.2

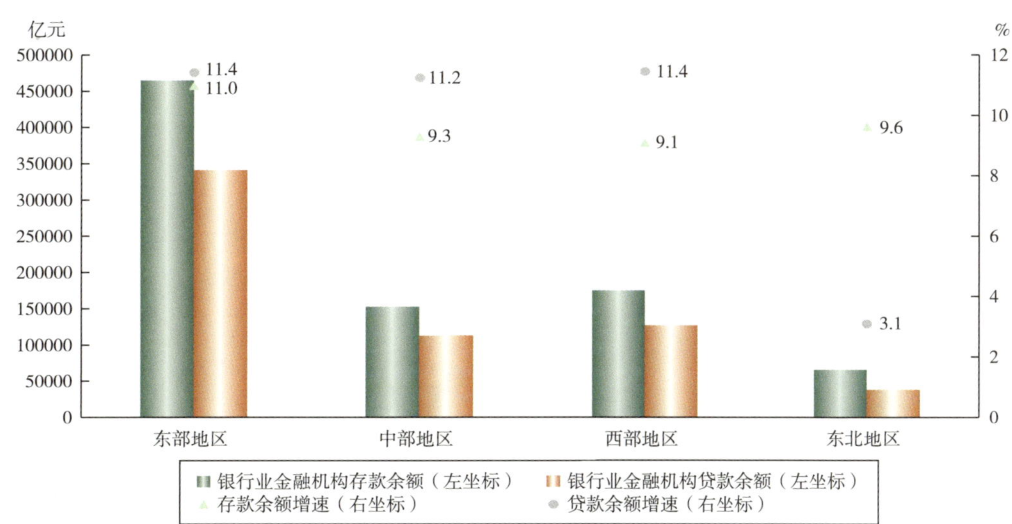

图 9 2023 年各地区银行业金融机构存贷款余额及其增长率

房地产金融运行平稳，房地产开发贷款投放正增长。2023 年，各地区金融体系坚持“房住不炒”定位，积极贯彻落实“金融 16 条”措施[①]支持房地产市场平稳发展，保持房地产融资合理适度，促进金融与房地产良性循环。年末全国房地产贷款余额 52.77 万亿元，同比小幅下降 1.0%。东部、中部、西部和东北地区房地产贷款余额分别增长 -1.7%、-0.7%、1.5% 和 -3.5%，西部地区实现正增长，其中宁夏房地产贷款增长 7.5%，居全国首位。分结构看，房地产开发贷款余额、个人住房贷款余额一增一降，全国房地产开发贷款余额 12.98 万亿元，同比增长 1.6%，其中东部地区为 7.62 万亿元，增长 3.3%，为拉动全国房地产开发贷款余额增长的主要驱动力；个人住房贷款余额 38.33 万亿元，同比下降 1.7%，除西部地区增长外，其他地区均较上年出现不同程度下降（见图 10）。

信托公司资产平稳增长，信托资产规模增速分化。截至 2023 年末，信托公司总资产 8973.79 亿元，同比增长 4.2%，东部、中部、西部和东北地区总资产分别为 5370.8 亿元、1249.54 亿元、1898.73 亿元和 454.74 亿元，分别增长 4.6%、1.3%、1.8% 和 20.8%。信托公司信托资产余额 22.91 万亿元，同比增长 4.2%，各地区分别为 14.01 万亿元、3.81 万亿元、4.62 万亿元和 0.46 万亿元，其中东部和西部地区分别增长 7.0% 和 9.1%，中部和东北地区分别下降 4.2% 和 30.4%。

2. 证券期货业

股票融资额收缩明显，债券发行规模稳中有升。股票市场融资方面，2023 年沪、深、北交易所融资总额 11344.3 亿元，较上

① 《中国人民银行 中国银行保险监督管理委员会关于做好当前金融支持房地产市场平稳发展工作的通知》。

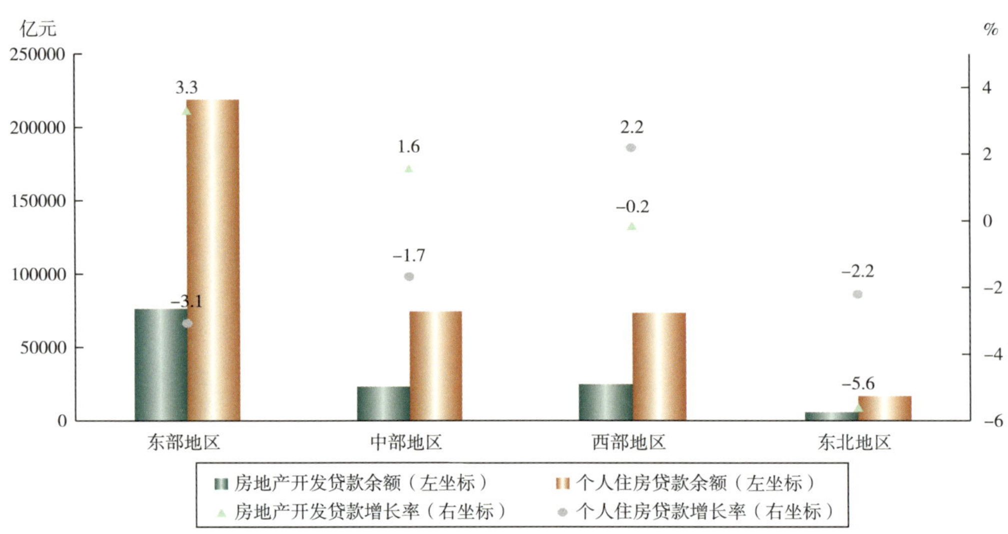

图 10　2023 年各地区房地产开发贷款、个人住房贷款及变化情况

年减少 5537.6 亿元，下降 32.8%。其中，首次公开发行（IPO）家数和筹资额分别为 313 家、3565.4 亿元，分别下降 26.9%、39.2%。分地区看，东部、中部、西部和东北地区 IPO 实际募资额分别为 2666.8 亿元、534.8 亿元、311.6 亿元和 52.1 亿元，IPO 家数分别为 233 家、44 家、30 家和 6 家（见图 11）。分省份看，IPO 融资额排名前五分别为江苏、广东、上海、浙江和北京，分别实际募资 587.4 亿元（58 家）、574.8 亿元（51 家）、541.0 亿元（26 家）、441.6 亿元（47 家）和 268.0 亿元（20 家），海南、甘肃、青海、云南和西藏全年无企业 IPO。债券市场融资方面，全年累计发行各类债券 70.8 万亿元，同比增长 15.3%，主要是国债及地方政府债、同业存单增加较多。

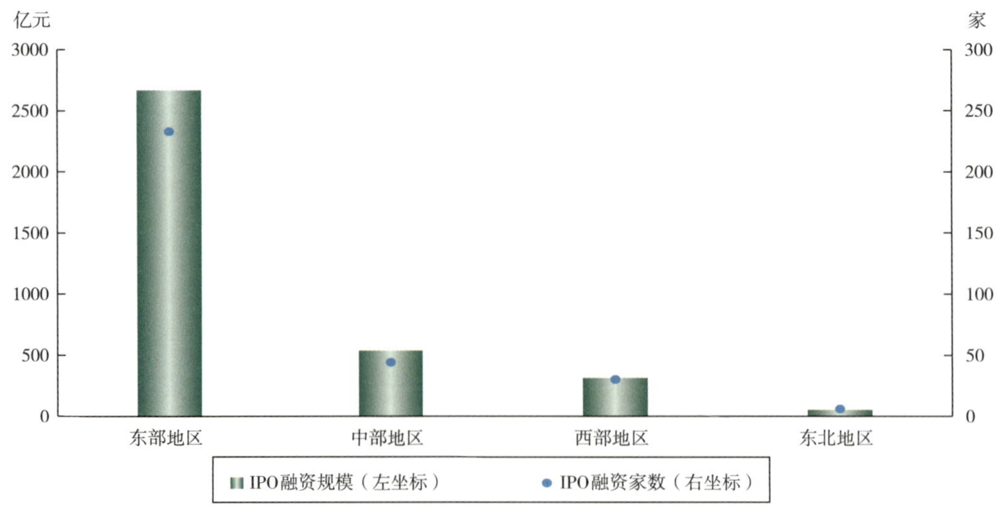

图 11　2023 年各地区股票融资情况

其中，公司信用类债券[①]发行 5.4 万亿元，增长 10.4%，各地区公司信用类债券发行分别增长 11.2%、15.6%、1.2% 和 7.8%。

证券公司资产规模平稳增长，资管子公司加速落地。截至 2023 年末，各地区共有法人证券公司[②] 146 家，东部、中部、西部和东北地区分别为 107 家、12 家、21 家和 6 家，东部地区证券公司数量增加 6 家，其中 5 家为资管子公司，行业加速布局资管子公司展业新模式。年末证券公司资产总额和负债总额分别为 11.8 万亿元和 8.9 万亿元，较上年均增长 6.3%。各地区证券公司资产总额同比分别增长 6.2%、9.1%、4.9% 和 8.3%，负债总额同比分别增长 6.3%、6.7%、5.5% 和 11.5%，其中东部地区证券公司资产、负债规模占比分别达 83.2%、84.2%，东北地区证券公司资产负债增速明显快于其他地区（见图 12）。从净资本看，年末证券公司净资本 2.18 万亿元，同比增长 4.2%，连续 5 年保持正增长，各地区同比分别增长 3.9%、5.4%、5.8% 和 2.8%，中部、西部地区增速较快。

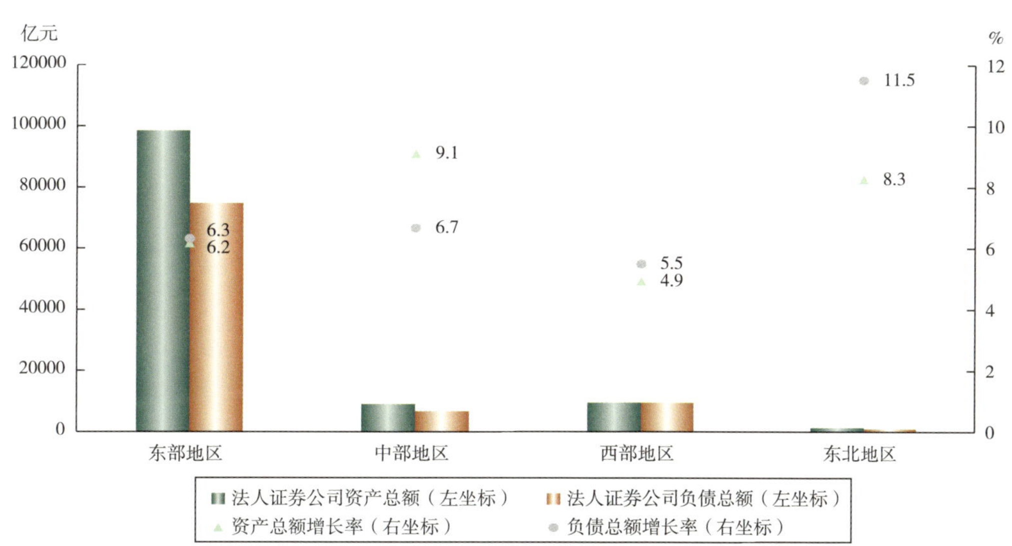

图 12　2023 年各地区法人证券公司资产负债规模及变化情况

期货公司数量保持稳定，资本实力不断增强。截至 2023 年末，各地区共有 150 家期货公司，较上年增加 1 家。其中，东部、中部、西部和东北地区分别为 118 家、12 家、16 家和 4 家，近八成期货公司集中在东部地区，宁夏、内蒙古、广西、贵州、西藏、辽宁 6 省区无期货公司。年末行业净资本、资产总额分别为 1010.36 亿元、16530.41 亿元，同比分别增长 5.4%、-2.7%。各地区期货公司净资本分别为 854.53 亿元、62.37 亿元、

① 包括企业债、公司债、资产支持证券（ABS）以及可转债等。

② 包括 30 家资管子公司。

90.77 亿元和 2.70 亿元，资产总额分别为 15163.88 亿元、517.18 亿元、834.64 亿元和 14.71 亿元，其中东部地区期货公司净资本和资产总额占比分别达 84.6% 和 91.7%，行业区域集聚特征显著。

公募基金管理公司不断扩容，私募基金行业整体量减质升。截至 2023 年末，各地区共有公募基金管理公司 161 家，较上年新增 6 家，东部、中部和西部地区分别为 152 家、1 家和 8 家，东北地区无公募基金管理公司。从资产负债规模看，公募基金管理公司资产负债规模增减互现，年末资产、负债规模分别为 3809.02 亿元、995.18 亿元，同比分别增长 4.5%、-5.7%，各地区（除东北）公募基金管理公司资产总额分别增长 4.6%、-32.8% 和 -1.5%，负债总额分别增长 -5.9%、-33.4% 和 22.1%，其中东部地区公募基金管理公司资产、负债规模占全国比重分别高达 98.3%、98.9%。全国共有私募基金管理人 21622 家，已备案私募基金 153083 只，同比分别增长 -8.6% 和 5.6%，管理基金规模总计 20.58 万亿元，增长 2.8%。各地区私募基金管理人分别有 18681 家、1355 家、1377 家和 209 家，均较上年出现不同程度萎缩（见图 13）。分省份看，上海、北京和广东管理人分别管理基金规模 51643.3 亿元、46513.1 亿元和 34356.9 亿元，规模合计占比达 64.4%。

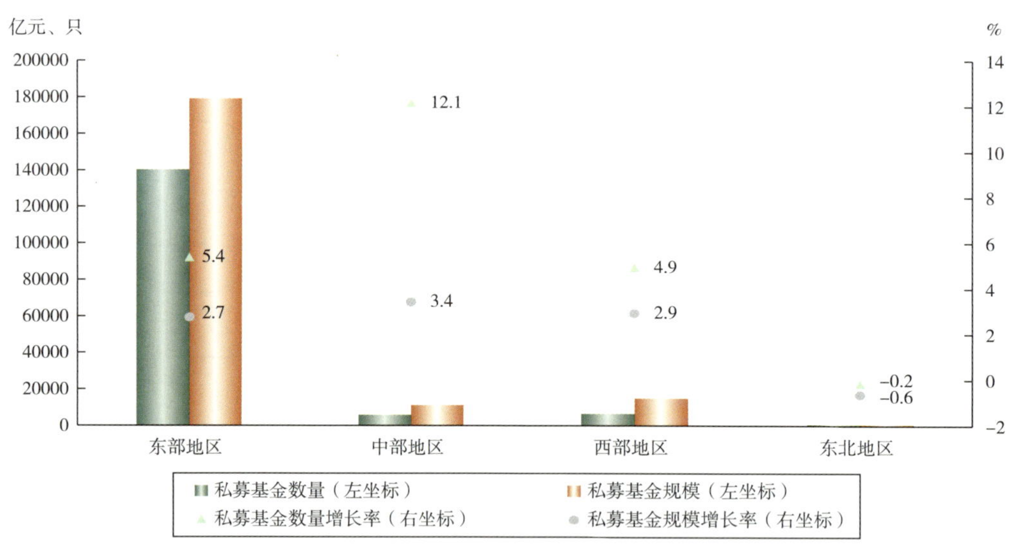

图 13　2023 年各地区私募基金数量、规模及变化情况

3. 保险业

保险公司组织体系不断健全，法人机构资产规模持续增长。截至 2023 年末，东部、中部、西部和东北地区分别有法人保险机构[①]

① 包括财产险公司、人身险公司、保险集团公司、再保险公司和保险资管公司。

207 家、10 家、18 家和 10 家。其中，各地区分别有财产险公司 64 家、7 家、13 家和 6 家，东部地区增加 1 家；分别有人身险公司 83 家、3 家、5 家和 3 家，东部地区增加 4 家，西部地区减少 2 家。北京、上海、广东 3 省市的财产险公司、人身险公司合计数分别为 51 家、68 家，占比分别为 56.7% 和 72.3%。从资产规模看，财产险公司资产规模小幅增长，资产总额 26924.15 亿元，同比增长 3.5%，各地区分别增长 3.4%、16.0%、-0.3% 和 0.4%；人身险公司资产规模快速扩大，资产总额 26.55 万亿元，增长 17.5%，各地区分别增长 18.1%、8.2%、9.6% 和 5.2%。

保费收入显著回暖，保险密度、深度实现“双升”。2023 年，各地区实现保费收入①合计 51205.51 亿元，同比增长 9.1%，首次突破 5 万亿元。东部、中部、西部和东北地区分别实现保费收入 28803.29 亿元、9821.19 亿元、9261.81 亿元和 3319.18 亿元，较上年分别增长 11.2%、5.2%、7.4% 和 8.3%，增速分别上升 5.0 个、1.8 个、7.2 个和 7.7 个百分点。其中，东部地区保费收入占全国比重达 56.3%，较上年上升 1.1 个百分点，两年共上升 2.2 个百分点，占比呈持续上升态势。从保险密度看，各地区保险密度分别为 5092 元、2697 元、2420 元和 3414 元，较上年分别增加 498 元、131 元、142 元和 266 元，东部地区保险密度显著高于其他地区。从保险深度看，各地区保险深度分别为 4.4%、3.6%、3.4% 和 5.6%，均较上年有所深化。分省份看，北京（14638 元）、上海（9933 元）和深圳（9792 元）保险密度居全国前 3 位，保险深度则是北京（7.3%）、黑龙江（6.5%）和吉林（5.3%）排名全国前 3 位（见图 14）。

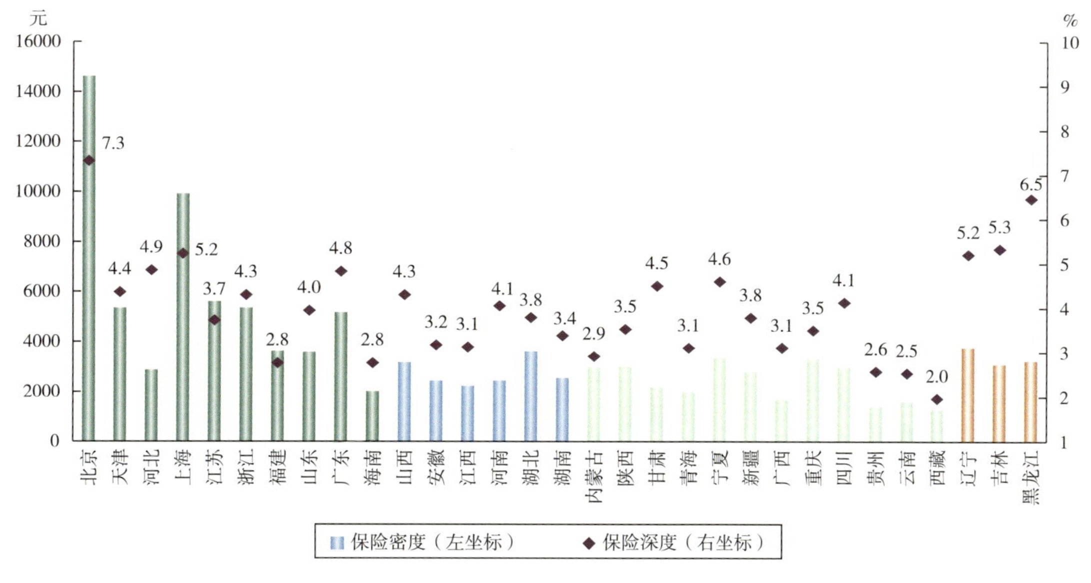

图 14 2023 年各地区保险密度、深度情况

① 指原保险保费收入，数据不包括集团、总公司本级，下同。

财产险保费收入平稳增长，寿险保费收入快速增长，健康险、意外险保费收入一增一降。2023 年，东部、中部、西部和东北地区财产险业务分别实现保费收入 7268.3 亿元、2655.1 亿元、2792.5 亿元和 866 亿元，同比分别增长 7.0%、7.4%、7.2% 和 6.6%（见表6）。其中，各地区农业险保费收入分别增长 16.8%、21.6%、14.4% 和 16.5%，连续多年保持两位数增长，有力支持农业强国建设；车险市场实现正增长，各地区车险保费收入分别增长 5.4%、5.4%、6.3% 和 6.5%，从占比看，东部、中部和西部地区车险占比均有所下降，东北地区车险保费收入占比同比提高 1.9 个百分点。受利率中枢持续下行等因素影响，收益长期确定的储蓄型寿险产品需求旺盛，各地区寿险业务保费收入较快增长，同比分别增长 16.1%、6.4%、9.5% 和 10.9%，其中东部地区寿险保费收入增速快于总保费收入增速 4.9 个百分点。健康险业务温和增长，意外险保费收入下降。保险业全年共实现健康险保费收入 9020.3 亿元，同比增长 4.3%，各地区保费收入分别增长 5.4%、0.7%、4.7% 和 5.9%，中部地区增速明显慢于其他地区；各地区意外险保费收入分别下降 10.9%、11.9%、8.2% 和 11.8%（见图 15）。

表 6　　2023 年全国各地区保险业保费收入情况　　单位：亿元、%

地区 业务类型	东部地区		中部地区		西部地区		东北地区	
	保费收入	增长率	保费收入	增长率	保费收入	增长率	保费收入	增长率
财产险	7268.3	7.0	2655.1	7.4	2792.5	7.2	866.0	6.6
寿险	16119.8	16.1	5205.1	6.4	4570.3	9.5	1751.2	10.9
健康险	4889.3	5.4	1784.8	0.7	1691.4	4.7	654.8	5.9
意外险	526.0	-10.9	176.2	-11.9	207.6	-8.2	47.2	-11.8

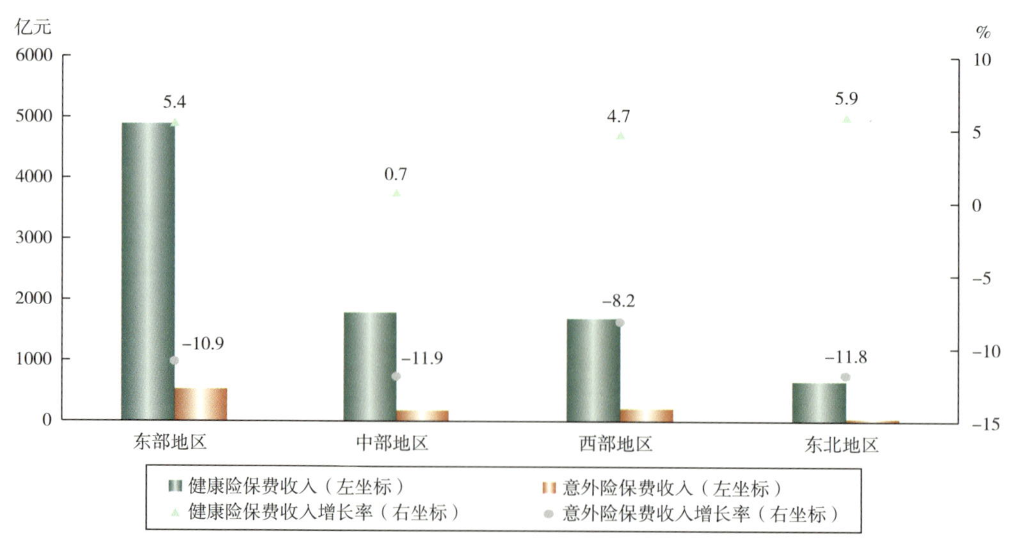

图 15　2023 年各地区健康险、意外险保费收入及变化情况

保险赔付支出显著增长，保险业较好发挥经济减震器和社会稳定器功能。2023 年，保险业赔付支出共计 18823.91 亿元，同比大幅增长 21.9%，东部、中部、西部和东北地区赔付支出分别增长 21.6%、19.9%、23.7%和 25.4%。分业务看，财产险业务赔付支出同比增长 17.9%，各地区分别增长 20.3%、13.9%、17.2%和 13.8%。受到期年金保险集中给付等因素影响，寿险业务赔付支出显著扩大，各地区赔付支出分别大幅增长 44.4%、41.1%、53.2%和 48.2%。各地区健康险和意外险业务赔付支出实现平稳增长，分别增长 0.8%和 7.8%、11.6%和 14.9%、11.1%和 16.8%、19.6%和 19.2%（见表 7）。

表 7 2023 年全国各地区保险业赔付支出情况 单位：亿元、%

业务类型＼地区	东部地区		中部地区		西部地区		东北地区	
	赔付支出	增长率	赔付支出	增长率	赔付支出	增长率	赔付支出	增长率
财产险	4803.2	20.3	1822.6	13.9	1896.1	17.2	593.9	13.8
寿险	2916.2	44.4	1106.6	41.1	1045.3	53.2	437.1	48.2
健康险	1871.1	0.8	877.2	11.6	795.4	11.1	284.1	19.6
意外险	202.0	7.8	68.9	14.9	86.7	16.8	17.4	19.2

二、区域金融稳定总体评估

2023 年，各地区金融系统在党中央、国务院坚强领导下，高效统筹发展与安全，扎实做好服务实体经济、防控金融风险、深化金融改革三项中心工作，银行业信用风险持续收敛，证券期货业机构经营稳健，保险业偿付能力合理充裕，重点领域风险得到有效控制，为助力宏观经济持续向好和高质量发展提供有力支持，切实维护了国家金融安全和金融稳定大局。

（一）银行业

银行业资产质量持续向好，风险抵补能力整体充足。截至 2023 年末，各地区银行业不良贷款余额 3.95 万亿元，较年初增加 1495 亿元；不良贷款率 1.62%，同比下降 0.09 个百分点，为近年来最低水平。东部、中部、西部和东北地区不良贷款余额同比分别增长 6.5%、18.7%、1.8%和 −3.1%；不良贷款率分别为 1.1%、1.9%、1.6%和 4.0%，其中东部、西部和东北地区分别下降 0.05 个、0.14 个和 0.25 个百分点，中部地区上升 0.11 个百分点（见图 16）。从关注类贷款看，各地区关注类贷款余额较上年分别增长 6.5%、−8.4%、18.5%和 −2.9%，中部和东北地区关注类贷款有所下降。从风险抵补能力看，银行业金融机构拨备覆盖率 196.92%，同比下降 4.3 个百分点，其中东部地区拨备覆盖率达 246.9%，大幅超过监管标准，西部和东北地区拨备覆盖率分别上升 22.3 个和 1.8 个百分点，区域信用风险缓冲垫持续增厚。

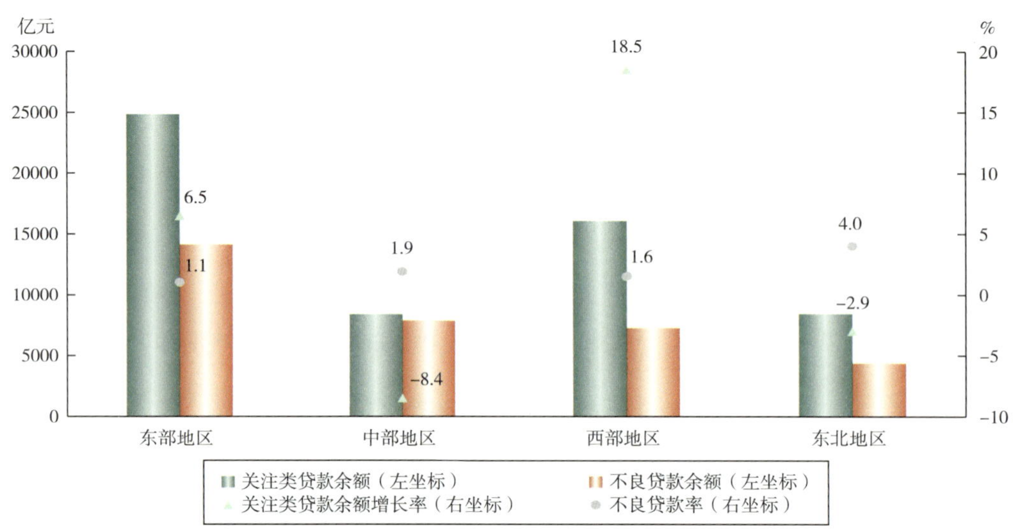

图 16 2023 年各地区银行业关注类贷款、不良贷款情况

银行业盈利能力保持平稳，净息差、净利差维持收窄态势。2023 年，全国银行业金融机构净利润 25440.31 亿元，同比增长 6.7%，实现平稳增长，各地区分别实现净利润 16812.15 亿元、4381.38 亿元、3843.88 亿元和 402.91 亿元。各地区银行业营业收入分别增长 1.5%、3.8%、5.1% 和 2.4%，营业支出分别增长 5.2%、5.8%、5.4% 和 1.2%，收支差值分别为 -3.7 个、-1.9 个、-0.3 个和 1.2 个百分点，除东北地区外营业支出增速均高于营业收入，促使东部、中部和西部地区银行业成本收入比同比分别上升 1.1 个、0.4 个和 0.7 个百分点，成本收入比面临上升压力。净息差、净利差延续下降态势，各地区平均净息差分别下降 8.7 个、1.6 个、14.6 个和 3.0 个基点，平均净利差分别下降 8.9 个、1.9 个、13.4 个和 2.0 个基点，东部、西部地区降幅相对较大。

地方法人银行信用风险态势整体收敛，不良贷款率同比下降。截至 2023 年末，地方法人银行不良贷款余额 1.63 万亿元，同比增长 8.2%，低于各项贷款余额增速 1.4 个百分点；不良贷款率同比下降 0.03 个百分点。分地区看，地方法人银行资产质量整体呈现东部、西部地区稳中向好，中部、东北地区下迁态势。东部、西部地方法人银行不良贷款率较上年分别下降 0.08 个、0.36 个百分点，中部、东北地区分别上升 0.59 个和 0.22 个百分点。

地方法人银行净利润稳中有增，经营效率有所承压。2023 年，各地区地方法人银行实现净利润 6125.12 亿元，同比增长 3.7%。分地区看，地方法人银行经营成效出现分化，东部、西部地区地方法人银行分别实现净利润 4295.68 亿元、1130.17 亿元，分别增长 6.0%、8.1%，中部地区下降 2.2%，受改革化险核销处置不良资产等影响，东北地区地方法人银行亏损扩大。从净息差看，地方法人银行净息差为1.79%，同比下降11个基点，维持收窄态势，各地区地方法人银行净息差分别为1.71%、1.89%、1.98%和1.06%，分别下降12.3个、12.4个、9.6个和7.7个基点。从资本利润率（ROE）看，地方法人银行经营效率普遍下降，ROE为5.88%，同比下降0.33个百分点。分地区看，东部、中部和西部地区地方法人银行ROE分别下降0.13个、1.16个和0.37个百分点，东北地区为负值。

地方法人银行损失抵御能力维持高位，流动性水平合理充裕。截至2023年末，地方法人银行贷款拨备率和拨备覆盖率分别为4.09%和154.97%，同比分别小幅上升0.34个和1.1个百分点。东部、中部、西部和东北地区地方法人银行贷款拨备率分别为3.59%、4.25%、4.72%和5.99%，均大幅超过监管标准；东部地区拨备覆盖率大幅优于监管标准，西部和东北地区拨备覆盖率均上升超过10个百分点。从资本充足水平看，年末地方法人银行核心一级资本充足率、一级资本充足率、资本充足率分别为9.83%、10.98%、12.74%，整体保持合理稳健水平，其中一级资本充足率、资本充足率分别上升0.10个和0.03个百分点。分地区看，东部、中部地区地方法人银行资本充足率与上年基本持平，西部、东北地区分别上升0.17个、0.77个百分点，资本充足水平不断夯实。从流动性水平看，年末地方法人银行流动性水平高位持续巩固，流动性比例达74.6%，同比增长3.0个百分点，各地区分别为72.5%、77.8%、71.0%和89.3%，分别增长2.8个、4.1个、2.0个和5.3个百分点。

信托公司持续推进转型发展，行业整体运行稳健。2023年，信托公司同业通道类信托资产规模持续压降，年末余额同比下降26.3%，各地区分别下降30.6%、36.4%、15.6%和9.8%。全年信托公司实现净利润348.37亿元，同比增长4.2%，各地区净利润分别为233.38亿元、45.76亿元、54.10亿元和15.12亿元，其中东部地区大幅增长39.1%。从资本充足情况看，信托公司净资本与净资产之比、净资本与各项风险资本之和的比率分别为74.2%、215.3%，均大幅高于40%和100%的监管红线，各地区信托公司净资本与净资产之比分别为72.5%、77.7%、76.0%和76.7%，区域间差异不大且均处安全稳健水平。

（二）证券期货业

证券公司经营业绩稳中向好，核心风控指标优于监管标准。截至2023年末，证券公司实现营业收入4097.7亿元，同比增长2.5%，实现由降转增，东部、中部、西部和东北地区证券公司分别实现营收3311.0亿元、307.8亿元、433.6亿元和45.3亿元。从收入结构看，证券投资收益①快速增长，各地

① 含公允价值变动。

区证券公司证券投资收益同比分别增长31.2%、117.1%、89.3%和101.0%，助力经营业绩边际好转。但受市场波动等因素影响，代理买卖证券、承销与保荐、资产管理等业务均有所承压。其中，东部、中部和西部地区代理买卖证券业务收入分别下降12.6%、8.6%和11.8%，承销与保荐业务收入分别下降17.4%、24.3%和15.4%，仅东北地区实现正增长。全年证券公司实现利润1389.06亿元，小幅下降2.3%，降幅同比大幅收窄，经营业绩有所改善。从地区结构看，中部、西部和东北地区证券公司净利润均出现上升，东部地区下降6.2%（见图17）。从核心风险指标看，各地区证券公司风险覆盖率分别为243.0%、239.6%、336.8%和260.5%，行业合规风控水平保持稳健。

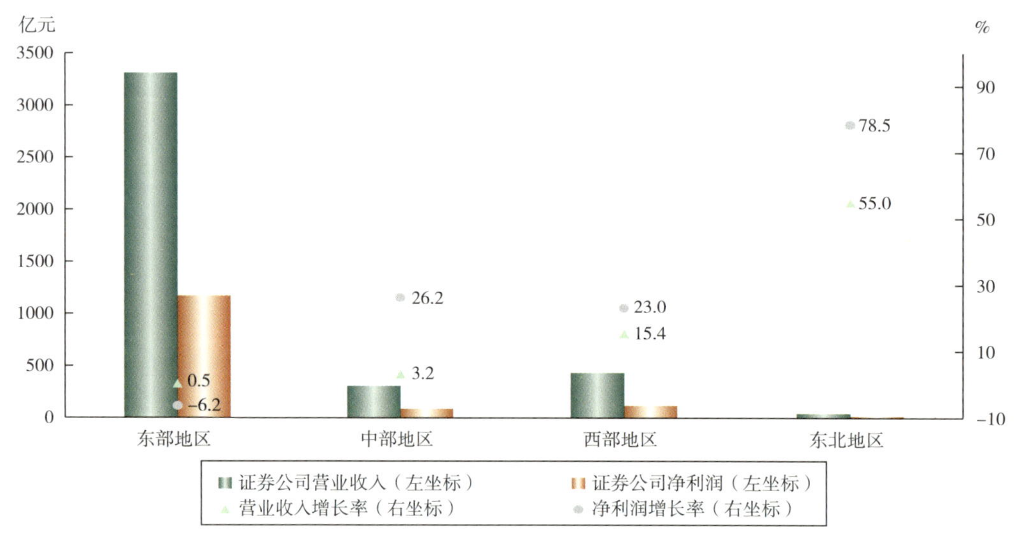

图17　2023年各地区证券公司营业收入、净利润及变化情况

期货公司客户权益收缩，净利润降幅收窄。截至2023年末，全国期货公司客户权益1.42万亿元，同比下降2.3%。分地区看，东部、中部和西部地区客户权益分别下降2.2%、9.9%和0.1%，仅东北地区由于低基数增长22.1%。从经营业绩看，全年期货公司实现营业收入400.96亿元，与上年基本持平，各地区分别增长0.8%、-14.5%、6.2%和-8.7%，其中手续费收入分别下降3.6%、19.0%、0.7%和7.9%。期货公司实现净利润98.72亿元，下降10.3%，连续两年下降，但降幅大幅收窄9.5个百分点。各地区期货公司分别实现净利润86.08亿元、4.83亿元、7.80亿元和0.02亿元，其中东北地区实现扭亏为盈。

公募基金资产管理规模持续扩大，行业经营业绩波动明显。截至2023年末，公募基金行业资产管理规模达36.73万亿元，同比小幅增长3.2%，东部地区公募基金管理公司管理资产364552.5亿元，增长3.4%，资产管理规模占比超过99%，其中北京、上海、广东3省市合计352651.5亿元，占比达96.0%。受资本市场波动影响，行业整体经营业绩显著下降，全年各地区公募基金管理公司实现净利润399.45亿元，同比下降14.5%，其中东部和西部地区分别实现净利润395.01亿元和4.71亿元，均较上年有所下滑。

（三）保险业

保险公司偿付能力充足稳定，行业流动性压力有所上升。截至2023年末，全国保险业综合偿付能力充足率为197.1%，同比提高1.1个百分点，远高于100%的达标标准，其中财产险公司和人身险公司综合偿付能力充足率分别为233.4%和160.1%。东部、中部、西部和东北地区财产险公司分别为228.9%、264.3%、331.5%和308.6%，除东部地区较上年略有下降外，其他地区均上升；各地区人身险公司综合偿付能力充足率总体维持健康水平。从流动性水平看，全年累计净现金流为负的财产险公司、人身险公司分别有37家、29家，较上年分别增加11家和10家，分别占全部财产险公司、人身险公司数量的比重为41.1%、30.9%，占比较上年分别上升11.9个和10.5个百分点。

保险资金投资偏好保持稳健，投资收益承压。截至2023年末，全国保险公司[①]资金运用余额273918.87亿元，同比增长15.8%，东部、中部、西部和东北地区资金运用余额分别为260301.54亿元、5185.34亿元、5077.65亿元和3354.34亿元，分别增长16.0%、12.0%、10.0%和13.0%。从资金来源看，各地区人身险公司资金运用余额占比分别为92.7%、93.6%、89.5%和95.8%，占总资金运用余额的比重均在九成左右。从资产配置投向看，固定收益类投资资产仍是主要投向且占比持续上升，各地区固收类资产分别占比60.8%、47.9%、59.7%和59.8%，较上年分别上升2.4个、8.8个、4.1个和1.1个百分点（见表8）。受利率下行、资本市场波动等因素影响，保险公司投资收益整体处于较低水平，全年年化财务收益率为2.23%，同比下降1.53个百分点，创下自2008年以来最低水平，并首次降至3%以下，投资收益下滑直接导致保险公司利润水平下降。

表8　2023年全国各地区保险公司资金运用情况　单位：亿元、%

地区 投资资产	东部地区		中部地区		西部地区		东北地区	
	金额	增长率	金额	增长率	金额	增长率	金额	增长率
流动性资产	10848.2	−16.5	518.5	35.0	498.4	−0.4	357.6	0.8
固定收益类投资资产	158322.3	20.7	2483.6	37.3	3032.5	18.1	2005.5	15.2
权益类投资资产	50396.1	8.7	663.6	−10.8	1159.5	−2.3	513.5	49.1
不动产类资产	17421.8	12.2	818.0	4.1	235.0	21.3	300.7	−10.2
其他金融资产	14515.1	5.1	556.3	−17.4	142.2	−17.1	139.7	−11.2

① 含财产险公司和人身险公司。

（四）跨境资金流动

跨境资金流动更趋均衡，经常项目顺差收窄，资本流出压力缓解。2023 年，企业、个人等非银行部门银行代客涉外收付延续经常项目顺差、资本和金融项目逆差的“一顺一逆”均衡格局，全年涉外收付逆差 686.94 亿美元。其中，经常项目顺差 754.88 亿美元，较上年减少 1576.61 亿美元，大幅收窄 67.6%；资本和金融项目逆差 1577.95 亿美元，收窄 310.94 亿美元，其中证券投资是主要贡献项，逆差较上年大幅收窄 1918.46 亿美元，基本呈现收支相抵均衡态势。分地区看，东部、中部地区经常项目分别为顺差 763.07 亿美元、553.04 亿美元，东部地区顺差较上年减少 64.1%，系经常项目顺差大幅收窄的主因。西部、东北地区分别为逆差 246.57 亿美元、314.66 亿美元。东部、中部和西部地区资本和金融项目分别为逆差 1437.41 亿美元、99.74 亿美元和 46.30 亿美元，东北地区实现顺差 5.50 亿美元。分省份看，上海市资本和金融项目由上年逆差 406.0 亿美元转为顺差 383.5 亿美元，实现由逆转正，证券投资净流入大幅增加是主要原因，证券投资实现顺差 821.60 亿美元，排名全国首位。

第二章
东部地区

2023年，东部地区坚持以金融改革创新持续推动实体经济高质量发展，金融运行整体稳健，防控风险成效显著，金融风险总体收敛。银行机构持续让利实体经济，资产负债规模平稳增长，风险抵补能力整体充足；多层次资本市场稳步发展，市场资源配置功能持续提升；保险服务领域扩围延伸，保障功能有效发挥。

一、金融业稳健性评估

（一）银行业

资产负债规模平稳增长，经营成效有所提升。截至2023年末，东部地区共有银行业金融机构1620家，资产总额、负债总额分别为214.84万亿元、205.61万亿元，同比均增长10.4%，增速分别高出全国资产增速和负债增速0.4个、0.3个百分点。东部地区银行业金融机构资产总额占全国的比重为51.5%，其中广东、北京、浙江、江苏、上海5省市资产总额占东部地区七成以上，集聚效应显著。1235家地方法人银行资产总额64.0万亿元、负债总额58.8万亿元，同比分别增长10.7%、10.8%，分别占东部地区银行业金融机构资产总额、负债总额的29.9%、28.7%。银行业金融机构全年实现净利润1.68万亿元，同比增长6.3%。分省份看，江苏、浙江、广东、北京占东部地区净利润总额的65.2%，其中江苏实现净利润3311.91亿元，金额居东部首位。但受国内信贷有效需求减弱、利率市场化加速推进、LPR低位运行等因素影响，叠加存量按揭贷款批量调整利率，银行业在持续让利实体经济的同时竞争有所加剧，东部地区银行业金融机构净息差、净利差持续收窄，短期盈利能力有所承压。分省份看，东部地区10省市中9省市净息差、净利差均同比“双降”，其中某省净息差和净利差同比分别下降0.20个和0.21个百分点，收窄至历史低位。

存贷款规模保持增长，信贷结构逐步优化。截至2023年末，东部地区银行业金融机构各项贷款余额131.10万亿元，同比增长11.4%，其中江苏、浙江、北京、河北、山东贷款增速分别为14.2%、14.2%、13.3%、12.9%、11.6%，分别高于全国3.6个、3.6个、2.7个、2.3个、1.0个百分点（见图18）。从贷款期限看，中长期贷款余额83.21万亿元，同比增长12.4%，增速高出各项贷款增速1.8个百分点，中长期贷款占比（63.5%）同比提高0.8个百分点。东部地区银行业金融机构各项存款余额160.09万亿元，同比增长11.0%，占总负债的比重为78.8%，其中浙江、北京、江苏、河北、福建存款增速分别为13.6%、12.7%、12.6%、12.5%、11.1%，分别高于全国4.0个、3.1个、3.0个、2.9个、1.5个百分点。

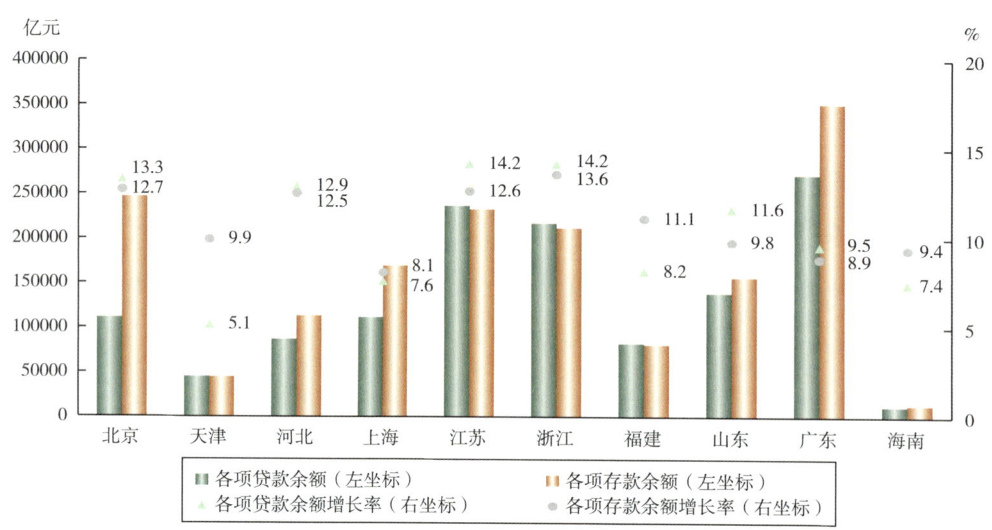

图 18　2023 年东部地区各省份银行业金融机构存贷款余额及其增长率

不良贷款率小幅下降，信用风险化解成效明显。截至 2023 年末，东部地区银行业金融机构不良贷款余额 1.42 万亿元，不良贷款率 1.08%，同比下降 0.05 个百分点，低于全国平均水平 0.51 个百分点。分省份看，浙江、江苏和北京银行业金融机构资产质量居东部前 3 位。东部地区多省市加大不良资产处置力度，信用风险化解成效明显。其中，海南受农信社改革、海航集团留债贷款资产质量升优等因素影响，银行资产质量大幅改善，不良贷款余额同比下降 49.8%，不良贷款率同比下降 4.4 个百分点；天津综合运用多种方式全年处置不良贷款 620.74 亿元，不良贷款率同比下降 0.38 个百分点；深圳全年处置不良贷款 1265.20 亿元，同比增长 42.7%。

信托公司转型蹄疾步稳，风险总体可控。截至 2023 年末，东部地区信托公司共 40 家，与上年持平。信托公司整体信托资产规模 14.01 万亿元，同比增长 6.7%，占全国的比重为 61.2%。分省份看，北京、广东、上海 3 省市信托资产规模占东部地区近八成。从信托功能看，投资类、融资类、事务管理类信托规模分别为 6.66 万亿元、5.30 万亿元、2.05 万亿元，同比分别增长 4.5%、1.7%、35.3%；其中，通道类业务信托规模 0.24 万亿元，较上年下降 30.6%，占比压降至 1.7%，信托业回归主业、服务实体经济的转型取得明显成效。从风险指标看，信托公司净资本与各项风险资本之和的比率为 217.9%，净资本与净资产之比为 72.5%，均优于监管标准。从经营业绩看，全年实现营业收入 549.5 亿元，同比增长 11.2%；净利润 233.4 亿元，同比增长 39.1%，主要受东部地区头部信托公司集中、固有业务收入①大幅增长影响。

① 2023 年部分信托公司股权转让产生一次性收入和利润，为特殊因素。

（二）证券期货业

证券业市场主体持续扩容，多层次资本市场功能进一步发挥。截至2023年末，东部地区证券业金融机构共377家，同比新增11家。其中，证券公司107家、公募基金管理公司152家、期货公司118家，同比分别新增6家、4家和1家。2023年东部地区资本市场直接融资规模10.36万亿元，占全国总规模超七成，其中上市公司境内股票市场直接融资8042.66亿元，占全国总规模的70.9%；交易所债券融资规模9.55万亿元，占全国总规模的70.5%。分省份看，北京实现直接融资1.02万亿元，占全国的14.1%，规模居全国首位；天津资本市场融资额5313.66亿元，同比大幅增长203.9%；广东上市公司总数872家，居全国第1位。

证券公司经营总体稳健，风控指标优于监管标准。截至2023年末，东部地区证券公司资产总额9.85万亿元、净资产2.37万亿元、净资本1.73万亿元，同比分别增长6.2%、5.5%、3.9%，业务规模和资本实力稳步增长。其中，广东、上海和北京证券公司资产总额合计占比高达80.7%（见图19）。全年共实现营业收入3311.0亿元，同比增长0.5%，净利润1171.03亿元。从收入结构看，经纪业务净收入1044.45亿元，占营业收入总额的31.5%，为第一大收入来源；自营业务净收入892.2亿元，同比增长31.2%；受A股IPO企业数量及发行规模下降影响，投资银行业务净收入461.71亿元，较上年下降17.9%。从风险指标看，东部地区证券公司风险覆盖率243.0%，资本杠杆率17.6%，均优于监管标准。

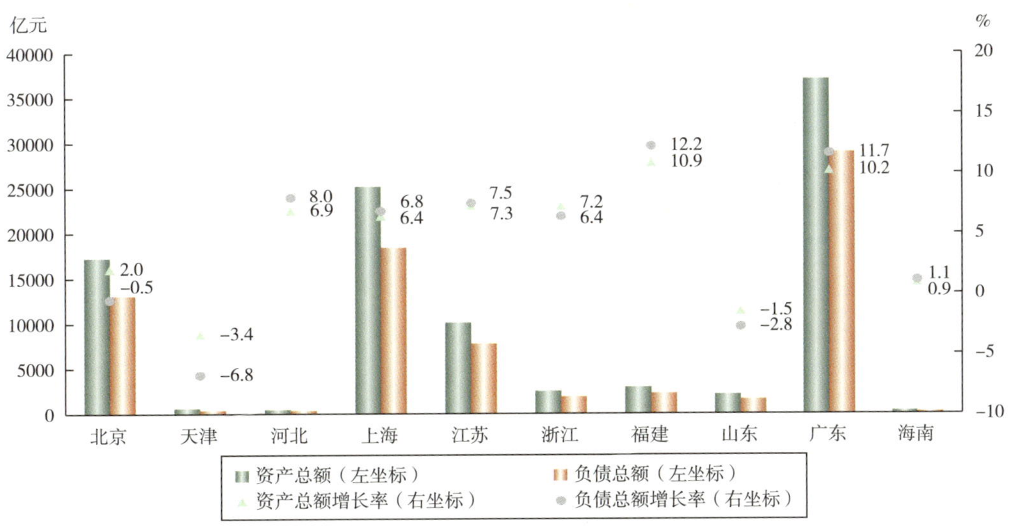

图19　2023年东部地区各省份证券公司资产负债规模及其增长率

期货公司经营平稳，业务创新持续推进。截至2023年末，东部地区期货公司资产总额1.52万亿元，同比下降3.1%，占全国期货公司资产总额超九成；客户权益1.03万亿元，小幅下降6.4%。全年实现营业收入347.69亿元，增长0.8%；净利润86.08亿元，下降10.9%，其中个别省市期货公司净利润下降达20%以上，综合盈利能力面临考验。2023年，东部地区期货公司持续强化期货品种和业务模式创新。其中，北京发挥期货保供稳价功能，做深做实“保险+期货”业务，合计承保货值超过90亿元；广东成功落地全国首单绿色金融支持生猪养殖“期货+保险+银行”项目；上海19家期货公司及其风险管理子公司开展1209单“保险+期货”业务，其中完成赔付779单，赔付金额5.57亿元；全国首个航运期货品种集运指数（欧线）期货在上海期货交易所全资子公司上海国际能源交易中心挂盘交易。

专栏1　我国首个航运期货品种在上海挂牌交易

2023年8月18日，我国首个航运期货品种——集运指数（欧线）期货在上海期货交易所全资子公司上海国际能源交易中心挂盘交易。集运指数（欧线）期货采用“服务型指数、国际平台、人民币计价、现金交割”的设计方案，既是我国期货市场推出的首个服务类期货品种，又是首个在商品期货交易所上市的指数类、现金交割的期货品种，同时还是面向国际投资者开放的境内特定期货品种。

上市航运指数期货，有助于丰富航运产业链企业的风险管理工具，提升我国国际贸易运输服务的定价话语权和影响力，服务航运业高质量发展。具体而言，一是有助于帮助海运集装箱运输产业链企业、外贸企业应对航运价格波动风险和行业周期风险，提升相关企业的风险管理水平和国际竞争力；二是有助于促进金融和航运两个市场的有效连接，提升航运金融服务能级，更好服务上海国际金融中心、国际贸易中心、国际航运中心等“五个中心”建设协同发展；三是有助于服务国家海洋强国、航运强国建设。

集运指数（欧线）期货上市后，上海地区期货公司、风险管理子公司积极利用集运指数期货管理风险、稳定预期。首单挂钩集运指数（欧线）期货的场外期权交易率先在上海落地。集运指数（欧线）期货上市至2023年末，上海地区期货公司累计服务1.79万户相关交易者，累计交易规模达3472.63亿元，有效满足了国际海运集装箱运输市场相关企业的避险需求。

资料来源：中国人民银行上海总部。

公募基金资产和管理规模稳步增长，私募基金行业集中度提升。截至2023年末，东部地区公募基金管理公司资产总额3742.71亿元、净资产2758.28亿元，同比分别增长4.6%、8.9%；资产管理规模36.46万亿元，增长3.4%。东部地区存续私募基金管理人18681家，同比减少1765家；存续私募基金140275只，同比增加7119只，上海、北京、浙江、广东和江苏存续家数占比合计87.1%；管理规模17.90万亿元，同比增长2.7%，占全国私募基金管理总规模的87.0%，平均每家管理人管理规模上升1.06亿元至9.58亿元，管理规模集中度进一步上升。私募基金在积极服务实体经济高质量发展的同时，也出现了以“私募基金”之名行非法集资之实、私募基金管理人挪用侵占私募基金财产等违法犯罪行为，影响行业规范健康发展。2023年，东部地区各省市持续深入推进私募基金风险处置，风险态势总体收敛，但个案风险偶有发生，个别省份私募机构仍存在逾期兑付、失联跑路、经营异常等风险情形，以及未登记备案或已注销登记私募基金企业利用私募基金“高位接盘”进行资金转移等市场乱象。

（三）保险业

保险业组织体系较为健全，省际间机构集聚发展差距明显。截至2023年末，东部地区法人保险机构共207家，占全国总量超过八成，同比增加6家。其中，财产险、人身险、再保险、保险集团和保险资管公司分别为64家、83家、14家、13家和33家，再保险、保险集团和保险资管公司注册地主要集中在北京、上海和广东3省市。从资产规模看，保险公司资产总额27.79万亿元，同比增长16.6%，其中财产险、人身险公司资产总额分别为2.53亿元、25.26亿元，同比分别增长3.4%、18.1%。从保险市场发展程度看，东部地区保险深度为4.4%，同比提高0.23个百分点，保险密度为5092元，同比增加2033元，分别高出全国平均水平0.32个百分点、1457元。其中北京、上海保险深度和密度最高，保险深度分别为7.3%、5.2%，保险密度分别为14637元、9932元。

保费收入增长较快，险种收入结构持续优化。2023年东部地区保险业实现保费收入28803.29亿元，同比增长11.2%，占全国保费收入的56.3%，其中财产险、人身险业务保费收入分别为7268.3亿元、21535.0亿元，分别增长7.0%、12.0%。财产险业务方面，车险保费收入增速放缓，农业保险保费收入保持高增长。全年车险保费收入4553.64亿元，同比增长5.4%，增速较上年收窄1.0个百分点，占全国车险保费收入的51.9%；农业保险保费收入423.41亿元，增长16.8%，占全国农业保费收入的29.6%。人身险业务方面，2023年居民对储蓄类寿险产品需求持续提升，对医疗、重疾等消费型险种产品需求走弱，全年东部地区寿险业务和健康险业务保费收入同比分别增长16.2%和5.4%，占人身险保费收入的比重分别为74.9%和22.7%。

赔付支出规模显著扩大，保险保障功能持续发挥。2023年东部地区保险业赔付支出9792.54亿元，同比增长21.6%，占全国保费赔付支出的51.9%。分险种看，财产险业务和寿险业务赔付支出规模显著扩大，赔付支出分别为4803.21亿元和2916.22亿元，同比分别增长20.3%和44.4%，占东部地区赔付支出的比重分别为49.1%和29.8%，健康险业务和意外险业务赔付支出仍维持较低规模。分省份看，江苏、广东和山东赔付支出规模较大，分别为2196.4亿元、1646.3亿元和1311.1亿元，合计占东部地区赔付支出的52.6%；江苏、河北和广东赔付支出同比增速较快，分别为32.0%、28.1%和25.9%（见图20）。

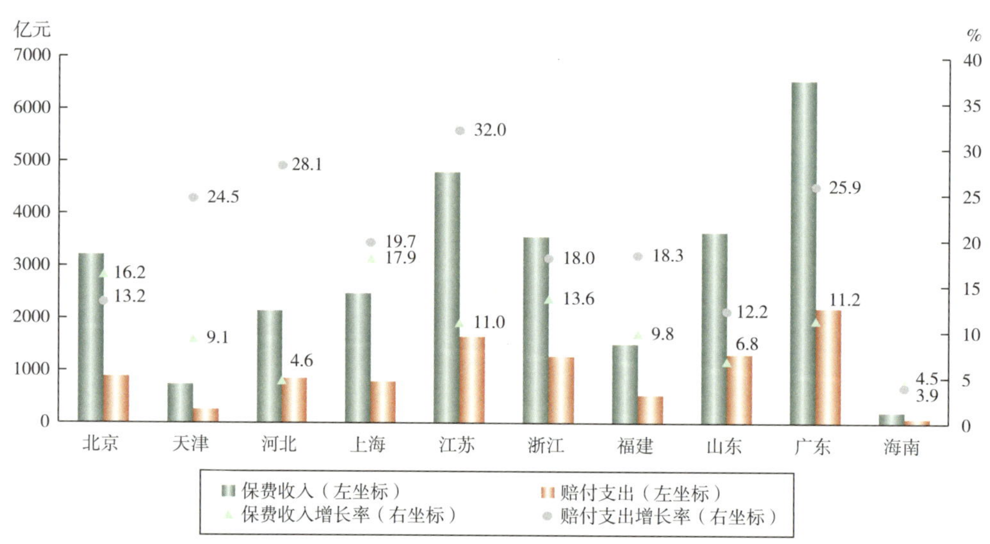

图20　2023年东部地区各省份保费收入、赔付支出及其增长率

保险服务扩围下沉，服务经济水平明显提升。2023年东部地区有关部门充分聚焦保险主业，持续引导保险公司回归保障本源，推动保险公司在巨灾保险、农业保险、责任保险、养老保险等领域扩围增效。北京全年对因灾受损相关赔款超过30亿元、专项贷款超过90亿元。海南办理农险产品备案60项，推动茶叶气象指数保险、橡胶割胶机器人保险、农用无人机保险等创新产品落地。上海推出定制型普惠家庭综合保险“沪家保”试点，全年累计承保10.62万单，提供风险保障1104.3亿元。山东持续推动商业养老保险试点业务和长期护理保险业务发展，全年商业护理保险保费收入26.2亿元，同比增长76.9%。

法人保险公司偿付能力总体充足，人身险公司经营效益有待提升。2023年，东部地区法人保险公司综合偿付能力充足率和核心偿付能力分别为 176.4% 和 110.8%，同比分别下降 2.9 个、0.2 个百分点，但均优于监管标准。其中，财产险公司和人身险公司综合偿付能力充足率分别为 228.9% 和 168.8%。受 750 日移动平均国债收益率曲线下行影响，人身险公司增提准备金增多，同时资本市场持续低位震荡，长期低利率环境造成债券投资“资产荒”，人身险公司整体投资收益面临较大压力，直接冲击公司盈利能力。2023 年东部地区人身险公司净利润 -1270.70 亿元，同比下降 1812.44 亿元。

（四）跨境资金流动

跨境收支总额稳定增长，涉外收支由顺转逆。2023 年，东部地区本外币涉外收入、支出分别为 5.48 万亿美元、5.55 万亿美元，同比分别增长 5.5%、10.8%，由上年顺差 1875.8 亿美元转为逆差 674.2 亿美元。分省份看，上海、广东、北京涉外收入、支出规模均居东部地区前 3 位，涉外收入、支出合计占比分别为 67.5%、75.8%。分项目看，经常账户顺差 763.6 亿美元，占东部地区生产总值的比重为 0.9%，保持在合理均衡区间，其中货物贸易顺差 3615.6 亿美元，服务贸易逆差 861.1 亿美元，服务贸易已恢复至新冠疫情前水平。资本和金融账户逆差 1437.8 亿美元，其中直接投资逆差 1122.5 亿美元，由 2022 年的顺差转为逆差，证券投资逆差 128.3 亿美元，逆差大幅减少 1769.3 亿美元。

跨境金融不断创新，助力金融实现高质量对外开放。东部地区多省市加大跨境金融创新力度，跨境产品互联互通不断拓展。2023 年 5 月，内地与香港利率互换市场“互换通”正式上线，交易清算等机制运转顺畅。上海证券交易所和新加坡交易所签署合作备忘录，首批 ETF 同步在沪新两所挂牌上市。天津深入推进自贸区“金改 30 条”增量扩面，持续扩大经营性租赁收取外币租金等租赁业支持政策红利效应，落地全国首笔飞机发动机离岸融资租赁业务。广东出台“前海金融 30 条”“横琴金融 30 条”，实现国内金融租赁公司首单租赁资产跨境转让业务，落地全国首笔由担保机构开展的跨境融资担保业务，推动横琴粤澳深度合作区企业首笔离岸人民币债券在澳门成功发行。海南继续深化 QFLP 和 QDLP 试点，便利企业设立 QFLP 基金开展境内投资，设立便捷注册程序和最低准入门槛，在全国率先简化 QDLP 基金跨境投资登记手续。此外，江苏、山东、广东、浙江、福建、深圳、青岛、宁波 8 省市作为全国首批跨境金融服务平台银企融资对接应用场景试点地区，持续为助力涉外企业“走出去”“引进来”高质量发展提供全流程金融支持。

（五）金融改革创新

科技金融发展整体向好，助力新质生产力发展。继济南、上海、南京、杭州、合肥、嘉兴全国 6 个科创金融改革试验区获批后，

2023 年北京中关村科创金融改革试验区方案获国务院批准，积极发展科创金融特色机构，打造科创金融专项服务模式。山东济南创设 50 亿元“央行资金科创贷”和 20 亿元“央行资金科创贴”工具，积极发挥结构性货币政策工具的激励引导作用。上海大力推动创建“上海科创金融联盟”及金融支持科创企业“共同成长计划”，长三角 G60 科创走廊参与企业共在银行间市场发行科创票据 34 只，发行规模 209.8 亿元。通过政府、银行、担保公司、再担保公司的风险“四方分担机制”，江苏南京推出“专精特新保”，对“专精特新”企业实行白名单制，具有无抵押、免担保费、高额度、低利率的特点。浙江杭州、嘉兴推动设立科创金融专营机构，围绕提升科创金融业务覆盖面和服务质效出台专项评价办法，认定科创金融专营机构 32 家。

绿色金融发展成效显著，书写可持续发展新篇章。长三角绿色债券市场高质量发展稳步推进，2023 年长三角相关企业和金融机构在银行间市场共发行各类绿色债券 100 只，发行总额达 884.75 亿元。浙江、江苏、上海重点支持小微企业绿色发展，引导金融机构创新种植业固碳增汇、养殖业减排降碳、绿色农机研发等领域信贷产品。厦门成立全国首个绿碳联盟，4 家银行与市级财政合资成立绿色低碳增信子基金。广东构建支持绿色低碳发展的多元金融业态，落地了包括首单碳排放权质押跨境融资业务、首笔针对碳排放权抵押贷款的保证保险等多项全国首创绿色金融创新业务。天津推动绿色金融标准体系不断健全，出台国内首个融资租赁绿色评价机制，发布全国首个化工行业转型金融标准。

普惠金融增量扩面提质，各省开展多类专项支持行动。广东出台推动民营经济高质量发展“30 条”等多项支持政策，2023 年末普惠小微贷款、涉农贷款同比分别增长 22.8%、21.4%。山东开展“齐心鲁力助企惠商”等金融支持专项行动，民营企业贷款同比增长 6.9%。河北推动成立首贷续贷服务中心，有效提高小微企业融资便利度，年末普惠小微贷款、普惠小微信用贷款余额分别增长 33.1%、75.1%。江苏推动银行保险机构提升小微企业金融服务质量，创设普惠金融服务平台“苏易融”，全省小微企业贷款余额较上年增长 21.0%；政策性保险公司全年累计承保小微企业出口额、支持小微企业家数同比分别增长 4.6%、21.4%。

养老金融探索扎实推进，各行业广泛出招齐发力。福建、江苏、海南等省指导金融机构实施银行营业网点服务无障碍标准及支付服务适老化改造工作，积极完善个人养老金产品服务、开设养老金融特色网点、建立老年人投诉机制。河北积极推动普惠养老再贷款与承接北京地区养老服务战略相结合，引导金融机构用好普惠养老专项再贷款，截至 2023 年末已投放普惠养老专项再贷款 2.98 亿元。北京、上海、江苏、浙江、福建、山东、广东等省市启动商业养老金业务试点，中国人寿养老保险、太平养老保险、国民养老保险等试点公司先后推出创新产品，其中中国人寿养老保险商业养老金年末存量规模达79亿元，有效账户数超34万户。

数字金融发展提质增速，数字化转型赋能实体经济。北京着力推动构建数字金融新生态，引导多家大型商业银行与通信企业、科技龙头企业强强联合，深度开发数字人民币在个人端、企业端的创新应用场景实践。天津东疆综合保税区探索数字港口建设，借助数字金融力量赋能实体经济，形成以融资租赁、国际贸易、航运物流为主导的产业业态，实现数字金融与产业、供应链、中小微企业的深度融合。山东发布《山东省数字金融惠企行动方案》，通过攻坚突破“十项行动”建立金融数字化转型标准、评价、人才体系，进一步完善数字金融政策支持框架。福建印发《金融科技发展行动计划（2023—2025年)》，增强金融科技创新驱动力量，数字产业发展、制造业数字转型升级领域贷款增速比各项贷款增速高9.5个百分点。

二、重点领域评估

（一）中小金融机构

地方法人银行改革化险稳步推进，经营业绩趋于改善。2023年，东部地区各省市多措并举加快推进地方中小金融机构改革化险。广东、山东、河北、海南成功发行地方政府补充中小银行资本专项债，改善中小银行资本结构，增强中小银行风险化解实力；全国省联社改革“第一单”浙江农商联合银行挂牌一年多以来，坚持“姓农、姓小、姓土”定位，推进普惠金融高质量发展，为全国各级省联社改革提供浙江经验；海南系统谋划、统筹推进农信社深化改革，海南农商银行已于2024年5月挂牌开业；广东积极支持区域金融承载力较弱地区组建地市统一法人农商行；村镇银行改革化险加速推进，广东、北京、浙江、河北积极探索村镇银行“村改支”或“村改分”模式，切实保障了村镇银行储户资金安全和金融服务连续性。截至2023年末，东部地区地方法人银行不良贷款率1.5%，下降0.08个百分点；关注类贷款率2.7%，下降0.27个百分点；逾期贷款率下降0.41个百分点；全年实现净利润4295.68亿元，增长6.0%。但受大型银行业务下沉、存贷款利差收窄等多重因素影响，中小银行在持续推进改革化险的同时，也面临资本充足水平、风险抵补能力短期下迁等挑战。年末东部地区地方法人银行拨备覆盖率较上年降低7.1个百分点，资本充足率小幅下降0.04个百分点。《商业银行资本管理办法》新规下，中小银行多为第三档银行，风险权重变动对其影响相对较大，但资本充足水平整体保持稳定。

专栏2 资本新规对东部地区中小银行经营影响分析

为了解《商业银行资本管理办法》（以下简称新规）对中小银行影响，选取东部地区216家典型中小银行进行分析，结果显示新规下样本银行资本净额合计2.06万亿元，风险加权资产合计15.15万亿元，资本充足率13.6%，资本充足水平总体保持稳定。

一、新规核心修订要点

一是差异化监管分为三档。按照规模等标准新规将商业银行划分三个档次，并适用不同监管规则。针对第一档银行，资本计量全面对标国际标准，实施相对复杂的资本计量方法；第二档银行资本计量相较第一档有所简化，但相对现行标准复杂度明显提升；第三档银行标准进一步简化，引导聚焦服务县域、小微及当地实体经济。二是风险权重有升有降。新规针对风险加权资产进行全面修订，提高部分业务权重，引导银行资金脱虚向实，回归业务本源。三是信息披露标准和内容持续完善。根据各银行实际情况开展差异化监管，第一档银行需披露规定的全套报表，提升风险信息透明度和市场约束力；第二档银行适用简化的披露要求，主要披露风险加权资产、资本充足率等8张报表；第三档银行要求更为简化。整体来看，中小银行多为第三档银行，主要受风险权重变动影响。

二、风险权重变动对中小银行影响

（一）信贷业务权重调整引导中小银行加大对“小额、分散”客户支持

一是鼓励支持中小企业贷款需求。新规对中小企业贷款的风险权重由100%下调至85%，经测算样本银行预计可节约资本46亿元，促进新增贷款投放500余亿元。二是强化中小银行“小额、分散”市场定位。新规对贷款1000万元及以下符合标准的个人债权适用75%或45%的风险权重，但对1000万元以上其他个人风险暴露的风险权重由75%上调至100%，加大资本消耗以正向激励中小银行专注小额贷款，经测算，个人信贷项调整可为样本银行减少约1%的信用风险加权资产。

（二）非信贷业务权重调整体现监管审慎导向

一是引导中小银行同业业务规模压降。新规对境内外其他商业银行原始期限三个月以上风险暴露（不含次级债权）的风险权重由25%调整为40%，中小银行或收缩同业业务规模。二是中小银行投资资管产品类别或趋于分化。新规提出穿透法等三种方法对纳入银行账簿的资管产品进行风险计量，无法穿透至底层的资管产品风险权重将上升，中小银行对风险权重提升产品的投资意愿或边际下降。

（三）表外信用计量标准总体提高

新规下可随时无条件撤销的贷款承诺的信用转换系数从0提高到10%，原始期限不超过1年的贷款承诺信用转换系数从20%升至40%，原始期限1年以上的贷款承诺信用转换系数从50%降至40%。上述调整导致中小银行资本消耗总体有所抬升，经测算，样本银行因表外业务调整增加资本消耗约215亿元。

总体来看，新规进一步强化中小银行服务地方小微定位，引导中小银行不断优化资金投向，样本银行整体资本充足水平保持稳定，个别样本银行因资产结构和类别差异导致资本充足率小幅变动，但仍处于安全边界内，整体将实现平稳过渡。

资料来源：中国人民银行浙江省分行。

（二）房地产

房地产市场积极信号显现，房地产开发投资、商品房销售降幅收窄。2023年，东部地区房地产开发投资额6.71万亿元，同比下降5.3%，受房地产政策影响降幅收窄1.4个百分点。分省份看，上海、浙江、海南和北京房地产开发投资额实现正增长，同比分别增长18.2%、2.0%、1.1%和0.4%。东部地区商品房销售面积5.16亿平方米，同比下降6.7%，降幅收窄16.3个百分点，降幅低于全国水平1.8个百分点；销售额7.19万亿元，同比下降5.8%，降幅收窄19.3个百分点，降幅低于全国水平0.7个百分点。分省份看，海南、北京、天津商品房销售面积和销售额增长实现由负转正，其他省市降幅较上年均有不同程度收窄。

“因城施策”做好房地产金融服务，房地产贷款规模保持平稳。2023年，东部地区积极落实金融支持房地产及相关保障政策，支持不同所有制房企合理融资需求，落实建立城市房地产融资协调机制，持续抓好“金融16条”等政策落地，房地产金融运行基本平稳。广东提出扩大保障性住房供给和推进城中村、老旧小区和农房改造，简化利用存量土地和房屋改建保障性租赁住房调整规划的手续，支持广州、深圳结合城中村改造规模化建设保障性租赁住房；浙江金融全力支持“保交楼”工作，全年全省房地产企业累计发行债务融资工具101亿元。截至2023年末，东部地区房地产贷款余额30.35万亿元，与上年基本持平。其中，房地产开发贷款余额7.62万亿元，同比增长3.3%，个人住房贷款余额21.89万亿元，同比下降3.1%。分省份看，江苏、上海和山东房地产贷款余额增速居前3位，分别为8.5%、8.4%和5.8%；广东、江苏、浙江房地产贷款规模居前3位，分别为7.38万亿元、5.60万亿元和4.11万亿元，合计占东部地区的56.3%。但在人口结构发生转变、重点城市人口流入整体放缓等多重因素影响下，房地产市场供需结构发生变化，加之个别房企公开市场违约事件影响，行业融资信用受损，房企经营有所转弱，信贷违约事件时有发生，对银行资产质量产生一定冲击，东部地区部分省市涉房地产贷款不良率有所抬升。

专栏3　长三角、珠三角地区房地产行业发展存在的问题及建议①

长三角、珠三角地区城市群集中、人口密集，房地产市场在全国占有较高比重。调研显示，当前两区域房地产行业面临企业投资收缩、销售放缓压力以及政策支持效果有待进一步显现等问题。

一、存在问题

（一）房地产企业面临销售压力

2023年长三角、珠三角4省市房地产开发投资额4.44万亿元，新开工面积由2021年的4.9亿平方米下滑至2023年的2.5亿平方米，2023年、2022年同比降幅分别为40.2%、14.8%，商品房销售额两年同比分别下滑8.3%、26.9%。总体来看，房企预期偏弱，开发主要集中于存量项目，新项目投资趋于保守，销售趋于放缓。

（二）房地产企业债务风险需关注

截至2023年末，房企债务违约合计127只、1778.8亿元，其中江苏1只、5.6亿元，浙江8只、41.8亿元，上海46只、425.8亿元，广东72只、1305.6亿元。此外，房地产企业债务偿付困难可能加剧合作方经营困境，导致风险向上下游传导。某住宅建筑工程公司与头部大型房地产公司保持长期合作关系，因房企大量拖欠工程款致使该公司账款无法及时收回，企业因现金流枯竭陷入经营危机。

（三）房地产调控政策效果有待进一步显现

降低首付比例和贷款利率、取消部分购房限制等短期内有助于释放部分刚需和积压的改善型购房需求，但在预期尚在有序恢复的情况下，这些措施对房地产行业复苏的推动作用可能仍需时间。2023年，全国70个大中城市新房与二手房价格指数均连续12个月同比下跌，凸显需求端预期仍未显著转变。

二、政策建议

（一）畅通房企外部融资渠道，防范房企债务风险

优化房企存量融资展期与新发贷款流程。完善预售资金监管制度，适当提升房企用款灵活度。引导金融机构按照市场化

① 选取江苏、浙江、上海、广东4省市为样本，数据来自Wind金融终端。

原则购买、置换房企公开市场债券。

（二）推动居民资产负债表优化，提振购房意愿

研究出台改善型住房换购税费减免政策，支持改善型需求。完善最低工资标准调整机制，加强重点行业和群体薪酬调查和指引，提升劳动报酬在初次分配中的比重。活跃资本市场，多措并举提升居民综合收入水平。

（三）因城施策，探索符合当地的房地产发展新模式

按照“先立后破”原则，细化各项房地产支持政策，推动房地产开发模式有序转型。加快推进“三大工程”，更好满足各类型住房需求，推动房地产行业高质量发展。

资料来源：中国人民银行广东省分行、宁波市分行。

（三）地方政府债务

政府负债率远低于警戒线，新增专项债券发行成融资主力。截至2023年末，东部地区整体债务余额17.07万亿元，同比增长15.0%。分省份看，天津、广东和海南债务余额增速居前3位，分别增长28.6%、19.1%和17.8%。东部地区整体政府负债率26.2%，较上年上升2.3个百分点，整体政府负债率远低于风险控制警戒线，其中9省市政府负债率均低于风险控制警戒线，财政政策积极发挥逆周期和跨周期调节作用。2023年东部地区发行地方政府债券3.67万亿元，同比增长13.3%。近六成为新增债券，发行额2.2万亿元，增长1.4%，其中新增专项债券发行额1.9万亿元，增长1.8%，占比近九成。

整体财政自给率①较高，政府债券债务偿债率②位于安全线内。2023年，东部地区整体财政自给率为66.0%，同比提高1.0个百分点，地方财政自给能力整体较高，可持续发展能力较强。其中，上海、广东、北京财政自给率最高，分别达86.3%、74.8%和77.5%。2023年东部地区债券还本付息额1.99万亿元，同比增长26.1%，其中债券还本1.47万亿元，增长32.2%，债券付息5151.37亿元，增长11.4%。2023年东部地区整体债券债务的偿债率为15.0%，较上年增加2.8个百分点，未超过警戒线。截至2023年末，东部地区地方政府债务率③为128.6%，同比上升13.5个百分点，整体债券债务依存度④23.8%，同比上升2.1个百分

---

① 财政自给率＝（一般公共预算本级收入÷一般公共预算本级支出）×100%。

② 当年偿债率＝（当年政府性债务的还本付息额÷当年地方政府综合财力）×100%。世界银行建议中国偿债率警戒线为15%，偿债率介于15%～25%为黄色预警，高于25%为红色预警。

③ 地方政府债务率＝（当年年末地方政府性债务余额÷当年地方政府综合财力）×100%。

④ 债券债务依存度＝当年地方政府新增债券规模÷（当年一般公共预算支出＋当年政府性基金预算支出）×100%。

点，部分省份财政依赖性有所升高，同时个别银行机构地方政府债务集中度较高，风险向金融领域传染外溢问题值得关注。

三、定量评估

运用区域金融稳定定量评估模型，对东部地区的区域金融稳定状况进行评估。从定量评估结果看，东部地区 2023 年金融稳定状况综合得分为 74.5 分，较上年下降 0.7 分，高于全国平均水平 0.6 分，处于较稳定区间[①]（见图 21）。其中，宏观经济、银行业、证券业、保险业和金融生态环境得分均高于全国平均水平（见图 22）。

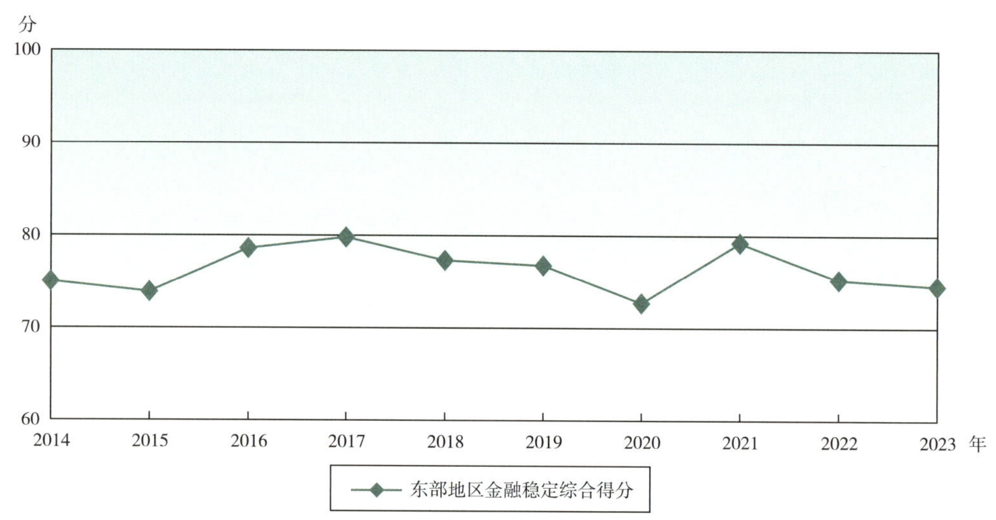

图 21　2014—2023 年东部地区金融稳定综合得分趋势

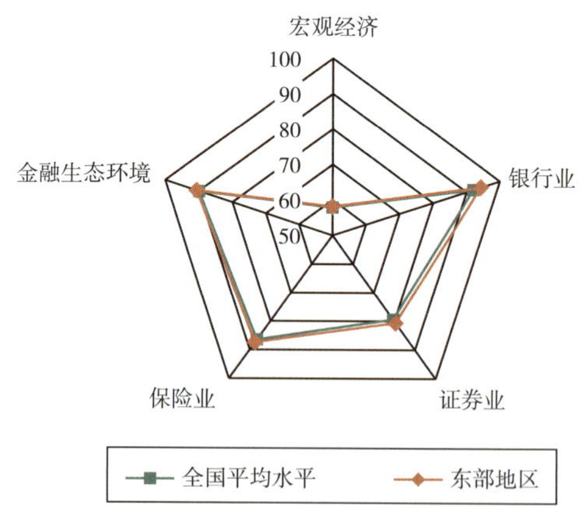

图 22　2023 年东部地区金融稳定状况和全国平均水平的比较

① 将定量评估结果进行五大区间的等级评估：非常稳定（95 分及以上）、稳定（80 ~ 95 分）、较稳定（70 ~ 80 分）、较不稳定（60 ~ 70 分）和不稳定（60 分以下），稳定、较稳定和较不稳定区间得分上限均不包括在本等级内。

第三章
中部地区

2023 年，中部地区认真贯彻落实党中央、国务院决策部署，坚持稳中求进工作总基调，全力以赴攻难关、解难题、防风险，经济回升向好基础持续巩固，金融业整体安全稳定运行，金融风险防范化解工作扎实推进，区域金融改革创新成效显著。

一、金融业稳健性评估

（一）银行业

资产负债稳步增长，盈利水平稳中有升。截至 2023 年末，中部地区法人银行业金融机构 1121 家，较上年减少 7 家，其中地方法人银行 1058 家，机构数量总体保持稳定。中部地区银行业金融机构资产总额 58.87 万亿元，负债总额 56.78 万亿元，同比分别增长 9.6%、9.7%，分别占全国银行业总资产、总负债的 14.1%、14.8%，占比与上年末基本持平。其中，河南、湖北、安徽银行业资产和负债规模均超过 10 万亿元，合计占中部地区银行业总资产、总负债的比重均为 58.5%；安徽、湖南银行业资产和负债增速均超过全国平均水平，分别高于全国资产增速 2.4 个、0.5 个百分点，高于全国负债增速 2.5 个、0.4 个百分点（见图 23）。2023 年中部地区银行业金融机构累计实现净利润 4381.38 亿元，增长 4.6%，增速较上年提高 1.85 个百分点。其中，安徽、湖南、湖北银行业全年净利润均超过 800 亿元，合计占中部地区银行业净利润的 58.8%；山西、湖南银行业净利润同比增长较快，增速分别为 15.6%、13.8%。但受存贷利差持续收窄、有效信贷需求不足、大型银行业务市场下沉等因素影响，地方中小银行尤其是农村金融机构信贷投放较为乏力，盈利水平有所下滑。2023 年中部六省地方法人银行平均净息差为 1.9%，同比下降 12 个基点；实现净利润 827.66 亿元，同比下降 2.2%。

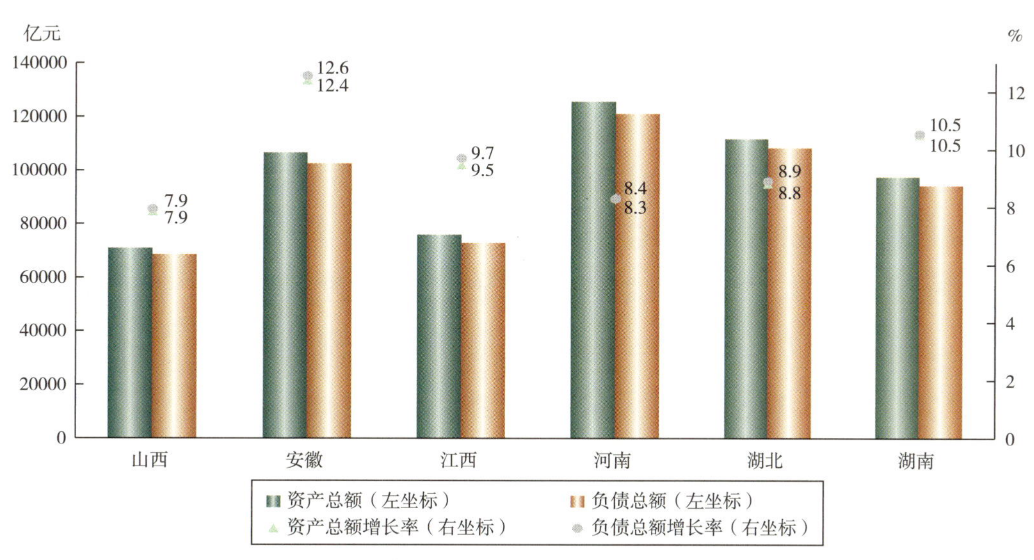

图 23　2023 年中部地区各省份银行业金融机构资产负债规模及其增长率

贷款保持平稳增长，存款增速波动回落。截至2023年末，中部地区银行业金融机构各项贷款余额41.25万亿元，同比增长11.2%，增速较上年提高0.1个百分点。其中，安徽、江西、山西和湖南各项贷款增速分别为15.6%、13.2%、11.2%和10.9%，分别高于全国各项贷款平均增速5.0个、2.6个、0.6个和0.3个百分点，安徽各项贷款增速保持全国第1位，山西贷款增量创历史新高。中长期贷款余额28.59万亿元，增长13.5%，占各项贷款的69.3%，增速和占比分别较上年提高3.3个、0.6个百分点，信贷结构持续优化。中部地区银行业金融机构各项存款余额45.93万亿元，同比增长9.3%，增速较上年下降2.6个百分点，由于新冠疫情后居民储蓄持续释放为消费动力，且部分行业企业盈利下降及派生存款减少，导致住户存款和非金融企业存款增速放缓。与上年相比，中部六省存款增速均有所下降（见图24）。

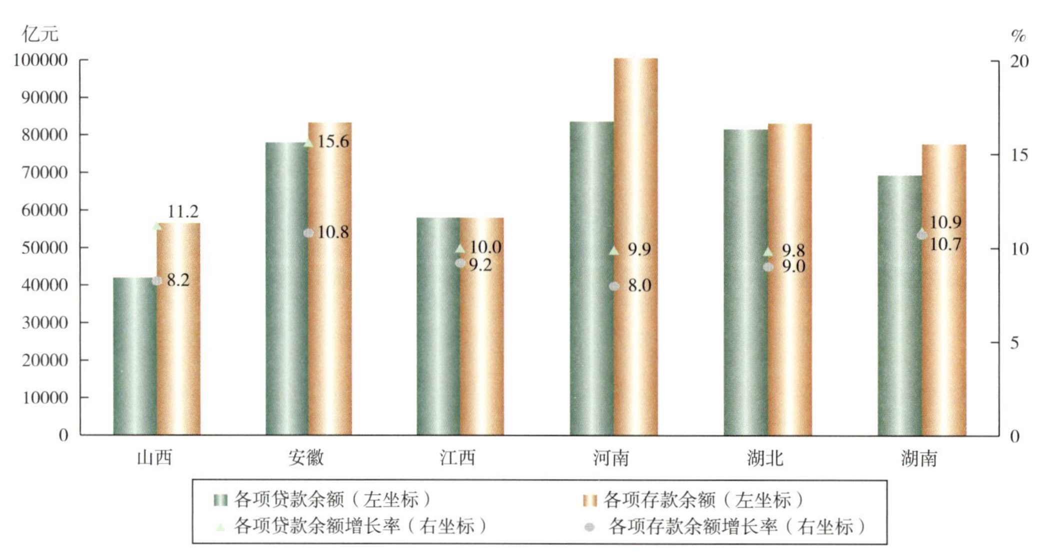

图24　2023年中部地区各省份银行业金融机构存贷款余额及其增长率

不良贷款有所增长，资本和流动性总体充足。受经济回升基础尚不稳固等因素影响，部分中小微企业经营困难，中部地区银行业信贷资产质量总体有所劣化。截至2023年末，中部地区银行业金融机构不良贷款余额0.79万亿元，同比增长18.7%；不良贷款率1.92%，同比上升0.11个百分点。其中，安徽、湖南、山西、湖北、江西银行业不良贷款率分别低于全国银行业不良贷款率0.7个、0.4个、0.4个、0.3个和0.3个百分点；山西、安徽银行业信贷资产质量有所改善，不良贷款率分别下降0.32个、0.09个百分点。地方法人银行年末不良贷款余额同比增长26.8%，不良贷款率同比上升0.6个百分点。其中，河南、湖北、湖南法人银行不良贷款同比增长，个别省份农信机构信用风险较高，依靠清收、核销等传统手段进行不良资产处置效果有限。中部地区地方法人银行整体资本充足率10.67%，下降0.38个百分点。其中，安徽、湖南、江西地方法人银行资本充足率均高于12%。中部地区地方法人银行流动性比例77.8%，上升4.1个百分点，高于全国商业银行流动性比例10.0个百分点，流动性总体平稳。其中，湖北、安徽、湖南、山西、河南法人银行流动性比例分别高于全国商业银行流动性比例23.3个、14.3个、13.7个、11.1个和7.1个百分点。

金融支持实体经济力度持续加大，企业融资成本稳中有降。2023年，中部地区多措并举引导金融资源向制造业、科技创新、普惠小微、乡村振兴、绿色发展等重大战略、重点领域和薄弱环节倾斜，贷款规模实现较快增长，推动金融发展活力持续提升。湖北制造业中长期贷款、普惠小微贷款、绿色贷款余额同比增速均超过25%，山西战略性新兴产业、小微企业贷款同比增速均超过20%，显著高于本省各项贷款增速；河南绿色贷款余额同比增长33%，近三年规模实现翻一番；湖南制造业贷款余额同比增长22%，连续25个月高于全部贷款增速。同时，银行机构积极挖掘内部潜力，着力将LPR下调效应传导至实体经济，推动贷款利率持续下降。中部六省2023年新发放企业贷款加权平均利率为3.76%～4.33%，同比下降19个至35个基点不等，有效减轻企业融资成本负担。

信托公司经营整体平稳，部分项目信用风险显现。截至2023年末，中部地区共有信托公司10家，总资产0.12万亿元；实收信托规模3.57万亿元，其中存续风险项目规模0.11万亿元，同比上升40.5%，占实收信托规模的3.2%，较上年上升1.0个百分点，个别省份信托公司存续风险项目占实收信托规模的比重较高。个别信托公司项目出险后，利用多种方式募集资金承接风险项目，并兑付前期投资者，导致表外风险转移至表内或其他投资者。

专栏4　信托公司与信保基金“非卖断式资产转让”合作模式及问题

2021年4月，银保监会办公厅印发《关于推进信托公司与专业机构合作处置风险资产的通知》（银保监办发〔2021〕55号），鼓励信托公司与信托保障基金（以下简称信保基金）采取直接资产转让等模式处置信托风险资产。但在实际操作中，部分信托公司与信保基金采取的是“非卖断式资产转让”模式，将表外风险向表内转移，对信托公司的经营稳健性带来一定挑战。

一、基本模式

信托公司与信保基金“非卖断式资产

转让”合作的一般操作方式为：首先，信托公司与信保基金签订信托资产债权转让协议，将已出险的信托项目债权转让给信保基金，转让价为存续信托余额及尚未兑付利息，同时双方签订委托代理协议（期限1～3年），信保基金委托信托公司代为管理、处置、清收和变现该风险资产，并就最低清收总额作出具体约定。其次，信托公司将信保基金转让价款如期兑付给投资者，正常结束风险信托项目，同时将项目资产债权及收到的信保资金转让款分别计入资产负债表的债权投资（资产端）和其他负债（负债端）。最后，委托期满，信托公司按照转让价款及利息（转让价款×固定拆借利率×委托期限）返还给信保基金，并结束债权转让协议和委托代理协议。例如，自2021年以来，某省A信托公司与信保基金采取“非卖断式资产转让”合作模式，对实际已出险的多个集合资金信托计划如期兑付，涉及金额超过10亿元；兑付资金来源于信保基金，年化拆借利率为7.15%～8.0%，期限1～3年，资产回收率54.4%。

二、主要问题

（一）违反相关监管要求

信托公司通过“非卖断式资产转让”方式全额兑付已出险的信托项目投资者本息，违反了资管新规严禁刚性兑付的要求，同时也明显不符合信托公司资产转让应当遵循真实性、洁净性、整体性原则，实现资产和风险的真实、完全转移等相关监管要求。

（二）表外风险向表内转移

“非卖断式资产转让”模式将表外风险信托项目资产债权转至表内债权投资，将信保基金支付的转让价款当成实际融资归入其他负债，从而将风险由表外信托业务向表内固有业务转移。若催收工作不及预期，无法达到清收保底承诺，相关损失将由信托公司承担，进而对其经营稳健性带来较大挑战。

（三）部分监管指标失真

相关风险项目在形式上正常到期兑付后，反而是从表外风险资产转化为自有投资的优质资产，不仅扩大了资产负债规模，未计提资产减值准备，而且也导致当期经营收入、净利润等指标失真。

三、相关建议

（一）完善相关监管制度

研究出台信托公司信托项目风险资产处置管理办法，明确风险信托项目的处置原则、处置方式、处置流程及相关要求，规范信托公司信托项目风险资产处置工作。

（二）按照市场化法治化原则真实转移风险

督促信托公司与信保基金对风险资产处置合作由目前的“非卖断式资产转让”转换为“反委托收购”模式，做到真实转移风险资产，切实处置相关风险，杜绝虚假化险。

（三）加大信托监管力度

强化对信托公司贯彻执行资管新规等监

管政策有效性、信托风险项目处置真实性的监管检查，对刚性兑付、非法净出表等违规行为加大处罚力度。

（四）加强信托投资者教育

加大信托投资产品、投资风险、法律法规政策的教育宣传，提升信托投资者风险意识，严格落实合格投资者各项要求，不断强化“卖者尽责、买者自负”的投资理念。

资料来源：中国人民银行湖南省分行。

（二）证券期货业

证券公司运行平稳，经营状况总体向好。截至2023年末，中部地区共有证券公司12家，资产总额9040.30亿元，负债总额6723.23亿元，同比分别增长9.1%和6.7%（见图25）。其中，湖南、湖北、安徽3省证券公司体量较大，资产合计占中部地区证券公司总资产的79.4%。2023年，中部地区证券公司累计实现营业收入307.79亿元，增长3.2%；实现净利润89.34亿元，增长26.2%，其中湖北、河南证券公司净利润增速均超过60%，安徽证券公司净利润增速超过30%，部分省份证券公司利润上升明显主要是证券投资收益等自营业务收入大幅增长所致。从风控指标看，中部地区证券公司净资本1632.54亿元，同比增长5.4%，风险覆盖率239.6%，主要风险指标均符合监管要求。

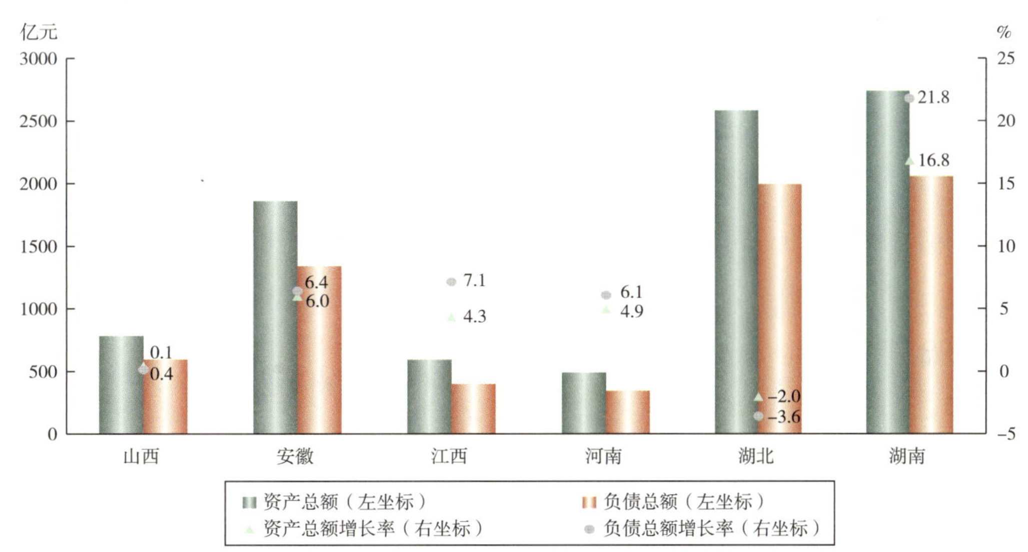

图25　2023年中部地区各省份证券公司资产负债规模及其增长率

期货公司规模效益有所下降，私募基金发展减量提质。截至2023年末，中部地区共有期货公司12家，注册资本74.68亿元，资产总额517.18亿元，同比下降6.9%。其中，除河南期货公司资产总额增长9.4%以外，其他5省资产规模均有所下降。全年中部地区期货公司累计实现营业收入24.14亿元、净利润4.83亿元，分别下降14.5%、25.8%，6省期货公司营业收入和净利润较上年均有不同程度下降，主要是受手续费和佣金收入下降、投资业务收益波动等因素影响导致经营业绩下滑。年末中部地区共有私募基金管理人1355家，较上年末减少73家；私募基金管理数量5757只、规模1.10万亿元，同比分别上升12.1%、3.4%。其中，中部六省私募基金管理人家数均有减少，江西、湖北、湖南均减少15家以上；安徽、河南、湖北私募基金管理数量和规模均实现“双升”。

上市公司主体持续增加，多层次资本市场梯队式发展。2023年末，中部地区共有A股上市公司706家，较上年增加45家，总市值7.77万亿元，平均市值约110亿元。其中，安徽、湖南、湖北、河南上市公司数量均超过100家，总市值均超过1.3万亿元；安徽、江西新增上市公司数量较多，较上年分别增加14家、11家；安徽、湖南、湖北上市公司数量居全国前10位。中部地区新三板挂牌公司共968家，占全国新三板存量挂牌公司的15.5%。2023年6月，上海证券交易所科创板企业培育中心（中部地区）在长沙设立运营，建立湖南省科创板上市企业后备库，209家企业入库。区域性股权市场快速发展，安徽省股权托管交易中心共有挂牌企业10395家，较上年增加993家，融资总额达1182亿元。但受内外部多重因素影响，2023年中部地区部分上市公司经营状况不佳，市值持续下跌。中部某省上市公司平均利润率低于全国2.2个百分点，市值同比下降7.1%，延续上年市值下跌态势；个别上市公司近3年持续亏损，面临退市风险。

资本市场融资功能有效发挥，债券融资增长明显。债券融资方面，2023年中部地区通过交易所市场发行公司信用类债券1464只、金额8982.93亿元，同比分别增长32.9%、15.6%。其中，江西信用债发行数量和规模居中部六省第1位，全年发行信用债464只、2102.23亿元，同比分别增长129%、24.8%；河南、安徽、湖南发行数量和金额同比均大幅上升。股权融资方面，中部地区全年进行股权融资1715.53亿元，同比下降0.8%；涉及股权融资企业125家，同比减少1家。其中，首次公开发行534.85亿元，涉及企业44家；增发685.01亿元，涉及企业50家；可转债发行299.90亿元，涉及企业21家。分省份看，湖南股权融资规模和涉及企业数量居中部六省第1位，股权融资总额443.46亿元，同比增长43.4%；融资企业32家，较上年增加10家（见图26）。

（三）保险业

保险业运行总体稳健，保费收入稳步增长。2023年，中部地区保险业实现保费收入9821.19亿元，同比增长5.2%，增速较上年上升1.8个百分点，其中财产险和人身险业务分别实现保费收入2655.13亿元、7166.06亿元，分别增长7.4%、4.4%。财产险业务中，车险、农业险保费收入分别增长5.4%、

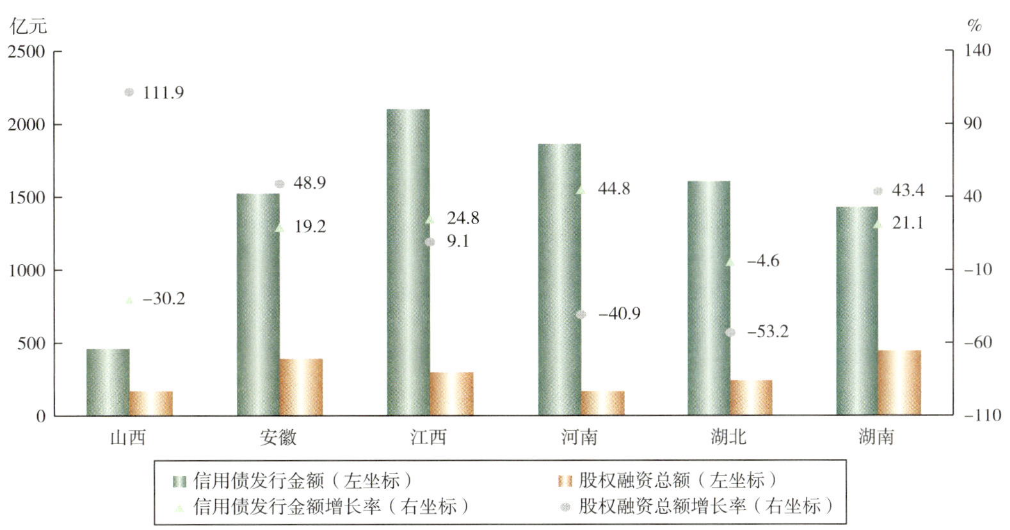

图 26　2023 年中部地区各省份资本市场融资额及其增长率

21.6%，在财产险保费收入中分别占比 67.3%、12.1%，占比较上年分别下降 1.2 个、上升 1.4 个百分点，业务结构有所优化。人身险业务中，寿险、健康险、意外险保费收入同比分别增长 6.4%、0.7%、-11.9%，占比分别为 72.6%、24.9%、2.5%，呈现寿险占比仍居高位、健康险增长缓慢、意外险占比下滑明显的态势。分省份看，河南全年实现保费收入 2399.87 亿元，总额居中部地区第 1 位；山西保费收入增长 9.3%，增速居中部首位（见图 27）。从保险密度和深度看，中部地区保险密度 2697.44 元，同比提高 130.49 元，保险深度 3.64%，同比上升 0.01 个百分点，保险普及程度和发展水平进一步提升。

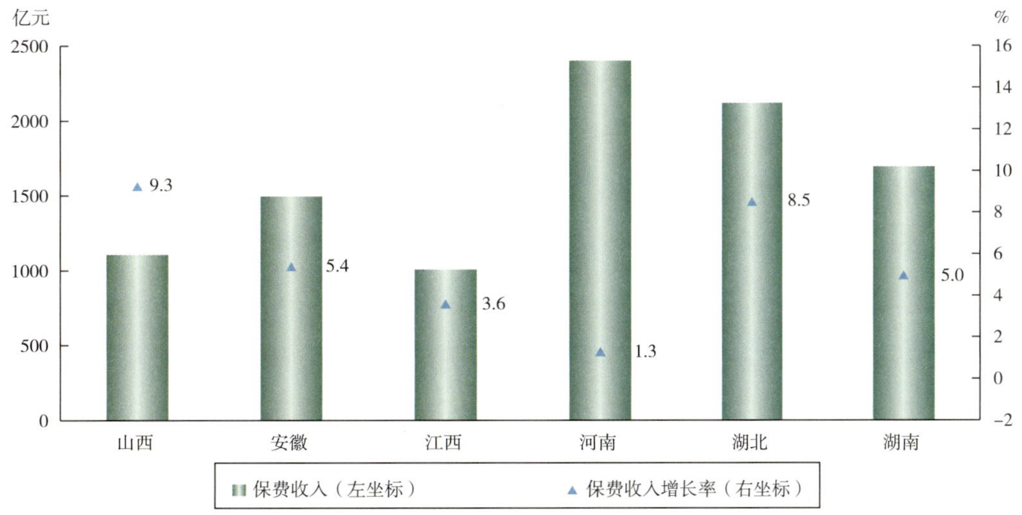

图 27　2023 年中部地区各省份保险业保费收入及其增长率

保险赔付支出上升较快，风险保障作用持续增强。2023 年，中部地区保险业累计赔付支出 3875.31 亿元，同比增长 20.0%，增速快于上年 18.6 个百分点。其中，湖北、河南保险业赔付支出增长较快，分别增长 26.4%、25.4%，其他 4 省增速均超过 10%。分险种看，财产险业务赔付支出 1822.56 亿元，同比增长 13.9%，其中山西增速最快，安徽增速最慢，同比分别增长 20.6%、7.6%，其他 4 省增速均超过 10%；人身险业务赔付支出 2052.75 亿元，增长 25.9%。其中，河南、湖北、湖南寿险业务赔付支出增速均超过 50%，江西健康险业务赔付支出增速超过 20%。中部地区保险业全年累计为社会提供风险保障金额 1465.87 万亿元，同比增长 9.1%，保险业经济减震器和社会稳定器功能得到较好发挥。其中，湖北保险业提供风险保障金额最高，为 542.19 万亿元；山西保险业提供风险保障金额增速最快，同比增长 30.2%。

法人保险公司规模稳步增长，经营发展总体平稳。截至 2023 年末，中部地区共有法人保险公司 10 家，包括财产险公司 7 家，分布在除湖南以外的其他 5 省；人身险公司 3 家，分布在湖北和湖南两省，其中湖北保险公司数量和规模居中部六省首位。财产险公司和人身险公司总资产分别为 608.78 亿元、5193.70 亿元，同比分别增长 16.0%、8.2%；全年分别实现保费收入 342.21 亿元、682.52 亿元，分别增长 9.3%、8.8%；赔付支出分别为 229.42 亿元、65.95 亿元，分别增长 14.9%、29.5%。受居民收入增长基础不牢、有效保险需求下滑以及大型保险企业业务竞争挤压等影响，中部地区法人保险公司盈利能力承压。2023 年财产险公司经营由盈转亏，净利润合计亏损 1.95 亿元，累计净现金流为负的公司有 5 家；人身险公司全年亏损 22.01 亿元，同比多亏 9.26 亿元。从风控能力看，财产险公司和人身险公司综合偿付能力充足率分别为 264.3%、136.9%，核心偿付能力充足率分别为 260.8%、81.4%，均符合监管要求。从资金运用看，财产险公司和人身险公司资金运用余额分别为 333.10 亿元、4852.24 亿元，分别增长 15.2%、11.8%，主要投资于固定收益类资产。

保险供给层次日益丰富，支持经济社会高质量发展。2023 年，中部地区保险业积极围绕重点产业、乡村振兴、科技创新、普惠养老、重大自然灾害等领域大力发展新业务、新产品，助力实体经济高质量发展，更好惠及民生大众。湖南保险业深度服务国家重要先进制造业企业，全年向相关企业提供保险保障 1.28 万亿元，同比增长 17.1%。山西发展“保险 + 期货”业务助力乡村振兴，全年为 1.4 万余户农户及农企的玉米、生猪提供保额 5.7 亿元。安徽科技保险服务企业 1.9 万余家，提供保额 1.17 万亿元，同比增长 2 倍多。湖北以“保险 + 科技”“保险 + 服务”为主要商业模式构建“保险新生态”，推出新市民专属保险创新产品和服务，业务已覆盖 34

个省市的60万灵活用工群体。河南巨灾保险保障功能进一步凸显，全年为4469.79万人提供巨灾风险保障14.3亿元；养老保险产品供给加快，多家保险集团在豫的“保险＋养老”社区项目开工建设。

（四）跨境资金流动

跨境收支规模有所收缩，经常和资本项下资金流动呈“一顺一逆”格局。2023年，中部地区跨境收支总规模6544.12亿美元，同比下降9.0%；跨境收支顺差450.23亿美元，顺差减少178.02亿美元，其中安徽、河南、江西、湖南4省为净流入，山西、湖北两省为净流出。分结构看，经常项目实现跨境收支顺差553.04亿美元，同比下降12.0%；资本和金融项目实现跨境收支逆差99.74亿美元，逆差同比增加96.79亿美元，资本项目逆差大幅上升主要受国际投资低迷以及企业跨境融资意愿不强等因素影响，资本流入有所放缓。面对复杂国际环境，中部地区经常项目下货物贸易保持较强韧性，发挥资金流入“压舱石”作用。安徽货物贸易进出口增速居中部第1位，实现货物贸易顺差226亿美元，同比增长9%；湖北开展“千企百展出海拓市场”行动，一般贸易进出口增长7.6%；河南外贸“新三样”及跨境电商支撑作用增强，一般贸易进出口增长9.4%。

（五）金融改革创新

科技金融创新持续发力，绿色低碳转型成效显著。科技金融方面，安徽建立健全科技金融改革体制机制，支持科创企业获得全生命周期综合金融服务，至2023年末累计开展科技融资担保业务1.55万户（次）、1159.08亿元；河南聚焦科创金融积极组织开展政银企对接签约活动，成功发行科创票据82亿元；湖北建立3万家重点科创企业“白名单”，推出科创企业创新积分信用贷款业务并给予相应风险补偿。绿色金融方面，山西累计发放煤炭清洁高效利用领域贷款、碳减排贷款638亿元，开展排污权、用能权、碳排放权等环境权益质押贷款创新；河南累计落地碳减排支持工具、支持煤炭清洁高效利用专项再贷款402亿元，成功发行绿色碳中和债券、绿色中期票据35亿元；湖北制定可持续发展挂钩贷款操作指引，牵头出台全国首个省级绿色融资企业和项目评价指南、绿色建筑产业贷款实施规程。

区域金融合作不断深化，数字金融建设持续推进。区域金融合作方面，安徽作为长三角省份之一，持续加强与沪苏浙的金融联动合作与创新，共建“长三角绿色金融信息管理系统”，推进区域金融标准一体化工作，构建长三角金融监管与风险防范联动机制，助力区域金融高质量协同发展；湖南深化长株潭金融改革，持续发展长株潭地区普惠金融、供应链金融、科创金融，加大对现代农业的金融支持力度，取得较好成效。数字金融建设方面，湖南长沙作为中部地区唯一的数字人民币试点城市，在商户结算、工资代发、缴退税、惠民活动等领域不断深化数字人民币应用场景，2023 年末数字人民币商户落地 51.05 万家，累计交易 1.25 亿笔、189 亿元，同比分别增长 134%、127%；江西开发运行具有大数据特征的金融机构风险监测预警系统，通过科技数字赋能，加强金融风险前瞻性分析研判，有效筑牢区域风险防控堤坝。

专栏 5　区域金融风险监测预警数字化转型探索与实践

为顺应金融稳定工作转型发展和金融数字化潮流趋势，人民银行江西省分行自主开发全省金融机构风险监测预警系统，有效提高金融风险监测预警效率，提升风险识别精准度，为金融稳定工作数字化转型提供了有益借鉴。

一、系统主要功能介绍

自 2019 年开始，人民银行江西省分行以各项监管数据、资金流水数据为基础，逐步搭建数据收集、处理、分析、展示各项系统核心功能，实现对全省的金融风险监测预警。系统主要模块包括：一是统计分析模块。允许从时间、机构类型、所在市县、机构名称、监管指标名称等多个维度自由搭配生成各类监测分析报表。二是评估预警模块。对主要监管指标不达标、系统模型评分较差的金融机构进行弹窗预警，对资金流水数据大幅异常波动企业进行标红预警。三是企业画像模块。既能对单家企业银行融资情况进行梳理汇总，又能通过银行底层数据及第三方外部信息，实现对单家企业所属集团、股东关联、担保关系、投资关系等的梳理汇总，形成企业集团整体信贷业务、异常风险信息明细。四是资产质量评估模块。根据商业银行资产分类管理办法，结合工作经验，形成商业银行潜在不良资产明细数据。五是资金流水追踪模块。定期汇总企业资金账户交易记录，分列展示资金流入流出前十交易情况，自动对异常交易线索进行预警。

二、系统主要特点及成效

（一）大幅提升风险监测预警效率

系统定期处理上亿级数据信息，自动生成银行业监管指标、超百万家企业画像档案、上千家重点监测企业集团信贷信息、超百万家企业资金流水信息。截至目前，系统已累计处理 2400 多亿条数据信息，显著提升数据处理效率。

（二）穿透识别金融风险隐患

经现场评估确认，系统生成的银行机构应计未计不良资产明细结果准确率达 70%，个别银行机构现场查增不良资产总额中系统生成数额占比近 1/3。现场评估工作中，系统资金流水追踪模块成功识别个别信贷客户大额信贷资金流入信托机构、地方财政等领域或回流借款人，并及时对相关机构进行反馈提示。

（三）前瞻预判金融风险隐患

通过系统集团关系功能达到对企业集团风险整体研判的效果，如系统仅用时半天即实现对3家集团企业全部融资明细及风险情况的汇总，通过分析五级分类未来下迁趋势来提前预估对核心监管指标的影响。

三、未来发展方向

（一）提升监测预警自由度

探索建立数据仓库，允许自由选取底层指标并自动生成对应信息表。为适应监管标准调整和满足个性化监测预警需求，下一步将探索自主添加预警指标及阈值，通过多条件自由搭配及时识别各类风险隐患。

（二）提升穿透分析能力

完善资金流水查询功能，允许按日查找资金流水，并探索自动识别银行信贷流向，自动预警贷款用途违规行为。根据《商业银行金融资产风险分类办法》新规内容完善潜在信用风险识别功能。

（三）提升风险监测预警前瞻性

探索资金流水预警功能覆盖全省所有活跃企业，通过识别预警企业主要交易对手的风险信息，提前预判风险传染可能性及潜在路径，实现预警关口进一步前移。探索汇总行业资金流水和潜在信用风险信息，了解全省各行业资金流动活跃度和整体信用风险变化趋势，实现对辖内企业所在行业的整体判断，为行业调控政策制定提供参考借鉴。

资料来源：中国人民银行江西省分行。

二、重点领域评估

（一）中小金融机构

中小银行改革化险深入推进，部分省份取得显著进展。河南、山西城商行改革成果持续巩固，中原银行、山西银行公司治理和风控水平进一步提升，风险抵御能力不断增强，多方合力支持推动其实现高质量发展，做好改革重组的“后半篇文章”。中部地区农信社改革工作深入推进，河南、山西两省农信联社顺利改制组建为省级农商联合银行，并于2023年11月挂牌开业，为全国首批采取“上参下①”改革模式的省份；河南成功发行282亿元地方政府专项债，补充26家农信机构核心一级资本，目前已注资到位；安徽、湖南、江西持续推进省农信联社改革。村镇银行改革化险步伐加快，湖北部分重点村镇

① 由省级农商联合银行向市县农信机构逐级参股。

银行改革方案已落地实施，河南、安徽涉案村镇银行后续风险处置工作稳步推进。

（二）房地产

房地产销售降幅明显收窄，信贷规模略有下降。 2023年，中部六省房地产开发投资完成额21423亿元，同比下降9.5%；商品房销售面积28330万平方米、销售额20810亿元，同比分别下降13.2%、11.2%，降幅较上年分别收窄8.1个、14.5个百分点。截至2023年末，中部地区房地产贷款余额10.06万亿元，同比下降0.7%，在各项贷款余额中占比24.4%，较上年下降3.1个百分点。分贷款类型看，房地产开发贷款2.32万亿元，同比下降0.2%；个人住房贷款余额7.44万亿元，同比下降1.0%，个人住房贷款下降主要是上半年住房按揭贷款提前还款较多所致。其中，部分省份房地产贷款实现正增长，河南、安徽、湖南房地产开发贷款余额同比分别增长4.2%、3.7%、0.4%，山西、河南个人住房贷款余额同比分别增长7.7%、1.1%（见表9）。但近两年受市场预期偏弱、融资渠道收紧等因素影响，房地产企业出险、楼盘烂尾和停贷断供现象时有发生，中部地区个别省份房地产开发贷款和个人住房按揭贷款逾期、不良规模仍呈上升趋势。截至2023年末，某省房地产不良贷款余额较年初增加68.84亿元，同比增长23.1%；不良率1.46%，较年初上升0.25个百分点。一些省份本土重点民营房企经营状况恶化明显，债务履约能力出现较大困难，部分银行贷款形成不良，个别房企发行的境外债也出现违约，相关风险不容忽视。

表9　2023年中部地区各省份房地产贷款余额及变动情况　单位：亿元、%

指标	省份	山西省	安徽省	江西省	河南省	湖北省	湖南省	合计
房地产贷款	余额	5716.7	20694.4	13581.3	24487.0	19669.6	16470.1	100619.2
	增长率	4.9	1.2	-3.6	1.4	-4.3	-1.2	-0.7
房地产开发贷款	余额	1279.3	3350.9	3204.9	4779.9	6444.5	4114.9	23174.4
	增长率	-3.9	3.7	-0.3	4.2	-4.6	0.4	-0.2
个人住房贷款	余额	4336.2	16341.2	10086.2	19182.0	12636.1	11858.8	74440.5
	增长率	7.7	-0.8	-3.9	1.1	-4.9	-0.8	-1.0

专栏6　中资房地产企业境外债发行特点及风险

中资房地产企业境外发债在支持国内房地产行业发展方面发挥了积极作用，但受新冠疫情、美元加息、国内楼市销售放缓等多因素影响，自2020年以来房地产企业境外发债规模开始收缩，债券违约事件多发频发，相关风险需引起关注。

一、房地产企业境外发债政策演变

中资企业境外债监管大致可以划分为规范期（2000—2015 年）、宽松期（2015—2018 年）、调整期（2018 年至今）三个阶段，基本政策框架来自 2000 年 3 月由国务院办公厅转发、国家计委（即国家发展改革委）和中国人民银行联合发布的《关于进一步加强对外发债管理的意见》[①]，境外发债实行额度审批制，在严格的审批制下房企境外债发行规模增长缓慢。2015 年 9 月国家发展改革委将境外发债由审批制改为备案制[②]，同时适逢境外较低利率的融资环境，境外发债开始迅速发展。2017 年 6 月国家外汇管理局放宽美元债资金回流限制[③]，房企境外发债迎来快速扩容期。2018 年，随着地方政府整顿城投隐性债务风险及地产政策收紧，监管部门开始收紧城投、地产境外债监管政策，房企境外发债规模 2019 年达到峰值。2020 年以后受全球新冠疫情、美元加息、国内房地产市场调整等因素影响，债券违约事件开始集中爆发。2023 年 1 月国家发展改革委发布《企业中长期外债审核登记管理办法》，外债备案登记恢复为审核登记管理，管理逐渐趋严。目前，中资房企境外债处于“控总量、优结构、防风险”的发展阶段。

二、房地产企业境外发债趋势及特点[④]

截至 2024 年 3 月末，中资房地产企业境外债余额 1268.7 亿美元、数量 405 只，占中资企业境外债余额、数量的比重分别为 11.3%、9.3%。从房地产企业境外债发行、兑付趋势看，呈现以下特点。

（一）发行量大幅下降，存量规模保持稳定

2019 年房地产企业境外债发行量创历史新高，达到 818 亿美元，同比增长 42%。2020 年之后发行量大幅下降，2020—2023 年年均降幅 54%。2024 年新发行量有所增加，前三个月发行规模已超过 2023 年全年，融资呈回暖态势。伴随着发行量明显减少和到期规模增加，净融资额自 2020 年起走低且在 2021 年转为负值，但因大量违约导致存量规模并未明显减少。

（二）期限逐渐缩短，利率呈周期性波动

2016 年以前，房地产企业境外债平均期限大于 4 年，其中 2014 年平均期限最高为 6.06 年，2017 年迈入“3 时代”并逐年缩短，2022 年新发债券平均期限仅为 2.11 年。按票面利率估算，发行成本呈现“W”

---

① 《国务院办公厅转发国家计委、人民银行关于进一步加强对外发债管理意见的通知》。

② 《国家发展改革委关于推进企业发行外债备案登记制管理改革的通知》（发改外资〔2015〕2044 号）。

③ 《国家外汇管理局关于进一步推进外汇管理改革完善真实合规性审核的通知》（汇发〔2017〕3 号）。

④ 本专栏数据来自 Wind 金融终端。

形波动，2019 年达到近年成本高点约 8.92%，之后又逐年下降，但2022 年有所反弹接近8%，整体看自2019 年以来发行成本高于近十年均值，融资成本处于较高水平。

（三）偿债规模近三年维持高位，此后急剧减少

2016 年以来，房地产企业境外债偿债规模呈上升态势，2023 年达到峰值 570 亿美元，2024 年和 2025 年预计约 400 亿美元，但2027 年后小于 100 亿美元并大幅减少，多数年份到期债券数量保持在个位数。

（四）房企违约是“重灾区”，违约主体集中度较高

2021 年 9 月起，多家房企相继爆雷，恒大、富力、佳兆业、世茂等房企陆续无法按期偿还债务。2022 年，境外债违约主体数量、金额均创历史新高，全年有 48 家企业发行的 108 只境外债违约，违约日债券余额 463 亿美元，其中房地产境外债违约主体 38 家、违约债券数量 95 只、违约债券日余额 405.5 亿美元，分别占比 79.2%、88.0%、87.6%。2023 年房地产企业境外债违约金额、数量大幅下降，但占整体比重攀升至 96.9%，2024 年前两个月境外债违约主体全部为房地产企业。以违约峰值的 2022 年为例，违约规模排名前十房地产企业违约金额占比 77%，违约主体集中度较高。

三、防范化解房地产企业境外债风险的措施及建议

（一）建立因地制宜、因企施策、动态调整的房地产金融风险监测体系

在因城施策背景下有必要利用金融科技手段开展“因企施策”，建立针对企业和项目的风险预警机制，及时发现房地产企业金融风险。同时，按照商业原则优化金融支持措施，推动房地产行业尤其是民营房企的健康发展。

（二）督促商业银行尽量满足房地产企业合理资金需求，避免“一刀切”

从企业需求出发制定针对性政策，改善风险偏好，合理评估房企信用状况和还款能力，改善房企融资环境，稳定房企经营预期。在外债备案登记、资金出境等方面尽量满足房企合理合规的外债置换和偿付需求，提高相关政策和业务办理的便利程度。

（三）从政策层面做好重点房地产企业风险项目处置配套服务

坚持因城施策，打好商品住房风险处置攻坚战，扎实推进保交楼重点工作。鼓励商业银行重点支持优质房企境外债务重组，兼并收购困难房企优质项目。

资料来源：中国人民银行山西省分行。

金融支持房地产有序推进，政策效果持续显现。中部各省有效落实个人住房贷款优化调整政策，通过调整最低首付比例、下调二套房贷利率下限、降低存量房贷利率和动态调整首套房贷利率下限等政策，引导新发放房贷利率水平稳中有降，切实减轻已购房居民房贷利息负担，促进居民合理住房需求和消费需求释放。2023 年 12 月，山西、河南新发放个人住房贷款平均利率同比分别下降 0.39 个、0.25 个百分点，为历年来最低水平。中部各省持续推动金融机构用好用足保交楼专项借款等政策工具，保交楼和重点房企风险化解工作取得新进展。其中，河南两批专项借款项目落地直接配套融资 165.9 亿元、间接配套融资 373.8 亿元，额度居全国第 1 位；湖北、河南专项借款交付率分别达 94.5%、89.8%，大幅高于目标要求。重点出险房企项目化解工作持续推进，全国性资产管理公司参与收并购盘活部分省份多个本土受困房地产项目，部分优质企业并购受困房企项目得到有效融资支持。

（三）地方政府债务

地方政府债务风险总体可控，债务风险化解稳妥推进。近年中部各省政府法定债务规模有所上升，还本付息支出逐年增加。截至 2023 年末，中部地区政府法定债务余额 8.72 万亿元，同比增长 16.5%，其中债券余额 8.69 万亿元，占比 99.6%。全年累计新发行地方政府债券 2.04 万亿元，同比增长 24.5%；偿还存量地方政府债券本金 8073 亿元、利息 2627.9 亿元，同比分别增长 47.0%、11.0%，法定债务兑付平稳。分省份看，中部六省政府法定债务余额和全年债券发行额最高的均为湖南，分别为 1.82 万亿元、0.47 万亿元；最低的均为山西，分别为 0.71 万亿元、0.13 万亿元。政府债务化解方面，中部各省加强统筹协调，积极推进存量隐性债务化解，严控隐性债务增量；强化对融资平台公司债务统计监测预警，加快推动平台公司市场化转型，有效凝聚政策合力，推动金融机构通过展期降息等方式支持地方债务风险化解，切实防范“爆雷”风险。但受灾情疫情、土地市场下行等因素影响，中部地区个别市县财力降幅较大，财政收支紧平衡状态情况较为突出，叠加部分债务进入兑付高峰期，个别地区偿债压力较大。2023 年某省政府性基金收入同比下降 25%，地方政府债务支出同比增长 184.2%，其中兑付地方政府债券本息 2500 多亿元。

三、定量评估

从定量评估结果看，2023 年中部地区金融稳定状况综合得分为 72.9 分，较上年小幅回落 4.0 分，比全国平均水平低 1.0 分，仍处于较稳定区间（见图 28）。其中，宏观经济得分和保险业得分高于全国平均水平，银行业、证券业得分略低于全国平均水平，金融生态环境得分与全国平均水平基本持平（见图 29）。

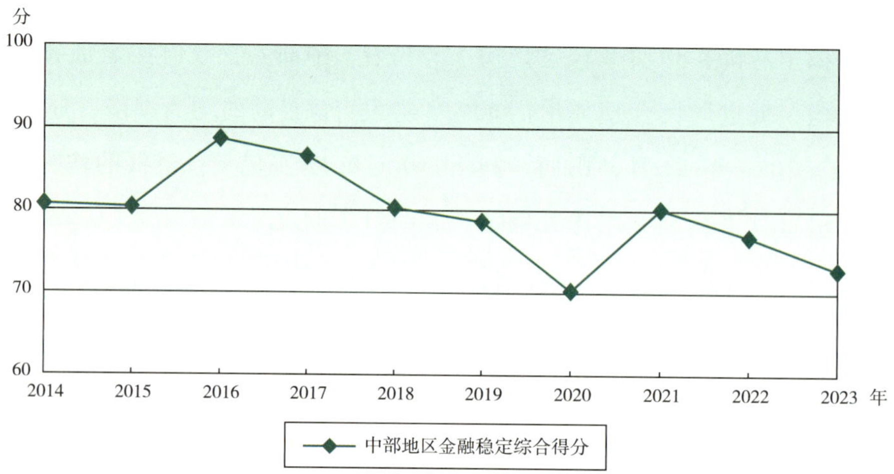

图 28　2014—2023 年中部地区金融稳定综合得分趋势

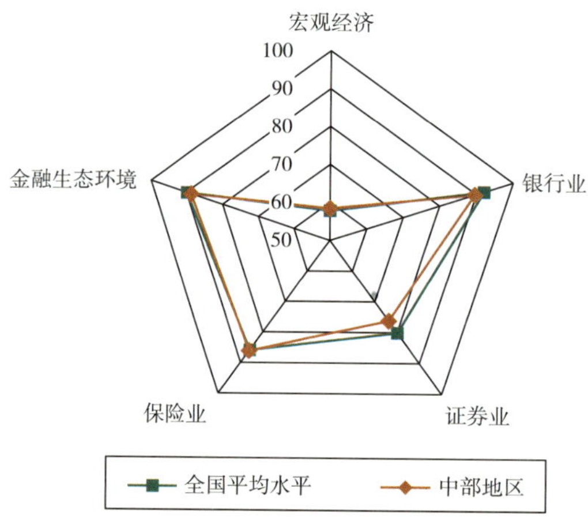

图 29　2023 年中部地区金融稳定状况和全国平均水平的比较

第四章
西部地区

2023 年，西部地区坚持以高质量发展统揽全局，金融业整体发展稳健，有力支撑经济回升向好。银行业资产负债规模稳步增长，中小金融机构稳中提质；证券业整体稳健向好，融资功能持续发挥；保险业实现恢复性增长，保险保障功能有效发挥；金融改革发展稳步推进，金融风险防控体系不断完善。

一、金融业稳健性评估

（一）银行业

机构组织体系保持总体稳定，资产负债规模稳步增长。截至 2023 年末，西部地区银行业金融机构 1380 家，较上年减少 26 家。其中，城市商业银行 40 家，农村金融机构 1251 家，信托公司 15 家，财务公司等其他类型银行业金融机构 74 家，农村金融机构占银行业总数量的 90.7%，是西部地区银行业的重要组成部分。西部地区银行业资产总额、负债总额分别为 65.01 万亿元、62.66 万亿元，同比分别增长 9.3%、9.4%，资产总额占全国银行业总资产的比重为 15.6%，与上年末基本持平。分省份看，四川、陕西、重庆 3 省市银行业资产占西部地区银行业总资产近五成，四川、内蒙古、广西银行业资产增速均高于 10.0% 的全国水平（见图 30）。

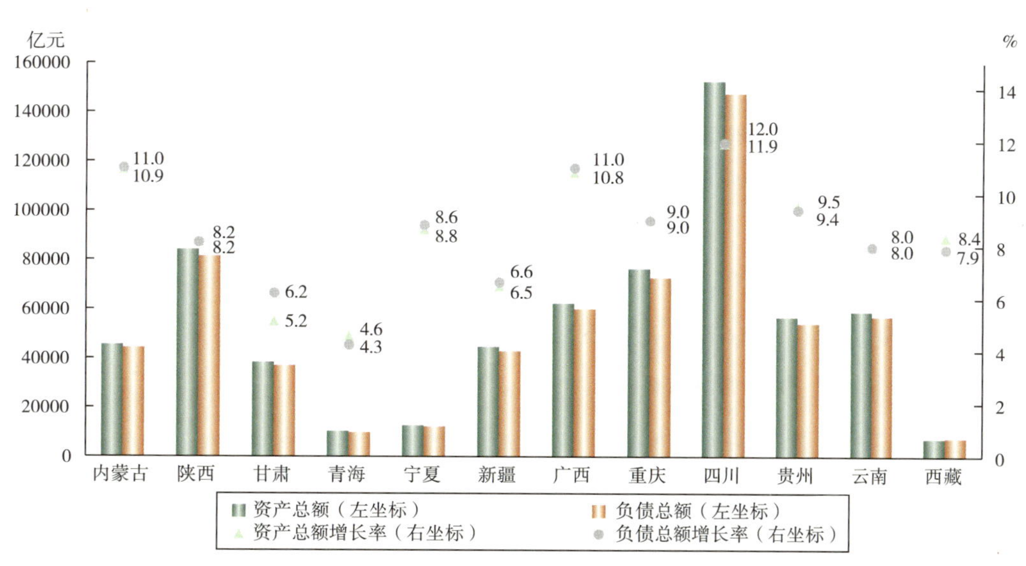

图 30　2023 年西部地区各省份银行业金融机构资产规模及其增长率

贷款增势良好，存款增速整体放缓。截至 2023 年末，西部地区银行业金融机构各项贷款余额 46.9 万亿元，同比增长 11.4%，增速较上年同期上升 1.1 个百分点。其中，四川、重庆、贵州、内蒙古、广西、西藏和新疆各项贷款增速均高于 10.6% 的全国水平，甘肃、西藏新增各项贷款创近五年新高，宁夏、广西新增各项贷款创有统计以来最好水平。中长期贷款余额同比增长 11.2%，持续助力西部地区实体经济发展。西部地区银行业各项存款余额 47.9 万亿元，增长 9.1%，增速较上年下降 2.5 个百分点。其中，内蒙古、四川、宁夏和贵州各项存款增速均高于 9.6% 的全国水平，而西藏、青海、新疆各项存款增速分别较上年下降 12.3 个、9.6 个、8.8 个百分点，西部各省份存款增速省际差异明显（见图 31）。

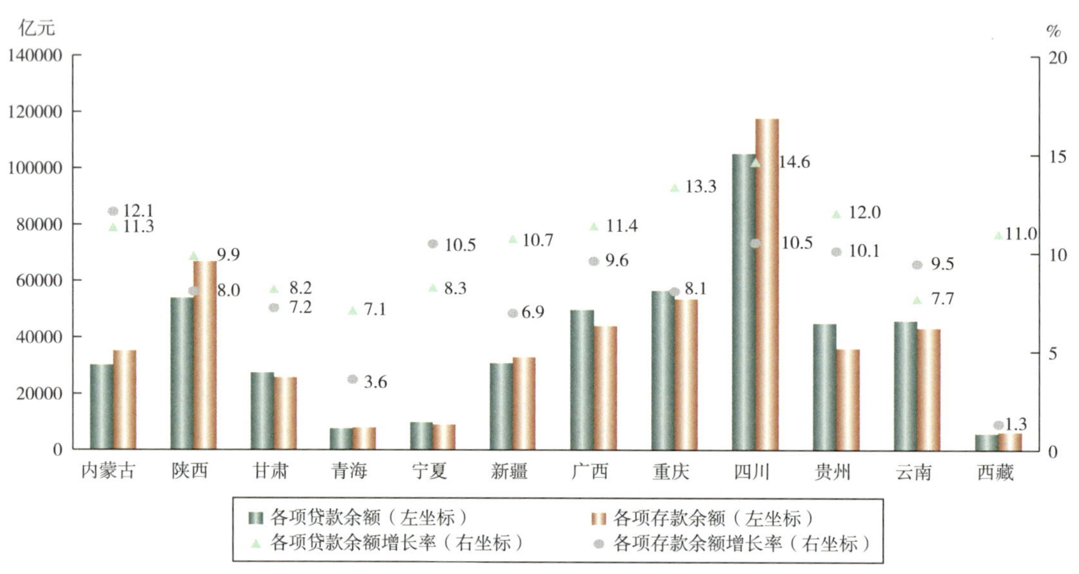

图 31　2023 年西部地区各省份银行业金融机构存贷款余额及其增长率

信贷资产质量稳步向好，地方法人风险抵御能力增强。截至 2023 年末，西部地区银行业金融机构不良贷款率 1.56%，同比下降 0.14 个百分点。分省份看，四川、新疆、重庆等 7 省份不良贷款率均低于 1.62% 的全国水平，重庆、甘肃、内蒙古和青海不良贷款余额和不良贷款率实现“双降”。其中，甘肃加大不良贷款清收力度，不良贷款余额、不良贷款率分别下降 23.6% 和 1.32 个百分点，连续 3 年“双降”；青海逾期贷款余额、不良贷款余额、不良贷款率分别下降 20.9%、2.8% 和 0.18 个百分点，资产质量改善明显。西部地区法人银行不良贷款率、资本充足率分别为 2.63%、13.26%，同比分别减少 0.36 个、增加 0.17 个百分点，“云贵川渝”、新疆地方法人银行拨备覆盖率均高于 200%，西藏达 529.1%，风险抵御能力处于较高水平。但也要注意到，一些企业利用各种手段逃废金融债务的情况依然存在，部分债务人采取故意赖账、转移隐匿财产、失联跑路等形式逃废债务，给银行机构信贷资产管理、风险防范和不良资产处置带来困难。

专栏7　当前企业逃废债呈现五方面新特点

受疫情和房地产行业转型影响，近年企业逃废金融债金额显著增长，且呈现一些新方式、新特点。截至2023年末，重庆、四川、贵州、新疆、甘肃、云南、内蒙古7省区市样本银行企业逃废债金额228.6亿元，较2022年底和疫情前（2019年底）分别增长95.6%、108.8%。

一、企业逃废债新方式、新特点

（一）利用债委会、多头开户等方式逃废债

部分借款人利用债委会设置不合理诉求，或利用多头开户方式转移资产。重庆某科技集团利用债委会要求各家债权银行对集团及子公司进行十年期留债，调减已产生的罚息、违约金、诉讼保全费等，并以债委会会议纪要为由拒绝还本付息。云南某集团涉及7.6亿元贷款全部进入不良，实际控制人以多头开户等方式转移、隐匿资产及利润，又以对外投资等方式“掏空”负债企业，最终负债企业丧失偿债能力，债权银行贷款本息无法收回。

（二）虚构或利用债权受偿顺序逃废债

部分债务人在企业进入破产程序后虚构工程款，利用工程款债权优先的法律原则，排除银行抵押优先权。甘肃某水电企业实控人伪造施工合同涉及金额1.2亿元，导致银行对抵押物优先受偿权落空。后虽经银行报案申诉法院判定施工合同无效，但银行错失处置时机，无法全额收回贷款。

（三）利用地方政府维稳压力抽逃资金

债务人在出险后利用地方政府维稳的心态干预银行债权处置。重庆某食品公司的大量员工直接占有、居住在涉案抵押物内，当地政府和法院以维稳为由干预抵押物的评估、拍卖等工作。企业通过公司改制方式将其有效抵押资产抽逃，导致银行债权悬空。

（四）利用“先刑后民”或案外人异议中断银行正当维权流程

重庆某企业贷款担保人利用案件中银行已离职经办员工涉嫌刑事犯罪被逮捕为由向法院提起上诉，主张合同无效，导致银行无法正常启动维权流程。四川某公司利用案外人异议主张享有工程款优先受偿权，尽管历经三级法院3年裁判债权银行最终胜诉，但截至目前银行债权仍未得到实际受偿。

（五）通过违法注销逃废债

贵州某园林绿化企业因经营不善贷款逾期，被执行人在未经依法清算的情况下注销企业，企图逃废债。新疆某石油公司贷款逾期后，担保人变更企业名称、更换企业股东及经营地址，企图逃避担保责任，阻碍银行正常清收。

二、政策建议

一是提高规范层级，以立法形式明确逃废债行为的认定标准及责任。二是推动跨部门协作，加强法院、公安、金融、税务、社保等部门信息共享，防控企业逃废债风险。三是强化反制措施和约束行为，避免债委会统一行动机制成为债务企业逃债的“保护伞”。四是加强涉诉企业管控，防止通过转移资产、变更股东等方式逃避司法机关强制执行。

资料来源：中国人民银行重庆市分行。

（二）证券期货业

证券公司经营整体向好，风控指标优于监管标准。截至2023年末，西部地区共有证券公司21家，资产总额、负债总额分别为9579.71亿元、6358.66亿元，同比分别增长4.9%、5.5%（见图32）。四川、西藏、陕西3地证券公司资产占西部地区证券公司总资产的62.6%，青海华源证券公司完成增资扩股，注册资本由33.7亿元增至45.8亿元。从盈利能力看，西部地区证券公司营业收入、证券投资收益和净利润同比分别增长15.4%、89.3%和23.0%。从风控指标看，西部地区证券公司净资本2510.38亿元，占净资产的80.0%，净资本净资产比例同比上升0.6个百分点；资本杠杆率25.7%，下降0.2个百分点；风险覆盖率367.3%，上升1.5个百分点。

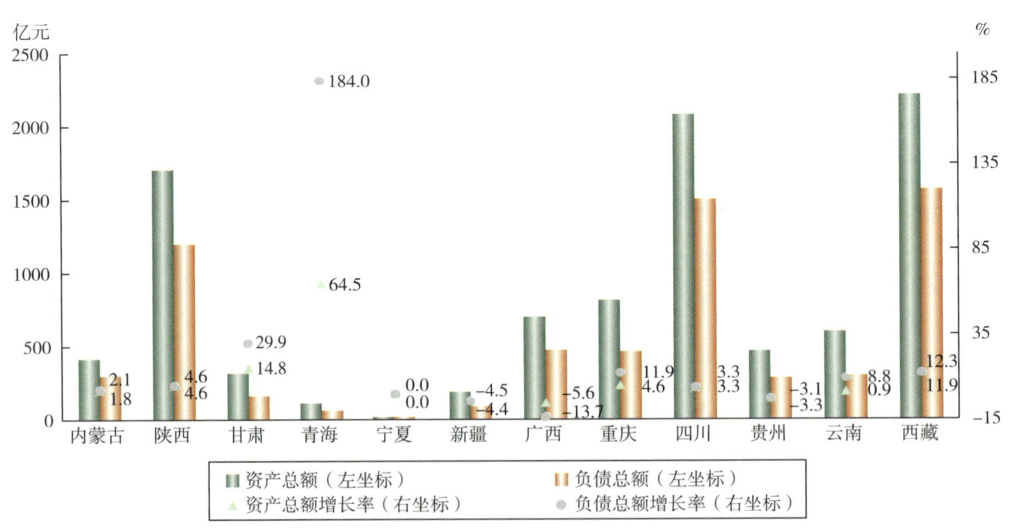

图32　2023年西部地区各省份证券公司资产规模及其增长率

期货公司经营成效稳步提升，基金管理资金趋于集中。截至2023年末，西部地区共有期货公司16家，注册资本92.41亿元，同比增长2.2%；净资本90.77亿元，同比增长

5.2%；资产总额 834.64 亿元，同比增长 7.8%；营业收入、营业利润分别增长 6.2%、12.9%。西部地区公募基金管理公司 8 家，分布于西藏、重庆、四川、广西、陕西、新疆 6 地，资产总额 65.65 亿元，同比下降 1.5%，资产管理规模 2786.09 亿元，同比下降 10.3%。西部地区已登记的私募基金管理人共 1377 家，近 60% 集中于四川、陕西、西藏三地，较上年减少 141 家；已备案私募基金 6397 只，减少 300 只；私募基金管理规模 15017.71 亿元，同比增长 2.92%。西部地区平均每家私募基金管理人管理基金规模 10.91 亿元，同比增长 10.6%。

上市公司有序发展，经营指标稳步提升。截至 2023 年末，西部地区境内上市公司 622 家，较上年增加 22 家，占全国境内上市公司总数的 11.6%，占比较上年下降 0.2 个百分点；总市值约 10.85 万亿元，减少 6.0%，占全国总市值的 14.0%，占比下降 0.7 个百分点。分省份看，四川上市公司总量、总市值均居西部地区首位，分别占比 27.8%、24.4%。贵州茅台年末市值 2.17 万亿元，排名 A 股市值第 1 位。内蒙古上市公司均实现盈利，过半公司净利润同比增长。陕西上市公司总资产同比增长 13.1%，营业收入同比增长 11.9%。宁夏上市公司总市值增长 14.8%，后备上市企业 80 余家，数量达历史最好水平。重庆新增上市公司 10 家，首发融资额同比增长 190.5%，两项数据均创历史新高。

直接融资功能持续发挥，债券融资为主要融资方式。2023 年，西部地区直接融资 42105.86 亿元。其中，股票市场融资 1418.37 亿元，同比下降 36.8%，占比 3.4%；债券市场融资 40687.50 亿元，增长 10.0%，占比 96.6%。股票融资中，IPO 募资 311.63 亿元，增发 904.48 亿元，可转债和可交换债发行 183.72 亿元。债券融资中，交易所市场发行信用类债券 7222.74 亿元，增长 1.2%。从融资结构看，西部各省区市大多以债券融资方式为主，贵州、重庆、四川债券融资规模占比均超过 98%，甘肃股票融资占比最高为 20.7%。

（三）保险业

保险公司资产规模持续增长，区域发展速度有所分化。截至 2023 年末，西部地区法人保险公司 18 家，其中财产险公司 13 家，人身险公司 5 家，除内蒙古、青海外，其余省份均设有法人保险公司，“川渝”两地共 8 家占比超四成，集中度较高。18 家保险公司资产总额 5399.32 亿元，同比增长 8.1%，资金运用余额 5077.65 亿元，同比增长 10.0%。其中，财产险公司总资产 735.41 亿元，同比减少 0.3%；人身险公司总资产 4663.91 亿元，同比增长 9.6%。分省份看，四川人身险公司总资产占西部地区保险公司总资产的比重超过八成，贵州和广西人身险公司资产规模分别增长 40.7%、34.3%，增速分别较全国人身险公司高出 23.2 个和 16.8 个百分点。

财产险公司中多个省份资产总额为负增长，仅广西、四川两地同比增速高于全国，西部地区财产险公司和人身险公司发展分化明显。

保费收入稳健增长，保费收入结构进一步调整。2023 年，西部地区保险业实现保费收入 9261.81 亿元，同比增长 7.4%，增速较上年提高 4.6 个百分点。其中，财产险业务保费收入 2792.49 亿元，同比增长 7.2%，增速较上年提升 0.8 个百分点；人身险业务保费收入 6469.33 亿元，增长 7.5%，增速较上年提高 6.0 个百分点（见表 10）。其中，增速最快的为寿险业务，保费收入 4570.29 亿元，同比增长 9.5%。从结构来看，人身险业务保费收入占总保费收入的 69.3%，同比提高 1.0 个百分点；车险、农业保险保费收入占财产险总保费的比重分别为 65.3%、15.7%，较上年分别下降 0.5 个、提高 1.0 个百分点。

表 10　2023 年西部地区各省份保险业保费收入情况　单位：亿元

保费收入＼地区	内蒙古	陕西	甘肃	青海	宁夏	新疆	广西	重庆	四川	贵州	云南	西藏
财产险	241.8	294.2	150.6	50.7	79.3	250.3	283.9	244.4	633.8	245.5	285.9	32.0
寿险	338.8	672.7	284.0	47.9	123.3	326.2	380.4	578.3	1314.9	197.5	300.1	6.3
意外险	13.7	19.9	12.4	2.7	5.7	18.5	23.3	18.4	52.3	14.3	23.7	2.9
健康险	124.5	205.9	87.3	16.6	36.3	129.3	157.2	214.7	482.5	80.6	150.6	5.9
合　计	718.7	1192.7	534.3	118.0	244.6	724.3	844.8	1055.8	2483.5	537.9	760.3	47.1

保险保障作用持续发挥，保险发展水平仍待提升。2023 年，西部地区保险业保险金额 1925.11 万亿元，同比大幅增长 34.5%，其中四川提供风险保障 1090.08 万亿元，同比增长达 50.7%。保险业累计赔付支出 3823.47 亿元，增长 23.7%，其中甘肃、新疆、青海增速均超过 30%。分险种看，财产险业务赔付支出 1896.06 亿元，同比增长 17.2%；寿险业务赔付支出 1045.34 亿元，同比增长 53.2%，重庆、宁夏、四川、西藏、甘肃寿险业务赔付支出增速均超过 50%。从保险发展情况看，西部地区保险密度和保险深度分别为 2419.9 元和 3.44%，较上年分别增加 141.9 元和 0.06 个百分点，但仍低于全国水平（见图 33）。分省份看，宁夏、甘肃保险深度分列全国第 8 位、第 9 位，而贵州、云南、西藏则居全国后 3 位，西部地区整体保险发展水平仍然有较大提升空间。

农业保险提质扩面，助力西部乡村振兴。2023 年，西部地区农业保险保费收入 437.86 亿元，同比增长 14.5%，占西部地区总保费收入的 4.7%，高于全国 1.9 个百分点。其中，广西、宁夏、重庆、贵州同比增速均超过 20%，8 个省份农业保险保费收入分别占当地总保费收入的比重均高于 2.8% 的全国水平（见图 34）。四川在国内率先实行农业保险赔款和工作费用社保“一卡通”，首批次保险承保企业数量全国第 1 位。内蒙古开发地方优势特色保险产品 216 件（次），承包林业保险 3.4 亿亩，提供风险保障 3871 亿元；承包草原保险 3361 万亩，为火灾、旱灾、沙尘暴等自然灾害提供风险保障 9.8 亿元。青海建立了匹配全省农牧业发展布局和环境气候条件的农业保险政策支持体系，农业保险保费收入同比增长 19.3%，保障金额增长 37.5%，赔付支出增长 17.2%。贵州、新疆、甘肃和宁夏分别为 912.5 万、260 万、177.36 万和 34.1 万户次农户及各类农业生产组织提供风险保障，有效发挥了农业保险“稳定器”作用。

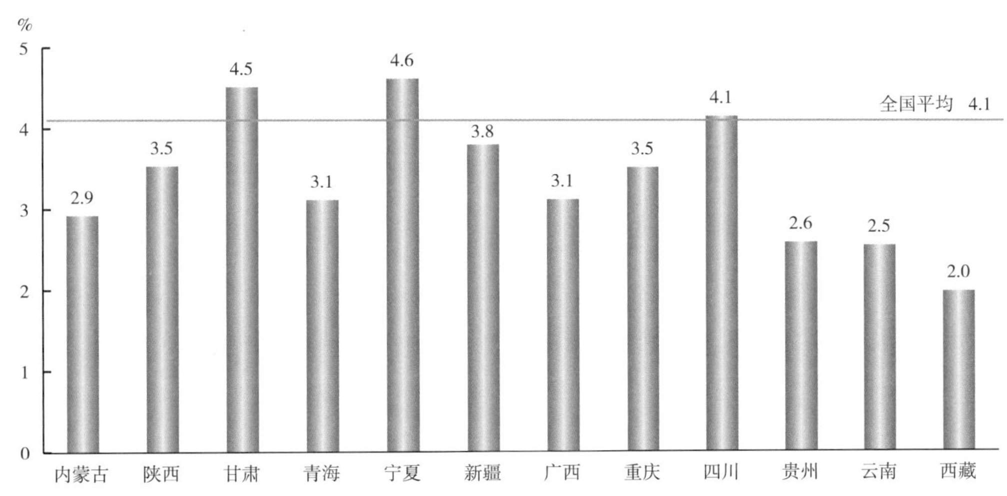

图 33　2023 年西部地区各省份保险深度

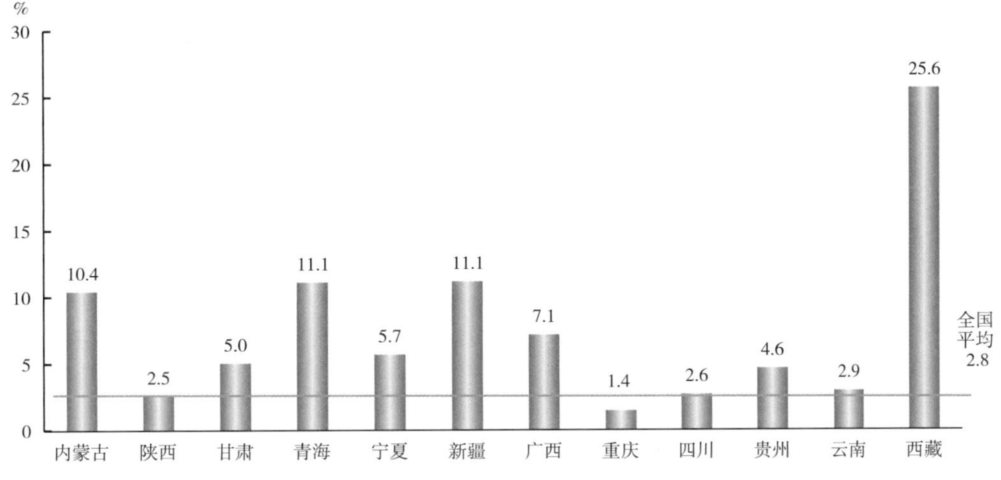

图 34　2023 年西部地区各省份农业保险保费收入占比

（四）区域性股权市场

区域性股权市场平稳运行，中小微企业融资便利提升。截至2023年末，西部地区共有11家区域性股权市场，除四川、西藏联合共建跨省区区域性股权市场外，其他省份均设1家。年末区域性股权市场共有挂牌公司12170家，展示公司19970家，股权登记托管公司10757家，当年累计实现各类融资超过5000亿元。分省份看，广西北部湾股权交易所开展有限合伙企业财产份额出质登记试点，业务规模近80亿元，托管份额突破百亿元，有效盘活广西存量私募股权资产，为提升资产流动性开创了新的市场空间。宁夏股权托管交易中心助力首家国家级专精特新“小巨人”企业巨能股份在北交所顺利上市。截至2023年末，重庆区域性股权市场挂牌展示企业和托管企业同比分别增长22.1%和13.2%，融资金额增长4.0%，7家挂牌企业转沪深交易所上市。云南省股权交易中心年末存量挂牌企业中的“专精特新”、科技创新企业占比79.6%，较上年上升5.9个百分点。

（五）金融改革创新

紧紧围绕“五篇大文章”，积极打造金融创新模式。2023年，西部地区各省区市切实加强对重大战略、重点领域和薄弱环节的优质金融服务，围绕科技金融、绿色金融、普惠金融、养老金融和数字金融，因地制宜发展新质生产力，取得积极成效。陕西、甘肃引导金融机构精准对接科技型企业融资需求，助力健全科技企业全生命周期金融服务体系。宁夏实现地方法人银行碳减排工具使用“零突破”，广西推动落地全国首笔“碳减排支持工具+可持续发展挂钩+数字人民币”贷款。贵州深入开展中小微金融服务能力提升工程和金融支持个体工商户“五苗行动”，出台普惠金融贴息补助优惠政策。青海推进实施“甘霖工程”，提升数字普惠金融服务小微企业、民营经济和乡村振兴质效。云南积极探索推进养老场景和生态建设，西藏所有银行网点均完成适老化改造。西安数字人民币已应用至文化旅游、政务服务、居民生活、大学校园、商业连锁、示范街区、大型活动、普惠金融等领域，“智联机关”场景覆盖40余家行政机关和事业单位。截至2023年末，西部地区银行业金融机构绿色贷款、普惠小微贷款余额同比分别增长30.4%和37.4%，投向重点领域和薄弱环节贷款保持良好增势。其中，四川绿色贷款余额同比增长39.7%，西藏普惠小微贷款余额增长43.8%，青海涉农贷款、制造业中长期贷款分别高于各项贷款增速5.1个、14.0个百分点。

二、重点领域评估

（一）中小金融机构

改革化险取得积极进展，中小金融机构稳中提质。随着大型银行不断下沉、县域金融市场竞争愈加激烈、数字化转型加速，西部地区部分中小银行发展空间收窄，可持续发展能力承压。2023年，西部地区地方法人银行资本利润率、资产利润率为5.75%、0.45%，分别低于全国商业银行3.18个、0.25个百分点，7个省份法人银行成本收入比超过40%。为有效防范和化解中小金融机构风险，各省区市多措并举、积极稳妥推进机构改革化险，取得积极进展。陕西、四川、贵州和宁夏发行地方政府专项债补充中小银行资本金，有效增强中小银行抗风险能力。广西农合机构改革方案实施落地，广西农村商业联合银行获批筹建。内蒙古出台地方法人银行改革化险工作方案，2家村镇银行成功被主发起行吸收合并。甘肃建立亿元以上不良大户包抓清收制度，推动农合机构和村镇银行改革化险提速加力。云南成功组建怒江农商行和迪庆农商行，保留原7家信用联社72个营业网点，确保县域金融服务不削弱，乡镇金融服务不留白。重庆多家村镇银行实现资本补充，财务公司、信托公司存量风险处置有序推进。新疆华融信托股权重组正式完成，辖内首家地州统一法人农商银行阿克苏塔里木农商银行挂牌开业。四川农村商业联合银行于2024年1月正式挂牌开业，德阳、雅安两地完成市级统一法人农商行改革。需要注意的是，近年部分中小非银机构在西部欠发达地区注册并获取金融牌照，但业务多在东部发达地区开展，注册地与主要经营地分离，对注册地经济社会发展支持作用发挥不充分，相关问题值得关注。

专栏8　西部地区非银法人金融机构异地经营问题较为突出

截至2023年末，西部地区法人非银机构118家，涉及异地经营的有26家，占比22.0%，其中证券公司8家、信托公司7家、金融租赁公司6家、保险公司3家、消费金融公司1家、期货公司1家。除广西、宁夏外，其余西部省份均存在非银机构异地经营情况，西藏、青海、新疆异地经营非银机构占比超过50%。异地经营机构通过在北京、上海、广东等发达地区设立业务总部或分支机构等形式开展异地业务，管理半径拉长，风险识别与控制有效性降低，风险项目处置难度加大，有效监管面临挑战。

一、异地经营的原因分析

（一）具有一定政策优势

西部地区注册非银机构可以享受税收返还、牌照发放等国家赋予的优惠政策。地方政府为吸引非银机构也出台了一系列补贴措施，2023年西部地区26家异地经营机构总补贴收入80%以上来源于注册地政府补贴；金融监管部门在牌照审批、发放等方面提供便利，非银机构获得牌照难度较小，注册积极性更高。

（二）依托发达地区优势资源

证券、保险、信托、金租等属于资金、

人才、信息密集型行业，与发达地区相比，西部地区缺乏优质项目，人才储备不足，展业难度大，收入来源单一。为获取发达地区市场、人才、信息、项目等资源以缓解经营压力，非银机构倾向于在发达地区开展异地业务。

（三）便于大股东强化管理

非银机构大股东大多为发达地区国有企业，为方便大股东集团化并表管理、整合集团资源和协同优势拓展业务，大股东通常要求非银机构在其所在地设置业务总部。

二、存在问题

（一）监管半径大，削弱监管质效

异地经营产生的空间距离制约注册地监管部门监管效能，存在监管信息获取不全面、信息迟滞、现场监管成本高、效率低等问题。经营地监管部门承担的监管责任有限，跨区域监管协调难度大，有效监管面临较多困难。

（二）易引发风险，风险处置难度大

部分异地经营机构存在公司治理不健全、内控机制不完善、业务经营不规范等问题，监管机构若无法及时纠正，容易滋生更大风险隐患，目前个别机构已出现实质性风险，跨区域风险化解处置进展慢、难度大。

（三）深耕本土不足，对本地发展支持作用有待提升

异地经营机构通过享受优惠政策和地方政府补贴能够给注册地带来一定税收收入，但是在就业、项目等方面的支持作用有限。26 家非银机构员工中注册地员工仅占 21.5%，80% 以上项目投向注册地以外，个别机构在注册地无任何项目。

三、政策建议

（一）对异地经营机构形成监管合力

建立跨地区信息互通、监管互助、动态监测的监管协调机制。可参照银行资金运营中心管理模式，探索对异地经营机构发放牌照，形成注册地与经营地合力监管模式，防范异地经营机构出现风险。

（二）鼓励异地经营机构深耕本土

注册地地方政府应加大激励约束力度，建立非银机构支持地方经济发展激励指标体系，按照达标程度享受优惠政策和地方补贴。鼓励非银机构开发特色金融产品，助力注册地拉动就业和项目投资。

资料来源：中国人民银行西藏自治区分行。

（二）房地产

房地产市场处于调整转型期，金融支持促平稳发展。2023 年，西部地区房地产市场整体仍处于调整期，全年完成房地产开发投资 1.98 万亿元，同比下降 19.6%，降幅高于全国 10.0 个百分点；商品房销售面积 27829.40 万平方米、销售额 2.10 万亿元，分别下降 7.5% 和 3.7%，降幅较上年分别大幅收窄 20.2 个和 26.9 个百分点。西部地区各省区市认真贯彻落实国家支持房地产市场平稳健康发展的相关政策方针，因地、因城积极施策促进市场良性发展，四川出台房地产市场企稳回升“10条”措施，商品房销售面积、销售额分别居全国第4位、第6位；重庆新房价格同比上涨1.1%，在22个长效机制试点城市中居第10位。从房地产金融情况看，西部地区各省区市全面落实房地产“金融16条”，执行降准、降息、“认房不认贷”等政策，支持刚性和改善性住房需求，保交楼、保障性租赁住房项目稳步推进。截至2023年末，西部地区房地产贷款同比增长1.5%，高于全国2.5个百分点，8省份实现正增长；个人住房贷款余额增长2.2%，高于全国3.8个百分点，西藏、宁夏、贵州、新疆、甘肃、青海、四川7省份增长超过5%，西藏最高达21.9%。甘肃新发放首套个人住房贷款加权平均利率较2022年高点下降1.5个百分点，保交楼专项借款拨付率达99.9%。贵州个人住房贷款平均利率3.97%，同比下降0.27个百分点。宁夏降低存量首套住房贷款利率，惠及33.8万借款人，每年为购房人节约利息支出4.1亿元。

（三）地方政府债务

化债工作有力推进，债务风险整体缓释。近年西部地区各省区市在加快地方基础设施建设，推进工业化、城镇化、现代化建设的进程中取得了显著成效，同时也形成了较大的债务规模，2023年末西部地区整体政府负债率为44.3%，但低于风险控制警戒线。2023年各省区市多措并举推进债务化解工作，政府债务风险整体缓释可控。宁夏实现债务规模、债务率、债务风险等级“三个下降”，化债力度和额度为历年最大。甘肃制订实施防范化解地方债务风险“1+10”方案，疏解融资平台债务1048.4亿元。广西制订实施地方债务风险一揽子化解方案，稳妥推进地方融资平台转型，政府法定债务风险总体可控，政府隐性债务显著下降。重庆区县政府债务和平台公司风险治理取得积极进展。贵州积极争取国家财政、金融支持缓释债务风险，全省债务风险得到有效管控，债务余额控制在限额之内。由于西部地区各省份地方财力相对不足，重点省份债务负担较重，加之个别地方融资平台经营能力弱、收入来源少、融资渠道有限、存量债务集中到期，因此存在债务风险外溢至金融机构的风险隐患，可能对个别与地方债务关联度较高的区域性中小银行的经营稳健性产生冲击。

（四）绿色低碳转型

部分地区倚重倚能特征明显，绿色低碳高质量转型仍须加力推进。西部地区部分省份产业结构主要以钢铁、电力、石化、建材等传统产业为主，具有明显的倚重倚能特征，随着我国经济社会发展进入加快绿色化、低碳化的高质量发展阶段，这些地区经济结构调整和产业升级任务较为艰巨。陕西轻重工业产业发展不平衡问题制约绿色转型，能源产业仍占规模以上工业增加值的五成左右，传统产业升级速度有待提升，战略性新兴产业支撑不强，以非化石能源和清洁能源为主的产业结构短期内还难以形成。宁夏高耗能行业占规模以上工业增加值比重约60%，煤炭消费量占能源消费总量比重达80%，均高于全国平均水平。云南重点耗能行业能耗占全社会能源消费总量比重与工业增加值贡献率不相匹配，能源消费总量和强度“双控”压力大，产业结构尚须进一步优化调整。此外，倚重倚能地区信贷资产与能源产业高度相关，部分省份法人银行对电力、钢铁等高碳行业资产价格波动均较敏感，信贷资源对能源行业的风险敞口较大，风险传染性、关联性较强。

三、定量评估

从定量评估结果看，2023年西部地区金融稳定状况综合得分为74.1分，较上年提高2.0分，比全国平均水平高0.2分，仍处于较稳定区间（见图35）。其中，证券业得分高于全国平均水平，银行业和金融生态环境得分略低于全国平均水平，宏观经济和保险业得分与全国平均水平基本持平（见图36）。

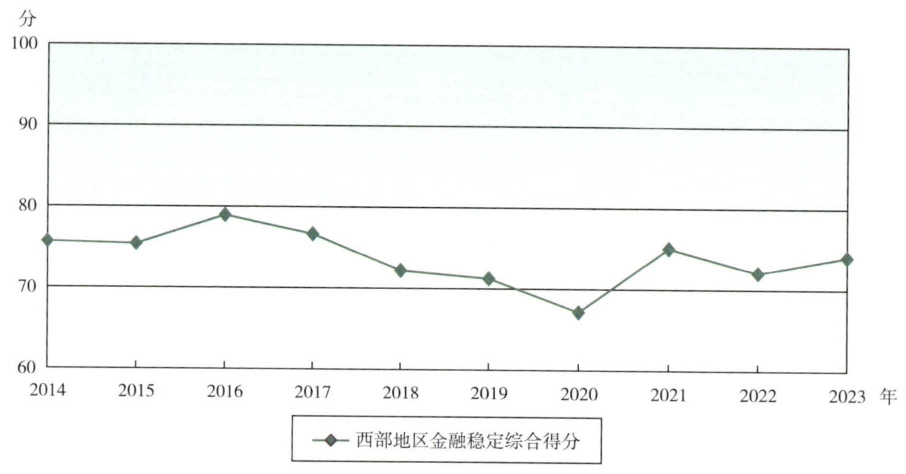

图35　2014—2023年西部地区金融稳定综合得分趋势

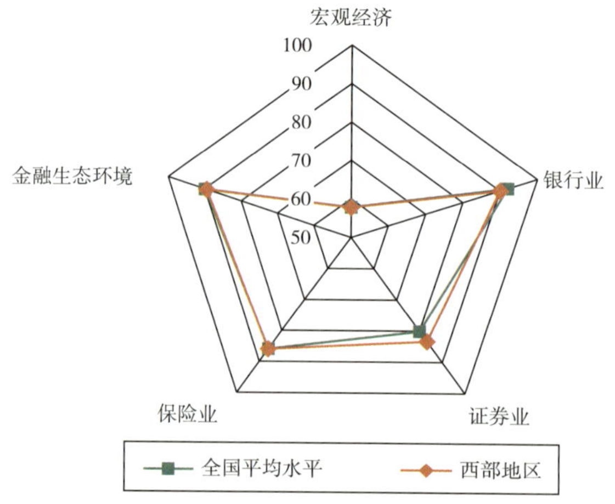

图36　2023年西部地区金融稳定状况和全国平均水平的比较

第五章
东北地区

2023 年，东北地区深入贯彻党的二十大精神、中央金融工作会议精神和习近平总书记在新时代推动东北全面振兴座谈会上的重要讲话精神，区域经济社会实现平稳健康发展，金融机构资产规模稳步增长，信用风险整体向好，防范化解金融风险取得阶段性成果，金融领域创新推动区域营商环境持续优化。

一、金融业稳健性评估

（一）银行业

机构数量有所精简，资产负债规模平稳增长。截至 2023 年末，东北地区银行业金融机构 384 家，由于城商行、农信机构改革工作吸收合并市、县域法人等因素，机构数量减少 34 家。其中，城市商业银行 17 家、农村金融机构 326 家、信托公司 3 家，金融租赁、财务公司等其他类型银行业金融机构 38 家。农村金融机构占银行业机构总数的 84.9%，是东北地区银行业的重要组成部分。东北地区银行业金融机构资产总额、负债总额分别为 20.69 万亿元、20.05 万亿元，同比分别增长 7.4%、7.2%，其中地方法人银行资产、负债总额分别为 8.06 万亿元、7.57 万亿元，同比分别增长 4.9%、4.7%。东北地区银行业资产总额占全国银行业总资产的比重为 5.0%，与上年末基本持平。分省份看，辽宁银行业资产规模占东北地区银行业比重过半，辽宁、吉林、黑龙江银行业金融机构资产增速分别为 5.2%、10.4%、9.2%（见图 37）。

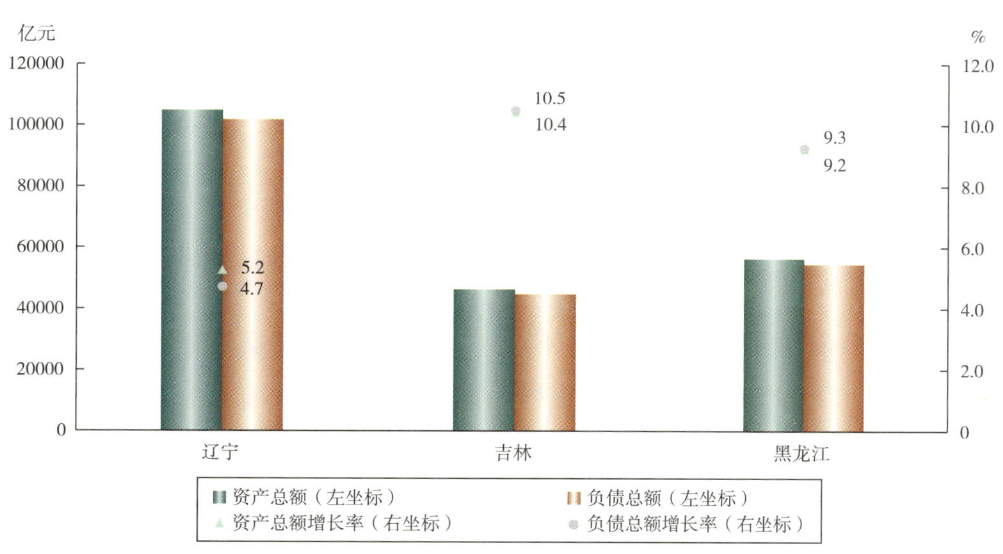

图 37　东北地区各省份银行业金融机构资产负债规模及其增长率

贷款增速整体放缓，存款规模稳步增长。截至 2023 年末，东北地区银行业金融机构各项贷款余额 10.95 万亿元，同比上升 3.1%，增速较上年下降 0.7 个百分点，贷款增速整体趋缓。其中，辽宁、吉林、黑龙江贷款增速分别为1.1%、5.5%和5.3%，除黑龙江贷款增速上升1.7个百分点外，辽宁、吉林贷款增速分别下降1.3个、1.1个百分点。中长期贷款余额同比增长3.5%，其中辽宁、吉林、黑龙江中长期贷款同比分别增长1.5%、5.7%和5.9%，均高于各省同期各项贷款增速。东北地区银行业金融机构各项存款余额15.92万亿元，同比增长9.6%，增速较上年收窄0.1个百分点。其中，吉林和黑龙江存款增速分别为11.5%和11.6%，分别高于全国1.9个和2.0个百分点，辽宁存款增速低于全国3.1个百分点，东北地区存款增速省际间差异明显（见图38）。

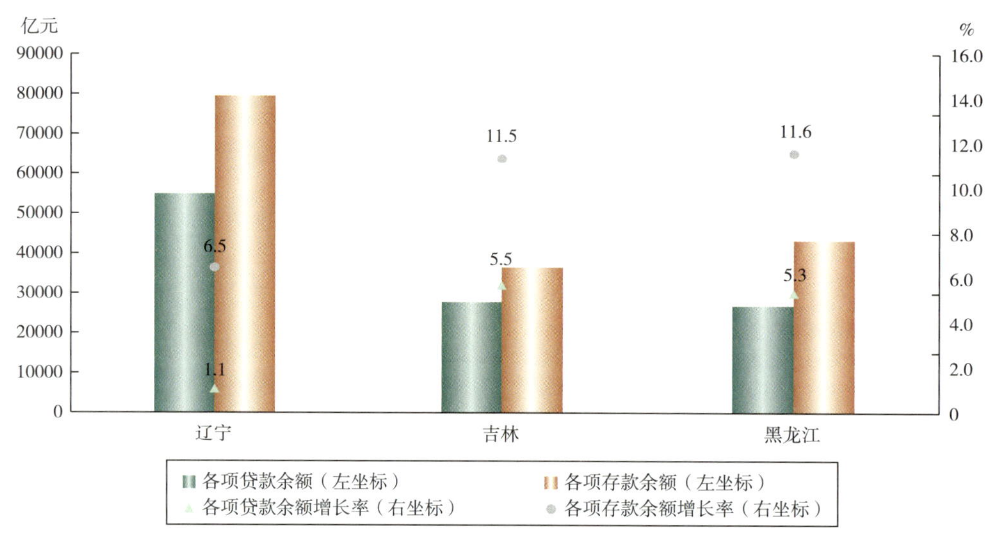

图38 东北地区各省份银行业金融机构存贷款规模及其增长率

盈利能力企稳向好，风险抵御能力提升。2023年，东北地区银行业金融机构实现净利润402.91亿元，同比增长81.9%。年末银行业金融机构不良贷款余额同比下降3.1%，不良贷款率同比下降0.25个百分点，不良贷款余额和不良贷款率近3年来首次呈现“双降”态势，风险化解工作成效显著。分省份看，除吉林不良贷款余额、不良贷款率小幅上升外，辽宁、黑龙江均实现“双降”。东北地区法人银行资本充足率和拨备覆盖率同比分别上升0.8个、17.7个百分点，风险抵御能力有所增强。

（二）证券期货业

证券公司规模稳健增长，经营质效提升向好。截至2023年末，东北地区共有证券公司6家，其中辽宁3家、吉林2家、黑龙江1家。从经营规模看，资产总额、负债总额分别为1297.82亿元、932.34亿元，同比分别增长8.3%、11.5%。从盈利能力看，营业收入、证券投资收益和净利润同比分别增长55.0%、101.0%和78.5%。从风险指标看，净资本 300.06 亿元，增长 2.8%，其中核心净资本 286.22 亿元，较上年增加 1.05 亿元；风险覆盖率 260.5%，远高于监管标准。整体来看，东北地区证券公司经营质效和风险抵御能力均有一定程度提升。

期货公司经营状况显著改善，私募基金规模稳中有升。截至 2023 年末，东北地区共有期货公司 4 家，注册资本 4.85 亿元；净资本 2.70 亿元，增长 5.3%。从经营规模看，资产总额、净资产额分别为 14.71 亿元、2.75 亿元，同比增长 17.5%、0.3%。整体来看，东北地区期货公司经营平稳，4 家期货公司实现营业收入 2.31 亿元，净利润 166.12 万元，同比增加 725.68 万元，实现扭亏为盈。其中，吉林期货公司交易量达 4361.70 万手，同比增长 22.1%；营业收入 2.30 亿元，占比达 96.6%，净利润同比大幅增长 55.9%。东北地区共有私募基金管理人 209 家，较上年减少 36 家；管理私募基金数量 654 只、规模 664.77 亿元，分别增长 12.1%、-0.6%；平均每家私募基金管理人管理基金规模 3.2 亿元，增长 16.1%，管理能力显著增强。其中，辽宁私募基金管理人家数、基金数量及规模较上年均显著上升。

上市公司培育稳步推进，锚定科创企业持续发力。截至 2023 年末，东北地区共有境内上市公司 177 家，同比增加 2 家，总市值 16096.4 亿元，同比微降 1.3%。分省份看，辽宁上市公司数量和总市值在东北地区均居首位，其中大连上市公司 32 家，占东北地区上市公司近两成。辽宁修订《辽宁省支持企业上市发展专项资金管理办法》，进一步适应资本市场改革新规，支持辖区企业在北交所上市。吉林发挥中科院先导基金作用，推动中研股份登陆科创板。黑龙江推动股权清晰、主业突出、业绩稳定的“专精特新”企业纳入省级拟上市后备企业资源库，重点加强北交所上市培育和投融资对接。但也要看到，东北地区资本市场直接融资功能还有待深化，上市公司质量需进一步加力提升。2023 年东北地区资本市场直接融资 4242.98 亿元，融资规模同比减少 14.4%。分省份看，辽宁、吉林、黑龙江出现省际分化，吉林债券融资规模实现增长，同比增长 23.4%，辽宁、黑龙江股票和债券融资规模同比均“双降”。东北地区上市公司整体实力不强，三省上市公司数量均低于全国平均水平，个别公司涉嫌财务造假、欺诈发行，市场反映较为强烈，风险防控难度较大。

（三）保险业

保费收入规模持续增长，结构更趋合理优化。2023 年，东北地区保险业实现保费收入 3319.18 亿元，同比增长 8.3%，增速较上年提高 7.7 个百分点。其中，财产险业务保费收入 866.01 亿元，同比增长 6.6%，增速较上年下降 1.5 个百分点；人身险业务保费收入 2453.17 亿元，同比增长 9.0%，增速较上年提高 11.0 个百分点，其中寿险业务增速最快，保费收入 1751.19 亿元，增长 10.9%。从结构看，东北地区人身险业务保费收入占总保费收入的73.9%，同比提高0.4个百分点，其中寿险保费收入占人身险总保费的比重为71.4%，提高1.2个百分点；车险、农业保险保费收入占财产险总保费的比重分别为59.3%、22.5%，分别提高1.9个、2.6个百分点。

专栏9　极端气候对东北地区农业保险的影响

2023年东北三省极端天气频发，先后遭遇5号杜苏芮台风、6号卡努台风、10号东北冷涡影响。在气候灾害影响下，部分地区农作物受灾严重，农业保险赔付大幅增多，全年东北三省农业保险赔付147.04亿元，同比增长36.4%，较2021年末大幅增长74.9%。农业保险在发挥保障功能的同时，承保的保险公司也面临较大的偿付压力和经营压力。

一、需要关注的问题

（一）极端气候下的查勘定损难度大

极端天气对农业生产往往具有较强的破坏力，查勘过程需保险公司、气象部门、农业部门等多方参与，对工作效率和精度有着较高要求。目前，针对极端气候灾害缺乏统一的灾损评定规范和标准，加之查勘人员素质良莠不齐，易造成定损精准度低、农户对定损结果不认可等问题。

（二）风险分散机制尚不健全

目前，我国农业保险巨灾风险分散机制尚在建设中，国内仅有中国农业再保险等少数机构开展农业再保险的商业化运作，而国际再保险公司对我国农业保险业务较为谨慎，承保金额远低于需求，尚不能有效应对和分散巨灾风险。

（三）补贴资金不到位造成应收保费拖欠较多

东北三省个别地区财政压力较大，存在农业保险补贴难以及时拨付到位情形，导致承保公司应收保费偏高，既不利于进一步提升保险服务水平，限制农业保险业务发展，也影响保险公司现金流，为其日常经营带来较大负担。

二、相关建议

（一）强化农业保险制度体系建设

建立健全具有中国特色的农业风险管理制度体系，适时针对极端气候灾害进一步修订农业保险条例，明确查勘过程中各方责任，规范灾损评定标准，同时加快农业保险立法工作，明确农业保险的政策性定位，细化农业保险各领域、各环节制度规定及操作规程，确保农业保险发展全过程有法可依、有章可循。

（二）持续健全巨灾风险分散机制

结合我国实际，循序渐进完善包括政府、直保公司、再保险公司、参保农户等多方参与、具有中国特色的农业巨灾风险分散机制。充分发挥和利用好国内、国际两个再保险市场的作用与承保资源，加强政策性再保与商业再保市场的协同联动，为农业保险健康发展提供有力支撑。

（三）优化保费补贴结算方式

进一步落实各级政府责任，明确各级财政审核拨付时效，加快财政补贴资金拨付进度，有效降低应收保费对保险公司流动性和偿付能力的影响，引导和推动农业保险在全面推进乡村振兴过程中发挥更大促进作用。

资料来源：中国人民银行吉林省分行。

保险保障作用持续发挥，保险渗透水平有所提升。2023 年，东北地区保险业累计赔付支出 1332.59 亿元，同比增长 25.4%，其中吉林、黑龙江增速均超过 30%（见图 39）。分险种看，财产险业务赔付支出 593.94 亿元，同比增长 13.8%；寿险业务赔付支出 437.08 亿元，增长 48.2%，其中吉林寿险业务赔付支出同比增速超过 50%。从保险渗透情况看，东北地区保险密度和保险深度分别为 3414.3 元和 5.6%，较上年分别增加 266.4 元和 0.2 个百分点，高于全国平均水平。

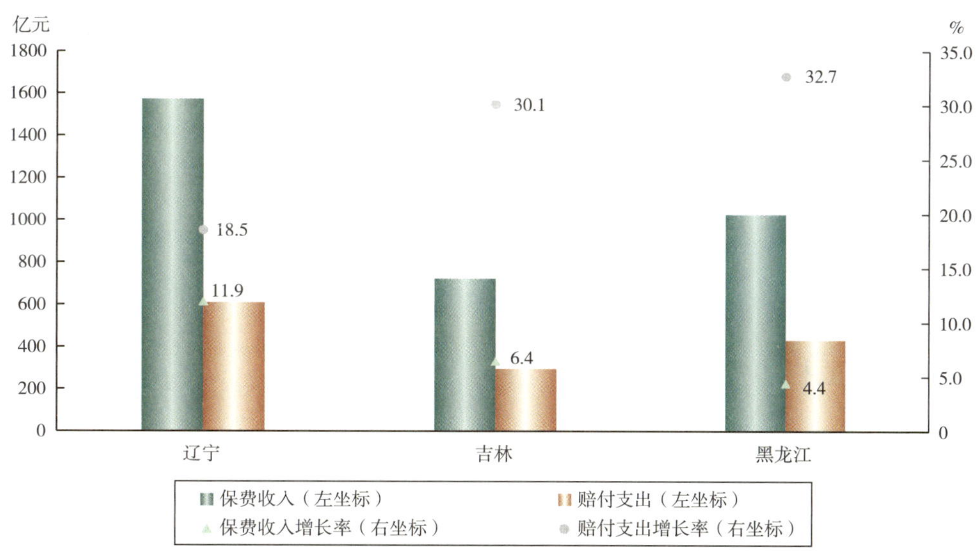

图 39　东北地区各省份保险业保费收入、赔付支出及其增长率

法人保险公司资产规模稳健增长，盈利能力有待进一步提升。截至 2023 年末，东北地区法人保险机构 10 家，其中财产险公司 6 家，人身险公司 3 家，保险资管公司 1 家。辽宁、吉林、黑龙江均设有至少 1 家保险公司，其中辽宁共 6 家，为东北地区保险公司较为集中的省份。东北地区直保公司资产总额 3350.90 亿元，同比增长 4.9%。其中，财产险公司总资产 249.16 亿元，同比增长 0.4%，辽宁、吉林均为负增长，仅黑龙江实现正增

长；人身险公司总资产3101.74亿元，同比增长5.2%。保险公司盈利能力有待提高。2023年，东北地区财产险公司实现净利润合计2.27亿元，同比下滑64.5%，其中3家公司本年累计净现金流为负。人身险公司净利润缺口进一步扩大，其中2家公司本年累计净现金流为负。若保险公司盈利水平长期未得到有效提升，或将对保险公司持续稳健经营和转型发展产生负面影响。

财产险公司偿付能力稳中有升，人身险公司偿付能力出现下降。2023年，东北地区6家财产险公司偿付能力进一步增强，各项资本指标均处于安全范围内，综合偿付能力充足率、核心偿付能力充足率分别为308.6%、302.6%，均同比提高22.9个百分点。实际资本85.57亿元、核心资本83.90亿元，增长率均在6%以上。但东北地区个别人身险公司偿付能力有所下滑，不同类型保险公司偿付能力差异明显。

（四）区域性股权市场

区域性股权市场稳步发展，融资规模仍有提升空间。东北地区共有4家区域性股权市场，其中辽宁2家，吉林、黑龙江各1家。截至2023年末，东北地区区域性股权市场新增挂牌及展示公司350家，累计实现各类融资近800亿元。辽宁和大连股权交易中心着眼于区域“专精特新”企业融资需求，相继发布分层补贴优惠政策，其中辽宁股权交易中心挂牌展示高新技术和“专精特新”等企业达951家，占全部挂牌展示企业35.4%，有力助推辽宁装备制造业升级改造。吉林股权交易中心累计完成股权转让4.2亿股，累计实现股权质押融资8.6亿元，支持区域企业融资深度和广度不断扩大。黑龙江、辽宁股权交易中心全年分别盈利228.3万元、191.7万元，同比分别增长35.1%、13.5%。区域性股权市场赋能中小、“专精特新”企业作用积极发挥，经营成效良好，在多层次资本市场中的地位日益巩固。

（五）金融改革创新

2023年，东北地区持续强化重点领域和薄弱环节支持力度，牢固树立金融为民、普惠、绿色低碳服务理念，各项工作取得显著成效。辽宁制定《推进普惠金融高质量发展实施意见》，启动绿色金融服务平台和碳排放权抵质押服务中心，持续推广“首贷中心”服务模式。截至2023年末，辽宁普惠小微贷款余额3738亿元，同比增长13.6%，支持普惠小微经营主体73.7万户；绿色贷款余额5284亿元，同比增长32.8%。吉林围绕“增量、创新、提优、赋能”做好“绿色金融大文章”，实现全国首单绿色碳排放权资产担保债务融资工具落地，年末绿色贷款余额2706亿元，增长32.1%；全年发放碳减排贷款41亿元，带动碳减排量273万吨；小微贷款678.1亿元，乡村振兴贷款6581亿元，同比分别增长10.1%和8.9%。黑龙江出台《龙江信贷支持小微个体40条新政策》，开展金融助力冰雪旅游“百日行动”，年末冰雪旅游相关产业贷款余额21.2亿元，同比增长超过200%。

二、重点领域评估

（一）中小金融机构

金融改革化险稳步推进，重点机构风险有效处置。2023年，东北地区金融改革化险各项工作稳妥有序推进，重点机构风险得到有力有效处置，整体风险态势趋于收敛、整体可控，牢牢守住了不发生系统性金融风险的底线。辽宁压茬推进重点机构风险化解，盛京银行依法依规出售部分信贷资产，辽沈银行实现扭亏为盈，大连银行发行辽宁省首单法人银行永续债50亿元，其他10家城商行“一行一策”化险改革持续推进；全国首家以统一法人模式组建的辽宁农村商业银行挂牌成立，吸收合并其他36家农信机构工作顺利启动。吉林点面结合化解存量风险，制订完善农信系统改革化险方案；持续巩固清收挽损化险效果，累计清收处置不良资产460.7亿元；德惠长银贷款公司和吉林森工财务公司获批依法解散。黑龙江多措并举缓释机构风险，第二批地方政府专项债补充中小银行资本落地；持续推进不良资产清收工作，3家主要法人机构清收处置不良资产236.3亿元；省内6家村镇银行通过吸收合并、补充资本成功化险。但随着风险化解逐步进入深水区和攻坚期，风险处置仍存不确定性因素。一方面，随着清收挽损工作深入推进，东北地区法人银行风险“前清后冒”现象逐步显现，年末地方法人银行不良贷款率同比上升0.2个百分点，除黑龙江不良贷款率有所降低外，辽宁、吉林均出现小幅攀升。另一方面，东北三省农信系统改革历史包袱重，涉及利益主体多，改革化险难度大。此外，东北三省个别港股上市银行存在一定舆情风险，后续深化改革举措需要密切关注。

专栏10　辽宁农信系统改革取得积极进展

2023年9月，辽宁农村商业银行（以下简称辽宁农商行）作为全国首家以统一法人模式组建的省级农商行挂牌成立，辽宁农信系统整体改革取得重要阶段性成果。

一、农信系统改革前情况

辽宁农信系统原有59家法人机构，包括30家农信社和29家农商行，此外还发起设立11家村镇银行。个别农信机构存在公司治理薄弱、股东资质不强、资产规模偏小、盈利能力偏弱、案防压力高企等问题，不良贷款在全省法人银行中占比较高。

二、改革模式及举措

为整体化解农信系统风险，深化农信系统改革，辽宁省结合地区实际，选择省级农商行改革模式。一是筹备工作小组。成立辽宁农商行筹备工作小组推进具体工作，包括但不限于聘请中介机构开展清产核资和资产评估、处置净资产等事项。二是组建统一法人。原沈阳农商行在承接原辽阳农商行、太子河村镇银行相关资产、负债和人员后，与30家农信社合并组建辽宁农商行。三是补充资本金。2021年、2023年分别发行96亿元、250亿元专项债用于补充省级农商行资本。四是继续推进农信系统改革，吸收合并25家农商行、11家农信机构发起设立的村镇银行相关议案顺利通过。

辽宁农商行成立后，存在风险隐患的金融机构数量实现大幅下降，进一步增强农信机构可持续发展能力和风险抵御能力，有效提高金融服务实体经济水平，为辽宁全面振兴新突破保驾护航。

资料来源：中国人民银行辽宁省分行。

（二）房地产

房地产开发投资和销售收缩，多措并举促平稳过渡。2023年，东北地区全年房地产开发投资3025.53亿元，同比下降24.5%。商品房销售面积3985.99万平方米，商品房销售额2841.66亿元，同比分别下降3.0%和7.7%，其中吉林因城施策优化完善调控政策，支持释放刚性和改善性住房需求，实现商品房销售回暖，全年商品房销售面积1057.27万平方米，增长5.6%，增速高于全国14.1个百分点、居全国第8位。年末东北地区房地产贷款余额22934.44亿元，同比下降3.5%，个人住房贷款余额16586.03亿元，同比下降2.2%。同时，东北地区积极防范化解房地产市场风险，相关工作取得较好成效。辽宁稳妥处置房地产领域风险，圆满完成“保交楼”年度任务。吉林完成拨付两批“保交楼”专项借款资金，保交楼项目交付率达76%。黑龙江房地产不良贷款余额和不良贷款率同比分别下降4%和0.1%，实现“双降”。但也要注意到，2023年东北地区房地产开发市场表现低迷，某省份土地出让流拍率达29.4%，同比提高6.4个百分点。土地出让流拍比例较高，对地方财政收入影响较大，同时影响房地产市场预期和信心。个别省份房地产不良贷款仍处上升通道，年末某省房地产不良贷款余额较年初增加18亿元，房地产贷款逾期余额较年初增加148亿元，房地产风险存在外溢可能。

（三）地方政府债务

区域融资基本面明显好转，推进债务压力逐步缓释。2023年，随着中央“一揽子化债方案”第三阶段逐步实施，新一轮特殊再融资债券有序发行，东北地区全年政府债券发行7949.78亿元，同比增长64.9%，融资成本明显降低，对区域融资环境产生积极正向作用，有效缓解存量债务还本付息压力。作为风险化解重点地区，东北地区各省份通过出台规范健全体制机制、搭建债务风险预警机制、强化应急处置和责任追究等一系列政策措施配合支持债务化解工作，有序推进风险缓释。辽宁稳妥落实各项金融支持政策，积极引入金融机构战略资金流入，持续巩固拓展债务化解成果。吉林成立省级金融支持融资平台风险化解工作机制，加强政府债务的全口径管理，建立应急备付金制度，解决临时性资金周转问题，指导债权金融机构积极对接金融支持政策，妥善化解融资平台存量债务风险。黑龙江率先制订并由国务院审核通过防范化解地方债务风险方案，定期开展法定债务风险预警提示，强化专项债务项目穿透式监测，充分利用政策工具缓释风险。2023 年东北地区法定政府债券偿付本金 3721 亿元、利息 900 亿元，占全年地方政府财政收入的 67.4%。虽然东北地区生产总值增速呈现回升态势，区域融资基本面明显好转，但相对于政府可支配财力，存量债务和利息支出对财政资源的挤占会对经济高质量发展产生短期压力，在政府财政赤字情况下存在新增债务的可能。此外，在金融机构承接地方政府融资平台债务积极化债的同时，东北地区三省财政收支缺口较上年平均扩大 146 亿元，一定程度上加大了债务化解难度。

三、定量评估

从定量评估结果看，2023 年东北地区金融稳定状况综合得分为 69.0 分，较上年提高 1.6 分，比全国平均水平低 4.9 分（见图 40）。其中，宏观经济、银行业、保险业得分略低于全国平均水平，证券业、金融生态环境得分与全国平均水平基本持平（见图 41）。

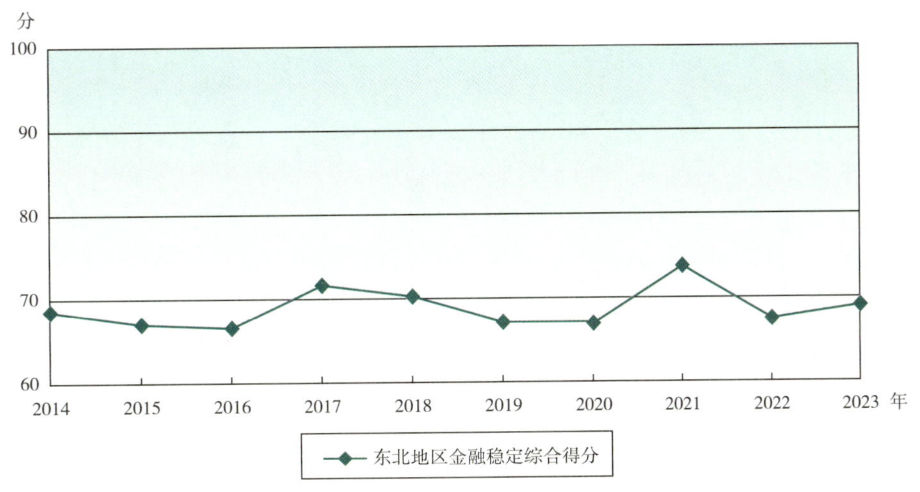

图 40　2014—2023 年东北地区金融稳定综合得分趋势

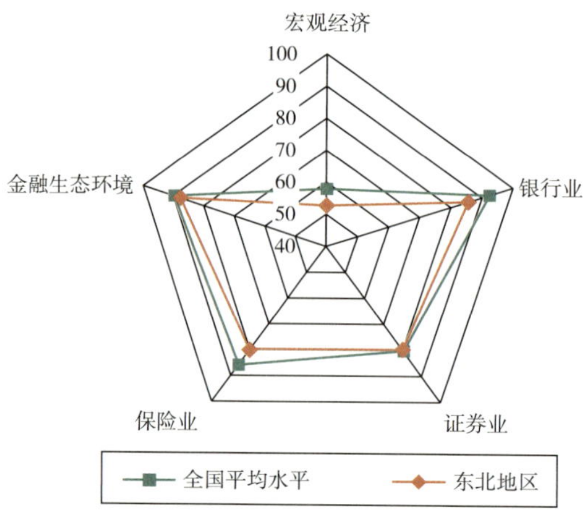

图 41　2023 年东北地区金融稳定状况和全国平均水平的比较

第六章
展　望

2023年，各地区各部门认真贯彻落实党中央、国务院决策部署，在党的二十大精神指引下开启新征程、在新冠疫情防控平稳转段后谋求新发展，经济顶住外部压力、克服内部困难，较好实现质的有效提升和量的合理增长，区域发展均衡性、协调性接续上升。金融系统锚定金融强国建设目标，坚定不移推进金融高质量发展，金融体系整体稳健运行，金融支持实体经济质效显著提升，金融重点领域风险稳步化解，守住了不发生区域性、系统性风险底线。在肯定成绩的同时，也要清醒看到面临的困难和挑战，当前世界百年未有之大变局加速演进，大国博弈竞争和地缘政治冲突加剧，贸易摩擦不断、欧美主要经济体货币政策持续收紧，世界经济增长动能不足，外部环境的复杂性、严峻性、不确定性上升。国内仍处于经济恢复和转型升级关键期，经济持续回升向好的基础还不稳固，面临有效需求不足、部分行业产能过剩、社会预期偏弱等困难挑战。区域协调发展浮现一些新问题，西部、东北地区个别省份经济增长趋缓、发展后劲不足，部分“倚重倚能”地区相关行业转型面临困难，部分城市群过度依赖核心城市。各地区金融风险总体收敛、可控，但部分重点领域风险隐患仍然较多，个别省份房地产、地方政府债务、中小金融机构等风险隐患突出，金融风险与重点领域风险相互交织、密切联系，风险交叉性、隐蔽性、突发性、传染性强，维护区域金融稳定的任务仍十分艰巨。

展望未来，2024年是深入贯彻落实党的二十大精神的关键之年。我国经济发展面临的困难和挑战不少，但有利条件和优势更多，经济回升向好、长期向好的基本趋势没有改变，支撑高质量发展的要素条件不断累积增多，为进一步做好金融服务、防控金融风险提供了有力支撑和坚强保障。下一步，各地区各部门要以习近平新时代中国特色社会主义思想为指导，深入学习贯彻党的二十大、中央经济工作会议和中央金融工作会议精神，按照党中央、国务院决策部署，完整、准确、全面贯彻新发展理念，坚持稳中求进、以进促稳、先立后破，深刻领会区域协调发展作为高质量发展动力源的重要意义，加快构建区域协调发展新格局，持续发挥区域重大战略引领作用。各地区金融部门必须坚持经济金融“一盘棋”思想，坚持把金融服务实体经济作为根本宗旨，严防脱实向虚、自我循环，把金融资源真正集聚到区域协调发展的战略方向、重点领域和薄弱环节上来，把服务新质生产力发展作为金融支持的关键着力点，做好“五篇大文章”，持续提升经济金融适配性。同时，要更好统筹发展和安全，有效防范化解重点领域风险，坚持以高质量发展促进高水平安全，以高水平安全保障高质量发展，标本兼治化解各类金融风险，着力加快推进中小金融机构风险处置，更大力度推动问题机构改革化险，强化重点领域金融风险防控，努力实现风险早识别、早预警、早暴露、早处置。

东部地区作为我国经济最具活力、开放程度最高、创新能力最强的地区，要坚守率先高质量发展定位，积极发挥要素集聚优势，推动新质生产力加快发展，深入推进京津冀协同发展、长三角一体化发展、粤港澳大湾区建设、加快打造浦东社会主义现代化建设引领区、加快推进海南自由贸易港建设，发挥区域重大战略“叠加效应”，合力谱写东部地区发展新篇章。金融体系要继续充当推动金融高质量发展的“领头羊”，持续深化金融供给侧结构性改革，稳步扩大金融开放、有序开展先行先试，着力推动个别中小银行风险苗头早期纠正，积极稳妥化解房地产等重点领域风险，为加快构建房地产发展新模式提供有效金融支持并作出表率，同时密切跟踪国际局势变化和国际金融市场动态，妥善应对外部冲击，严防内外部风险叠加共振。

中部地区以全国十分之一的土地贡献了全国五分之一的经济总量，具有举足轻重的地位，要一以贯之落实党中央对于中部地区崛起的一系列政策措施，以科技创新引领产业创新，加强与长三角、长江经济带发展等其他区域重大发展战略的衔接联动，提升区域协同发展水平，形成高质量发展合力。金融体系要为实体经济发展提供更高质量、更有效率的金融服务，促进经济和金融良性循环，稳妥有序推动不良清收压降，有效缓释资产质量下迁压力，严厉打击非法金融活动，切实守牢风险底线。

西部地区占全国国土面积七成多，资源条件优越，近年来经济总量占全国比重不断上升，要以习近平总书记在新时代推进西部大开发座谈会上的重要讲话精神为指引，统筹区域内各省份均衡发展，积极服务对接区域重大战略，因地制宜发展新质生产力，形成地区发展新动能。金融体系要切实推动金融高质量发展，优化金融服务，加大部分省份绿色低碳转型支持力度，因地施策、因城施策缓释重点领域风险向金融领域传导的压力，配合建立同高质量发展相适应的政府债务管理机制，统筹抓好化债和发展，推动形成西部地区大保护、大开放、高质量发展新格局。

东北地区区位优势明显、产业基础雄厚，要围绕习近平总书记在新时代推动东北全面振兴座谈会上的重要指示，牢牢把握东北在维护国家“五大安全”中的重要使命，推动东北全面振兴尽快实现新突破。金融系统要坚定不移将服务东北地区实体经济高质量转型发展作为根本任务，提高直接融资体系对实体经济的支持力度，有效处置重点机构风险，稳步推进机构改革化险，以改革破解金融风险的深层次矛盾问题，营造良好区域金融生态环境。

金融是国家重要的核心竞争力，区域金融稳定是全国金融稳定的重要组成部分和关键前提，在习近平新时代中国特色社会主义思想的指引下，各地区金融体系积极为区域实体经济高质量发展提供适宜的货币金融条件，切实维护区域金融稳健运行，不断夯实风险防控堤坝，区域协调发展新格局必将加快形成，中国特色金融发展之路必将越走越宽、越走越好，为推进中国式现代化和实现民族复兴伟业提供强有力支撑。

专 题

专题一

硅谷银行事件分析与启示

2023年3月10日，美国硅谷银行（以下简称SVB）因发生大规模挤兑被关闭，并被美国联邦存款保险公司（以下简称FDIC）接管，成为美国历史上倒闭的第二大银行。SVB出险既有宏观利率环境变化的原因，也有自身管理缺陷和监管弱化等问题。我国应吸取硅谷银行事件的处置经验及教训，保持货币政策稳健性，健全系统性风险评估框架，完善风险预警、早纠和处置机制，强化银行流动性风险和声誉风险管理。

一、硅谷银行事件基本情况

（一）硅谷银行倒闭事件概述

硅谷银行成立于1983年，为美国第16大银行，是SVB金融集团的运营主体。截至2022年末，SVB金融集团总资产2117.93亿美元，总负债1954.98亿美元[①]。2023年3月8日，SVB宣布出售210亿美元债券预计产生18亿美元税后亏损，并发布22.5亿美元再融资计划。此公告引发市场恐慌，当日客户提取420亿美元存款，现金余额降为－9.58亿美元。3月10日，SVB因资不抵债被FDIC接管，成为美国自2008年以来宣布倒闭的最大银行，也是美国历史上倒闭的第二大银行。

（二）美国金融监管当局采取的措施

1. 快速实施接管

FDIC按照“五一机制”接管SVB。3月10日（星期五），加州金融保护与创新部（DFPI）宣布由FDIC接管SVB，将该行所有存款转移至新设立的圣克拉拉存款保险国家银行（DINB），同时宣布SVB将于3月13日（星期一）重新开业。

2. 明确处置方案

一是从按比例偿付储户转为实施全额保障。FDIC最初仅保障25万美元以下存款，但随着风险不断蔓延，监管当局启用“系统性风险例外”条款，宣布全额保障储户权益。二是追究银行责任。SVB原高管层全部撤职，由股东和无担保债券持有人承担损失。

① 本专题数据来自SVB金融集团年报。

3. 设立紧急贷款计划提供流动性

美联储设立银行定期融资计划（BTFP），向符合条件的储蓄机构提供一年贷款支持。美国财政部提供250亿美元支持BTFP。同时，美联储放宽贴现窗口条件，允许证券按票面价值进行估值。

4. 开展全面审查

美联储对硅谷银行事件开展审查，4月28日发布评估结果报告，系统分析该行倒闭原因。

二、硅谷银行风险成因

（一）宏观层面：美联储大幅加息导致硅谷银行陷入“存款流失、债券减值”的双重困境

1. 加息引发科创企业流动性紧张，存款加速流出

2020—2021年，以美联储启动量化宽松为契机，SVB吸收大量科创企业存款，2021年末该行总负债1954.98亿美元，较2019年末扩张了3倍。但2022年3月至2023年2月，美联储一年内连续8次加息，累计上调450个基点。加息导致市场资金面紧张，高科技初创企业无法通过上市补充资金，现金加速消耗，进而对SVB的提现需求增加。2022年末，SVB存款余额同比下降8.51%，其中无息存款余额同比下降35.83%。

2. 加息引发持有债券减值，未实现损失急剧扩大

随着利率上升，SVB债券资产价值不断缩水。截至2022年末，SVB可供出售证券（AFS）账面价值较成本降低25.33亿美元，持有至到期投资（HTM）浮亏151.52亿美元（见表1）。即未实现损失总额高达176.85亿美元，超过该行所有者权益162.95亿美元，SVB实际已资不抵债。

表1　2022年末硅谷银行证券资产未实现损失情况　单位：亿美元

可供出售证券	摊余成本	账面价值	未实现损失
	286.02	260.69	25.33
持有至到期投资	净账面价值	公允价值	未实现损失
	913.21	761.69	151.52

（二）机构层面：资产负债严重错配、业务模式存在弊端、高管应对不力、声誉风险管理不当等多因素交织

1. 资产负债端：“借短买长”期限严重错配，加大流动性风险

一是负债端较为脆弱。2022年末，SVB无息存款占总存款比例46.65%，货币市场存款占比30.06%，定期存款仅占比3.87%，存款稳定性相对较差（见图1）。二是资产端激进配置。2022年末，SVB证券投资余额1200.54亿美元，占总资产的56.68%，净贷款仅占比34.76%，现金和现金等价物占比仅为6.52%（见图2）。其中，持有至到期投资

余额913.21亿美元，且久期在10年以上的持有至到期投资余额860.38亿美元，流动性较差。同时该行未为应对存款流出预留充足现金，也未采取利率掉期等风险管理措施。

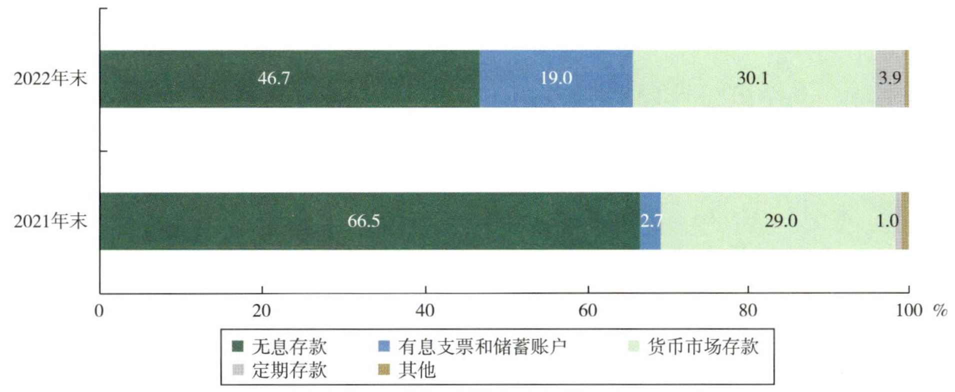

图1 2021—2022年硅谷银行存款结构

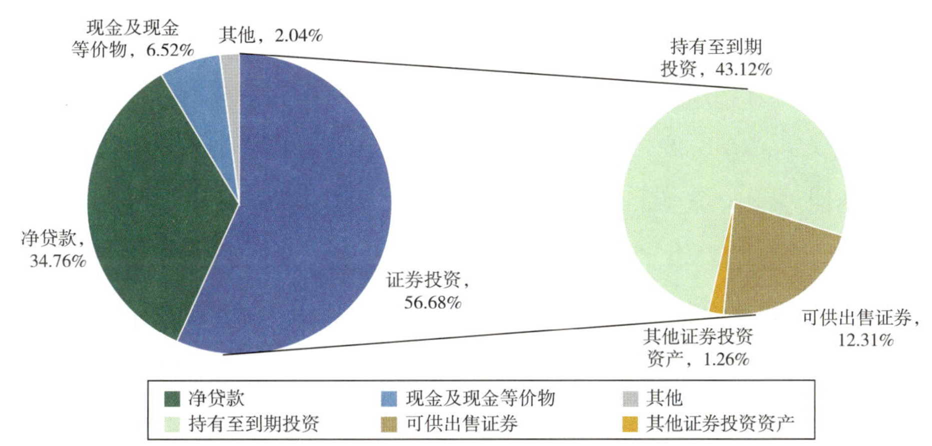

图2 2022年末硅谷银行投资资产结构

2. 业务模式：投贷联动模式下客户结构单一，行业高度集中

SVB通过投贷联动业务模式与风险投资机构和高科技初创企业深度绑定，与美国近半数科技企业有业务往来。科技产品研发具有渐进性，科创企业在估值上涨和上市期间获得的大量融资在初期一般会沉淀为闲置存款，从而形成“投、贷、存”的循环模式。但随着市场流动性趋紧，科创企业加速消耗存款以维持经营，导致SVB被迫亏损变现资产以弥补流动性缺口。

3. 高管履职：董事会和管理层未能有效管理风险

一是董事会对银行经营状况和风险信息掌握不充分，未对风险管理承担最终责任。二是2022年4月至2023年1月，SVB首席风险官岗位空缺，风险治理存在失位。三是首席执行官和首席财务官在风险爆发前卖出公司股票套现，凸显机构经营理念存在偏差。

4. 市场沟通：声誉风险管理不当

SVB 将抛售债券和定向融资两项重大信息同时公布，且未对信息进行充分解释说明。相关信息被市场解读为重大风险信号，恐慌情绪在社交媒体上不断发酵，最终造成挤兑。

（三）监管层面：监管弱化延误早纠时机，限额赔付政策加剧恐慌

1. 监管要求放松

根据美国监管规定，SVB 被列入第四类银行，资本和流动性方面监管要求均有所弱化。资本方面，第四类银行持有的 AFS 未实现损益可从资本中扣除计算，同时 HTM 不确认持有期间的公允价值变动，因此未实现损失不影响银行资本，导致 SVB 资本充足率“虚高”。流动性方面，第四类银行无须满足净稳定资金比例与流动性覆盖率等监管指标要求。此外，第四类银行仅需每两年接受一次监管压力测试。

2. 监管效力不足

一是监管评级不准确。美联储未充分认识到 SVB 经营的脆弱性，在公司治理、流动性等方面对该行评级仍保持良好。二是监管行动不及时。尽管监管机构已发现其存在缺陷，但没有及时果断地采取行动，延误纠正时机。

3. 存款保险限额赔付政策加剧科技企业恐慌

SVB 是典型的小银行大客户模式，超过 25 万美元存保上限的未受保存款占比达 95.6%，在 SVB 出险后储户为减少损失争相提取存款，导致挤兑发生。

三、监管实践反思

（一）经验借鉴

1. 明确的系统性风险判定标准是分类施策处置风险的前提

1991 年《联邦存款保险公司改进法案》设置“系统性风险例外”条款，对系统性风险的判定设立了严格标准。在 SVB 事件中，监管当局最初判断 SVB 倒闭属于个体风险，仅保障 25 万美元以下存款，但随着签名银行存款流失、银行体系存款流向货币市场等风险外溢扩散，监管当局立即启用“系统性风险例外”条款对 SVB 存款实施全额保障，最终科学合理地化解了风险。

2. 快速的响应程序是遏制市场预期恶化的关键

FDIC 按照“五一机制”接管硅谷银行，即周五宣布接管并成立过桥银行，周一重新开业，切实提高风险应对效率。同时，在充分的法律授权和协调联动下，美国财政部、美联储、FDIC 等机构识别、判定、

启用系统性风险条款全流程历时不到48小时，快速稳定了市场情绪，防止了存款进一步流失。

3. 市场化、法治化的处置原则是合理分担处置成本的保障

一是FDIC按照法定破产清偿顺序，将全部存款和资产转移至过桥银行，保障业务平稳运行，尽可能减少损失。二是无担保债权和股东权益不划入过桥银行，只能留待后续破产清算。三是积极寻找过桥银行的潜在收购方，并与最终收购方第一公民银行签订损失分担协议，共同承担处置成本。

（二）不足之处

1. 监管不力延误风险纠正时机

在日常监管中，美联储以“需要注意的事项”形式督促SVB整改，缺乏清晰的整改目标和路径，延误风险化解最佳时机。

2. 监管滞后于互联网发展

随着社交媒体普及和银行业务线上化程度提高，存款稳定性降低，储户在手机银行等线上渠道转移资金的速度更快，但现有监管应对线上挤兑的手段不足、效力不强，难以遏制存款的快速流出。

3. 救助引发道德风险担忧

无限制、普遍的支持措施为进一步救助未受保存款创造先例，可能会鼓励金融机构过度冒险，不利于金融体系的长期稳定。

四、启示及建议

（一）保持货币政策稳健性，提高与微观监管的协同性

稳健的货币政策有助于营造良好的货币金融环境，有助于实现经济和金融稳定。应充分考虑政策松紧的节奏、力度、时间、转向时点等，避免政策大收大放对机构经营稳健性造成冲击。例如，在货币政策宽松时期，微观监管侧重于防范金融机构顺周期行为，引导机构增强流动性缓冲，增厚安全垫；在货币政策转向收紧时，也要适当考虑微观主体的承受度。

（二）完善系统性风险研判标准，提升风险识别和响应效率

综合考虑宏观形势、行业周期、机构行为、主观感受等多方面因素，对某家机构、某个领域风险是否具有系统性影响建立健全科学全面的评估框架，并在实践中不断提高风险研判的准确性。同时，建立快速明确的系统性风险决策程序，切实提高风险应对效率，牢牢守住不发生系统性金融风险的底线。

（三）健全金融风险突发事件处置机制，提高处置效率

加快推进金融稳定法制建设，推动《金融稳定法》尽快出台，健全市场化、法治化

的金融风险处置机制。借鉴美国“五一机制”，明确暂停营业、接管银行、成立过桥银行、争取资金支持等一系列风险化解措施的触发机制、时限节点、职责分工，第一时间稳定市场预期，保护存款人利益，使处置成本最小化。

（四）健全金融风险预警和早纠机制，推进风险抓早抓小

建立健全风险预警机制，从明显异于同业均值的指标中寻找风险苗头。明确早期纠正的触发规则和时限要求，探索将行业集中度、结构集中度等纳入风险费率核定和早纠机制。结合实际情况优化压力测试冲击情景和参数设置，测算银行抵御极端风险冲击的能力。建立健全压力测试与利润分配限制、高管薪酬限制以及存保费率等工具的联动机制，强化压力测试结果运用。

（五）强化流动性监管，前移挤兑风险防控关口

引导银行优化调整资产负债期限结构，兼顾安全性、盈利性、流动性三原则。督导做好流动性备付与应急预案，加强流动性应急演练，特别是线上挤兑情景的应对处置。严格落实重大事项报告制度，加强负面舆情监测管控。开展声誉风险管理能力专项评估，推动银行加强声誉风险管理能力建设。

资料来源：中国人民银行福建省分行、上海总部、深圳市分行、青岛市分行。

专题二

农信机构改革实践及下一步思考

——以四川省市级统一法人农商行改革为例

近年来，新一轮市级统一法人农商行改革工作在河南、四川、云南、新疆等多地推开。2022 年末，四川省 A、B 两地市级统一法人农商行挂牌开业。经过一年发展，改革后的农商行扭转了“小、散、弱”的不利局面，基本实现了业务快速发展、资本实力增强、资产质量改善、金融服务提升等目标，但受宏观经济及内外部环境等因素影响，改革后的农商行发展仍面临诸多挑战。本专题以四川省 A、B 两市为例，对新一轮市级统一法人农商行改革效果开展跟踪评估，探索思考适合农信机构发展的路径和对策。

一、改革初步效果①

（一）规模扩张较快，经营指标明显改善

经过改革，2023 年末两地农商行资产总额均突破千亿元，合计达到2095.95 亿元，较 2020 年末增长 39.45%；存款余额从 1309.47 亿元增加至 1797.66 亿元，增幅达 37.28%；贷款余额从 780.66 亿元增加至 1040.81 亿元，增幅达 33.32%。得益于改革后经营规模扩大和成本控制加强，2023 年共计实现净利润 6.8 亿元，比 2020 年增长 35.19%。

（二）资本实力增强，资产质量向好

农商行改革后资本实力更加雄厚，为稳健经营提供有力保障。截至 2023 年末，两地农商行注册资本 64.48 亿元，资本充足率快速提升，分别达到 12.18%、13.1%。信用风险得到有效管控，不良贷款持续压降，2020—2023 年两地农商行累计清收处置不良贷款 210.86 亿元。截至 2023 年末，不良贷款余额 23.49 亿元，较 2020 年末下降 24.63%；不良贷款率分别为 3.23%、1.61%，较 2020 年末分别下降 1.55 个、1.76 个百分点；拨备覆盖率分别达到 152.46%、162.25%，较

① 改革成效对比选取的基期是 2020 年，主要考虑是改革进程贯穿 2021 年和 2022 年，一些指标在改革过程中逐步优化，A 地在 2021 年已经合并了城区的几家农信机构。

2020 年末分别上升 5.35 个、18.26 个百分点。

（三）对重点领域金融支持力度有所增强

两地农商行涉农、小微企业信贷投放增长明显。截至 2023 年末，涉农贷款余额 662.76 亿元，普惠小微企业贷款余额 245.97 亿元，分别较 2020 年末增长 27.66%、16.91%。积极响应国家绿色发展战略，加大绿色产业信贷投放力度。截至 2023 年末，绿色信贷余额 46.66 亿元，较 2020 年末增长 772.15%。积极落实稳增长政策，加大对居民消费和农户经营等信贷支持力度。2023 年末个人消费类贷款 281.45 亿元、“支小惠商贷”“助农振兴贷”等财政贴息贷款 57.03 亿元，分别较 2020 年末增长 35.49%、121.65%。

二、改革中存在的问题和不足

（一）资本募集渠道受限，民营资本投资意愿不强

近年受宏观经济环境、利率市场化等因素影响，中小银行不良资产处于较高水平，实际利差明显收窄，入股收益分红较低，民营资本入股农商行意愿不强。同时，前期部分民营股东入股中小银行动机不纯，股东关联贷款形成较大损失，监管部门加大了对民营股东资质和资金来源的审核，地市一级合格投资者较少，农商行改革时社会资本募集难度较大。

（二）缺乏竞争优势，服务县域“三农”质效有所减弱

改制后的农商行收入结构依然较单一，对传统存贷款业务依赖度较高，在利率持续下行与行业竞争加剧的背景下，金融支持实体经济缺乏竞争优势。2023 年末，两地农商行涉农贷款平均利率分别高于同期国有大型商业银行 69 个、61 个基点。两地农商行改革后贷款投放未充分坚持小额、分散的信贷投放原则，在县域的贷款市场份额下降，县域市场上做小做精做细的质效减弱。2023 年，两地新增贷款投向国有企业占比为 13.82%，投向民营企业占比仅为 5.86%。截至 2023 年末，两地涉农贷款占贷款总额比例较 2020 年下降 2.83 个百分点，100 万元以上贷款占各项贷款的比例较 2020 年分别上升 0.81 个、6.41 个百分点，县域贷款市场份额较 2020 年分别下降 4.71 个、0.71 个百分点。

（三）内部管理仍需加强，激励约束作用尚未有效发挥

从内部合规管理看，两地农商行管理能力和水平并未伴随规模的增长而增强，“三会一层”实际履职效能发挥不足，干部队伍素质参差不齐，员工异常行为多发，2023 年以来两家机构均发生涉金融案件。从激励约束看，内部绩效考核制度、员工激励制度的建设仍处于探索过程之中。B 市农商行反映，

改革后相关制度办法属于先行先试，员工的归属感、凝聚力、向心力不强，工作状态不佳，个别员工因职务调整、薪酬待遇、对价换股等问题反复进行信访投诉。

（四）存量风险化解不彻底，不良资产处置成本较高

从资产保全和处置情况看，在合并组建市级统一法人过程中，两地农商行均不同程度存在风险识别不充分、问题处理不彻底，接收的部分抵债资产产权不清晰、估值偏离市场价格、变现能力不强等问题，使合并后的市级统一法人农商行依然面临较大的存量风险处置压力。同时，在对价折股置换股本的过程中，因原股东利益分配等问题未能按照市场化原则实现风险出清，难以真正实现“轻装上阵”。仅 2023 年，两地农商行又核销处置不良贷款共计 31.8 亿元。

三、启示

从四川省农信机构改革实践看，在经济欠发达地区组建市级统一法人有可能通过在更大的行政区域内整合金融资源提升经营效率，从而有助于农信机构实现长期稳健经营和防范金融风险。但也应该看到，市级统一法人并非基层农信社改革发展的“万灵药”，更重要的是建立与各地经济水平、区域金融发展水平相适应的组织形式和运行机制，兼顾效率与公平，提升金融服务水平。

（一）遵循市场化原则，因地制宜推进农信社改革

一方面，综合考虑人口、地域、经济等因素，针对单个县域经济总量较小、单一小机构抗风险和可持续发展能力不足的地区，可以考虑组建市级统一法人机构以发挥规模经济效应，提升机构应对市场风险和市场竞争的能力。同时，加大对市级统一法人支农支小、服务县域实体经济的考核力度，避免县域金融服务质效弱化。另一方面，根据实际发展情况调整网点布局。针对部分常住人口较少、金融服务需求强度不高的地区，适当调整空白乡镇和乡村振兴重点帮扶县网点覆盖相关政策，不把网点数量作为监管强制考核指标，允许农信机构充分利用科技手段提升金融服务效率，从而缓解机构成本压力，增强金融服务可持续性。

（二）优化股权结构，完善中国特色现代公司治理

支持农商行进一步优化股权结构，完善股权管理制度，明确股权管理职责，健全股权风险管控机制，把加强党的领导与完善农信机构公司治理相统一。强化党委（党组）书记、董事长、法人代表“一肩挑”，从治理架构上确保党委（党组）把方向管大局促落实、董事会定战略作决策防风险和经营层抓落实的有机统一；完善党管干部原则和市场化选人用人有机融合机制，实现组织配置的

“严”和市场选择的“活”有机结合；建立监督协同会商机制，引入外部监督力量，加强约束制衡，建立健全事前预防、事中控制、事后问责的管理体系。

（三）坚守市场定位“改革不改向”，深耕主责主业

准确把握农商行在银行体系中的差异化定位，以服务地方经济、践行自身社会责任为重点，切实发挥县域金融主力军银行作用。积极融入地方经济社会发展，结合区域资源禀赋、产业基础、乡村振兴等立足县域、下沉服务重心。按照差异化、特色化的经营原则做好市场细分，突出不同类型、不同区域的网点特色，提升市场竞争优势。积极谋划科技金融、绿色金融、普惠金融、养老金融、数字金融五篇大文章，把金融资源更多配置到支持县域经济社会发展的薄弱环节，推动普惠金融等行稳致远。

（四）健全风险防控管理体系，提升风险管理水平

进一步完善全面风险管理相关制度，以市级统一法人改革为契机，全面修订农商行各项制度办法，建立起杜绝管理“断层”和风险控制“盲区”的长效机制。加快金融数字化转型，充分发挥农信系统“小法人、大平台”优势，实施全面风险管理的数据库建设，实现风险管理的全面化和精细化。加快建设一支专业化、高层次的风险管理人才队伍，强化全面风险管理理念、管理意识和管理技能，引导干部职工将全面管理理念落到实处。

资料来源：中国人民银行四川省分行。

专题三

信托业务三分类新规实施中存在的问题和难点

《关于规范信托公司信托业务分类的通知》(银保监规〔2023〕1号，以下简称三分类新规）于2023年3月发布、6月正式实施。三分类新规以信托目的、信托成立方式、信托财产管理内容为分类维度，将信托业务分为资产服务信托、资产管理信托、公益慈善信托共三大类25个业务品种，要求在穿透基础上按“实质重于形式”原则对信托业务进行分类，推动信托业回归服务实体经济本源，加速向受托服务、标品投资转型。对全国66家信托公司[①]的调研显示，三分类新规实施中，存在部分分类要求落地困难、登记及税收等配套支持制度不完善、资产服务信托尚未形成盈利支撑点、弱资质的中小公司转型压力大等问题。

一、信托业务基本情况

（一）资产服务信托占比过半，公益慈善信托初步发展

截至2023年末，66家信托公司实收信托规模23.2万亿元，较2023年6月末（三分类新规实施前）增长[②] 10.5%。三类业务中，资产服务信托占比最高、增速最快，2023年末实收规模11.7万亿元，占全部信托规模的50.2%，增长15.5%。资产管理信托实收规模10.0万亿元，占全部信托规模的43.0%，增长12.8%。公益慈善信托实收规模39.5亿元，占全部信托规模的0.02%，增长3.6%，增速低于信托业务总体增速。

（二）细分领域发展分化，财富管理类信托、固定收益类信托等快速增长

资产服务信托5大类业务领域中，财富管理服务信托、行政管理服务信托、风险处置服务信托的实收规模增速均超过25%，资产证券化服务信托实收规模下降约22%，新型资产服务信托作为兜底类别存续规模维持为零。资产服务信托中，财富管理服务信托占比最高，2023年末实收规模5.8万亿元，占全部资产服务信托实收规模的49.6%。资

① 不包括四川信托。

② 若无特别说明，本专题增长口径均以2023年6月末为计算基数，下同。

产管理信托 4 大类业务领域中，固定收益类信托占比最高，实收规模 7.7 万亿元，增长 19.4%，约占全部资产管理信托实收规模的 77%；权益类信托、商品及金融衍生品信托、混合类信托规模基本持平。

（三）信托公司转型方向各有侧重，差异化发展格局初显

三分类新规引导信托公司强化受托服务定位、由非标投资向标品投资转型，实施成效有所显现。一是多数信托公司业务布局主方向清晰。截至 2023 年末，66 家信托公司中 29 家资产服务信托实收规模占其全部实收信托规模的比重超过 50%，26 家资产管理信托实收规模占比超过 50%，业务布局重点突出。二是细分业务领域特色化、差异化趋势初显。部分信托公司聚焦法人及非法人组织财富管理信托、家族信托、保险金信托等业务领域，实收规模增长达数十倍。三是新兴业务领域仍待拓展。多数信托公司在个别新兴业务领域发展相对滞后，三分之二以上的信托公司尚未开展预付类资金服务信托、担保品服务信托、企业/职业年金服务信托、企业资产证券化服务信托等业务。

（四）待整改业务规模总体下降，个别信托公司待整改业务占比高

截至 2023 年末，66 家信托公司中除 3 家已全部整改完毕外，其余 63 家待整改业务规模 1.6 万亿元，下降 19.9%，约占信托业务全部实收规模的 6.8%，主要涉及未达实收规模设立门槛的财富管理服务信托、类私募投行的单一融资信托、未按《商业银行委托贷款管理办法》发放的信托贷款等业务。待整改业务中 40.3% 前期已纳入资管新规过渡期后进行个案整改。绝大多数信托公司待整改业务占比低于 30%，个别公司超过 50%。

（五）信托业务收入中近七成为资产管理信托业务收入，资产服务信托尚未形成盈利增长点

资产服务信托规模占比、增速均高于资产管理信托，但盈利贡献相对较低。2023 年，66 家信托公司信托业务收入中，资产服务信托业务收入占全部信托业务收入的 26.3%，平均收入率（信托业务收入/信托规模）约 0.2%。而资产管理信托业务收入占全部信托业务收入的 68.5%，平均收入率约 0.5%，约为资产服务信托的 3 倍。

二、实施三分类新规存在的问题和难点

（一）部分新分类政策要求落地存在困难

一是部分分类标准较为笼统模糊，具有多重属性的同一业务在实务中可能归入不同类别，既影响监管监测统计的准确性和一致性，也影响行业横向对比及机构内部管理。

二是部分业务边界不够清晰，信托公司潜藏合规风险。如三分类新规明确禁止以信托业务形式开展为融资方服务的私募投行业务，但实务中信托公司难以清晰界定资产管理业务的尽职调查义务与私募投行业务的区别。三是部分分类要求实施细则仍需完善。如要求资产管理信托以组合投资方式分散风险，但未明确和细化组合资产的类型、比例、资产数量等标准。四是与相关法律法规和监管规则的衔接不畅。三分类新规规定资产服务信托不适用资管新规，但未明确资产服务信托是否无须按照资管新规要求开展合格投资者审查、进行净值化管理等。

（二）登记、税收等配套政策支持尚不完善

三分类新规鼓励发展服务信托、财产权信托等业务，但登记及税收过程中仍存在程序性障碍。财产权信托方面，由于我国尚未建立信托财产的独立登记和税收制度，房产、股权等非现金资产的非交易性过户登记存在障碍，且仍按照交易性过户征税，物权变更成本较高，难以满足以非现金资产设立财产权信托的需求。慈善信托方面，信托公司无法开具慈善捐赠抵税凭证，难以落实税收优惠，降低了委托人设立慈善信托的意愿和积极性。

（三）转型期盈利水平普遍阶段性承压

一是传统非标融资类业务持续压降。高利率非标融资类业务历来是信托公司的盈利支柱，受“两压一降”、房地产市场深度调整、地方融资平台风险凸显等因素影响，截至2023年末，66家信托公司中有40家融资类信托规模同比下降，部分公司融资类信托规模下降幅度超过20%。二是资产服务信托暂时处于“增量不增收”的起步阶段。服务类信托作为三分类新规重点支持领域，目前仍处于高成本、低回报的市场拓展初期，报酬率普遍在0.1%～0.3%的较低区间，部分公司的家族信托、保险金信托甚至采取零报酬模式，业务规模的高速扩张尚未转化为盈利增长。三是以标品投资为主的资产管理业务处于竞争劣势。三分类新规鼓励标品投资，但信托公司在标品投资市场起步较晚，投研能力、客户资源、资金成本、净值管理能力等体系建设滞后于银行、券商、基金等机构，竞争优势明显不足。多重因素叠加下，2023年信托公司信托业务收入同比下降32%，超半数公司营业收入和净利润同比下降。

（四）部分新兴业务过度沿袭传统路径，经营模式及风控体系亟待全面重塑

一是部分信托公司资产服务信托简单复制沿袭资产管理信托运作模式，主要为依赖第三方服务或持有本公司其他产品的组合式（TOT）业务，自身资产配置、风险对冲、期间管理等主动管理能力亟须提升。二是部分信托公司以新业务形式隐匿风险或违规开展

业务。个别信托公司通过财富管理信托将民间借贷包装成为金融借款，或通过家族信托设立法人机构以规避股权投资限制等。

（五）市场分层趋势加剧，中小信托公司转型困难

一是转型期间大型信托公司可将规模优势和品牌优势迅速转化为竞争优势，部分业务领域市场集中度较高，个别头部信托公司在资产证券化信托、风险处置服务信托等多个业务领域的市场份额超过 50%。二是股东背景较弱的中小信托公司新兴业务领域展业困难。例如，企业破产受托服务信托，目前受托人主要是具有央企或银行、资产管理公司等背景的信托公司；企业年金服务信托，仅有 2 家信托公司获得人力资源和社会保障部认定的年金受托资格。三是中小信托公司风险出清压力加大。受转型期竞争加剧、盈利持续下降等因素影响，中小信托公司风险加速暴露。截至 2023 年末，风险项目规模占实收规模的比重超过 10% 的信托公司主要为中小信托公司，逾期兑付风险、案件风险、舆情风险显著上升。

（六）待整改项目受客观因素掣肘多，整改存在难点

一是委托人配合程度影响整改进程。一些家族信托实收信托规模未达三分类新规要求的设立门槛，委托人追加投资意愿不高、可配置资产匮乏，提前终止信托计划将产生违约诉讼风险。二是抵债资产处置难、涉司法诉讼等影响整改进程。三是信托公司难以把控整改进度。部分项目已纳入地方政府债务化解方案，还款计划难以调整；或涉及风险房地产企业，需综合考虑保交楼和维稳问题；或涉及出险企业，需遵从大型企业集团债务重组协议逐步化解。

三、政策建议

（一）进一步完善三分类新规实施细则及配套政策，优化顶层制度设计

针对三分类新规实施中部分术语定义不明确、业务分类边界模糊、各类政策衔接不畅等问题，建议尽快厘清业务边界及相应的投资者准入、投向范围、信息披露、投资管理等要求，对现有监管政策进行全面梳理、修订和完善，强化与资管新规等政策间的一致性和协同性，同时完善信托财产登记、税收优惠、非交易过户、估值管理等制度，推广登记和税收政策试点，适当扩大预付类资金、企业年金等服务机构资格范围，促进资产服务信托和公益慈善信托发展。

（二）强化信托公司受托服务定位，有序推进改革转型

引导信托公司基于自身资源禀赋确定差异化、特色化战略规划，积极探索构建多元化信托服务体系，优化组织架构、绩效考核、

流程系统、人才队伍等转型配套机制，大力发展符合信托本质特征的资产服务信托和公益慈善信托，提升标品信托主动投资专业化水平。严格执行三分类新规要求，细化整改计划和进度安排，统筹安排“老产品”整改、压降及接续工作。

（三）严格降存量、控增量，健全转型期风险预警评估机制

一方面，指导信托公司尽快消化存量风险资产，丰富重组、展期、诉讼执行、对外转让、破产重整等多元化处置路径。另一方面，优化信托业风险定期分析研判工作，结合转型期特点，关注待整改业务退出进展、标品信托投资损益、跨产品交易规模、委外投资结构等情况，对潜在风险适时开展现场评估，强化早期监测预警，引导信托公司动态调整风险政策，禁止以创新为名变相新增具有影子银行、非标资金池等属性的违规业务。

资料来源：中国人民银行陕西省分行。

专题四

金融资产风险分类新规对商业银行的影响

2023年2月，中国银保监会与中国人民银行联合发布《商业银行金融资产风险分类办法》（以下简称《办法》），规定自2023年7月1日起施行。本专题对云南、上海、湖南、新疆4省市352家样本银行[①]开展调研，测算商业银行执行《办法》后的金融资产风险分类结果及其影响[②]。整体而言，《办法》实施有利于提高商业银行资产质量透明度和可比性，更准确地揭示风险底数，长远看将进一步推动银行提升信用风险管理能力，但是短期内存量资产重新分类将对商业银行财务产生压力，可能会出现盈利能力和风险抵补能力下降等情况，相关问题需要关注。

一、《办法》实施对商业银行的影响

（一）风险分类更加审慎，存量业务重新分类后风险分类下迁

《办法》强调商业银行开展金融资产风险分类的真实性、及时性、审慎性和独立性原则，在逾期天数定量标准、信用减值对应标准、交叉违约认定标准等刚性约束下，商业银行信用风险资产风险分类或将下迁。数据显示，样本银行正常类、关注类、可疑类资产将减少，次级类和损失类资产将增加，且损失类资产增幅较大（见表1）。

表1　样本银行表内信用风险资产重新分类测算情况　单位：亿元、%

风险分类	表内信用风险资产余额		变动情况
	分类前	分类后	
正常类	170492.77	169995.41	-0.29
关注类	2671.00	2161.39	-19.08
次级类	653.94	993.19	51.88
可疑类	1352.75	851.78	-37.03
损失类	494.91	1663.60	236.14

① 包括股份制商业银行、城商行、农商行、农村合作银行、农村信用社、村镇银行、民营银行。

② 测算以2023年6月末数据为基础，假设存量业务按照《办法》全部完成重新分类。

（二）整体不良贷款将增加，四分之一机构不良贷款率超过5%

若存量业务按照《办法》标准全部进行重新分类，则样本银行不良贷款余额将增加549.74亿元至1941.67亿元，增幅39.49%；样本银行平均不良贷款率将上升0.63个百分点至2.23%，25%的银行不良贷款率将超过5%。与大型银行相比，资产风险偏高、客群资质偏弱的中小银行受影响更大，城市商业银行、农村信用社不良贷款率增长幅度较为明显（见图1）。

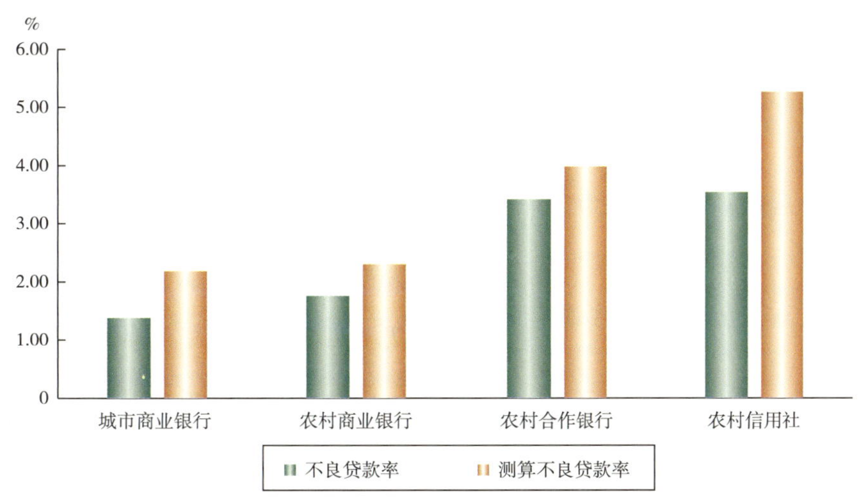

图1 各项贷款重新分类测算情况

（三）表内非信贷资产风险分类影响主要集中在少数银行

样本银行按照《办法》测算后的非信贷不良资产余额1566.91亿元，较重新分类前增长40.15%，非信贷资产不良率从1.26%上升至1.77%。从测算数据看，重新分类后非信贷不良资产增幅较大，但是影响主要集中于少数几家非信贷资产占比较大的银行，其中3家银行重新分类后非信贷不良资产增加额占全部样本银行非信贷不良资产增加额的九成。

（四）贷款信用减值等情况对重新分类结果影响较大

《办法》明确了风险分类与逾期天数、信用减值等的对应关系，进一步强调了以债务人为中心的分类理念。从调研情况看，样本银行逾期90天以上未分类为不良的贷款余额42.07亿元，发生信用减值未分类为不良的贷款余额484.11亿元，债务人履约能力下降未分类为不良的贷款余额88.51亿元，触发交叉违约标准但未分类为不良的贷款余额42.84亿元，重组2次及以上未分类为不良的贷款余额229.72亿元。在过渡期内，风险分类与信用减值的对应对样本银行存量业务的重新分类影响最大。

（五）重组资产标准细化，重组贷款规模将大幅增加

《办法》进一步细化了重组资产认定标准，明确“财务困难”和“合同调整”两个重组资产定义，挤压了现行监管套利空间。样本银行按最新重组资产定义测算的重组贷款余额742.53亿元，是执行新规前重组贷款余额的6.45倍，占各项贷款比例为0.85%。其中，农村合作银行和农村信用社重组贷款受影响较大，测算后重组贷款占其各项贷款的比例分别为6.67%、4.31%。

（六）分类变动导致贷款拨备覆盖率下降

样本银行存量贷款按《办法》重新分类后不良贷款大幅增加，拨备覆盖率也将出现较大降幅。数据显示，截至2023年6月末，样本银行贷款减值损失准备余额3072.03亿元，整体拨备覆盖率220.70%。按照现有贷款损失准备余额测算，若贷款全部重新分类，样本银行拨备覆盖率将下降62.49个百分点至158.22%。其中，拨备覆盖率低于100%的银行数量将从2家增加至13家，按100%的拨备覆盖率测算有13家银行拨备缺口为40.58亿元。

二、需要关注的问题

《办法》给予商业银行存量资产重新分类较长的过渡期，且目前大部分银行也都制订了重新分类计划，预计短期内《办法》对银行金融资产风险分类的影响较为可控，但仍需关注其对商业银行资产质量、盈利能力和资本水平的长期影响。

（一）重组资产信用风险或将在短期内集中反映

根据《办法》对重组资产的分类要求，在重组观察期内若债务人没有按照合同约定及时足额还款，或者虽然足额还款但财务状况没有发生好转时，再次重组的资产应划分为不良。尽管存量业务重新分类有两年半的过渡期，但重组资产观察期大多为一年，重组资产信用风险将较其他分类标准在短期内更快显现。以重组贷款为例，截至2023年6月末，样本银行按照《办法》测算的重组两次及以上的贷款余额313.83亿元，占重组贷款余额的42.26%，其中超七成未分类为不良。重组两次及以上的贷款多为经营困难、还款能力短期未有效改善的客户，通过多次重组来逐步压降本金缓释风险，因此再次重组的概率较大，未来一年内再次重组下调分类的可能性较大。

（二）不同债权主体、债权行业之间的信用风险传导可能增加

《办法》中明确的交叉违约认定标准突破了跨银行机构、跨行业风险管理的壁垒，单一债权主体对金融资产的风险分类结果对其

他债权人分类的影响加大，不同债权主体、债权行业之间的信用风险传导可能增加。数据显示，样本银行根据《办法》重新分类后不良资产的增加额中约有8%是符合同一非零售债务人划分条件而重新分类的资产。一般而言，大型银行金融资产风险分类相对中小银行更加审慎，在《办法》交叉违约标准下中小银行信用风险可能加速暴露。

（三）信用风险显性化对盈利能力和资本充足水平提出更高要求

预期信用损失是商业银行计提金融资产减值准备的主要依据，不同阶段金融资产对应的减值准备计提标准存在差异。在实际操作中，商业银行一般将逾期天数或风险分类作为金融资产阶段划分的主要标准，《办法》实施后部分金融资产风险分类下迁可能影响阶段划分变化，进而导致需计提的减值准备大幅提升，对银行财务状况形成明显冲击。对于财务状况较差、风险抵补能力较弱的银行而言，若盈利能力无法抵补减值准备新增计提要求，则将直接侵蚀其资本净额。例如某银行预估，若按照目前存量和新增贷款同步启用新标准划分五级分类，该行不良贷款余额将增长近2.4倍，资本充足率将由15.28%下滑至5.95%。

（四）部分银行信息系统功能与高质量信用风险管理需求存在差距

商业银行对金融资产信用风险的分类管理涉及内部多个部门，相关信息分布在不同的业务系统中，且部分银行业务系统信息采集标准不统一、自动识别功能欠缺、信息交叉利用功能薄弱，部分资产的风险分类识别、标识还需要手工操作完成，准确性、及时性和合规性难以保障。例如，《办法》对重组贷款在首次重组、多次重组及观察期方面都进一步细化，但部分银行重组贷款无法在系统内标识，无法在观察期内予以重点管理，难以及时、准确、全面反映重组贷款风险水平。

三、相关建议

（一）完善相关制度，在过渡期内有序实施存量资产的重新分类

商业银行应根据自身信用风险管理实际，按照《办法》规定建立健全涵盖全部信用风险资产的风险分类制度；不断完善客户信用风险评估模型，更为全面、准确和前瞻性地识别债务人信用风险状况和履约能力；对照完善风险分类新规与预期信用损失管理体系，逐步优化阶段划分和拨备策略，使风险分类新规与预期信用损失管理有效衔接。同时，要全面测算重新分类对各项财务指标的影响，评估承压能力，制订合理的重新分类计划，在过渡期内合理反映金融资产风险状况。

（二）摸清风险底数，提升不良资产处置质效

存量资产重新分类加大了商业银行不良

资产处置压力。一方面，商业银行应全面摸底各类金融资产质量状况，对已实质出险业务要有针对性地制订不良资产处置计划，探索不良资产合规处置新方式，进一步提高处置效率。另一方面，金融管理部门和财政部门要充分调动各方积极性和发挥各方优势，共同解决不良资产处置中的难点堵点，逐步拓宽不良资产处置渠道，鼓励引导民间资金和社会力量遵循市场化、法治化原则参与商业银行不良资产处置，从而实现不良资产价值处置最大化。

（三）强化监测预警，制定差异化配套缓冲政策

金融管理部门要加强专项监测预警，对资产质量较差、资本充足水平受影响较大等银行实行名单制管理，进行重点监测指导。同时，在过渡期内适当提高资产质量容忍度，合理确定拨备覆盖要求，给予商业银行存量资产风险分类调整必要的时间和空间，缓解短期内银行拨备计提压力。

（四）提升科技化水平，完善风险管理信息系统

商业银行应重视和加强系统建设，根据《办法》要求建设涵盖全部信用风险资产分类管理的信息系统，实现风险管理系统高效衔接，有效解决不同业务条线、不同业务品种因信用风险管理模块分散导致的内部信息共享不充分等问题，通过科技赋能提升风险分类标准化水平和工作效率。金融管理部门要不断完善金融信用信息基础数据库建设，强化市场化征信机构辅助功能，解决商业银行在金融资产风险分类管理中可能存在的外部信息不对称问题。

资料来源：中国人民银行云南省分行、上海总部、新疆维吾尔自治区分行、湖南省分行。

专题五

理财子公司经营发展现状分析

根据《关于规范金融机构资产管理业务的指导意见》（以下简称资管新规）以及有关配套监管政策要求，理财业务需从母行剥离至理财子公司。自 2019 年 6 月建信理财子公司成立至今，全国已有 31 家银行理财子公司获批设立。目前这些理财子公司总体保持平稳发展态势，并已成为资管业务的重要市场主体，但与公募基金等相比其高质量发展仍存在一定不足和限制，需要创新体制机制，强化风险管理，提升核心竞争力，增强行业发展的内生动力和可持续发展能力。

一、理财子公司经营发展的政策环境

2018 年 4 月资管新规实施以来，监管部门先后出台《商业银行理财子公司管理办法》《商业银行理财子公司净资本管理办法（试行）》《理财公司理财产品流动性风险管理办法》等一系列监管制度，对理财子公司设立以及理财产品发行、投资运作、风险控制等进行规范。

（一）内控管理方面：细化理财子公司内部控制和业务风险隔离要求

一是健全内控管理体系。《商业银行理财子公司管理办法》规定，理财子公司应建立健全包括人员、销售、投资、合作机构以及产品准入、托管、估值、核算、信息披露等在内的理财业务管理制度，完善内控管理架构。二是强化资本约束。《商业银行理财子公司净资本管理办法（试行）》坚持业务发展与自身经营能力相匹配，加强净资本管理约束，防范监管套利。三是实施风险隔离和“三单”管理。资管新规要求金融机构应当确保资产管理业务与其他业务相分离，资产管理产品与其代销的金融产品相分离，资产管理产品之间相分离，同时每只资产管理产品的资金要单独管理、单独建账、单独核算。

（二）产品募集和销售方面：进一步规范代理销售资格，明确产品期限要求和投资起点

一是规范代理销售资格。《理财公司理财产品销售管理暂行办法》限定理财产品代理

销售机构为理财公司，以及商业银行、农村合作银行、村镇银行、农村信用合作社等吸收存款类金融机构。二是明确产品期限，管控期限错配。资管新规在期限方面规定封闭式资产管理产品期限不得低于 90 天，投资于非标准化债权类资产的，非标准化债权类资产的终止日不得晚于封闭式资产管理产品的到期日或者开放式资产管理产品的最近一次开放日。三是明确产品销售起点。商业银行发行公募理财产品的，单一投资者销售起点金额不得低于 1 万元人民币。

（三）产品投资方面：强化投资标的范围和集中度要求，突出产品流动性管理

一是明确投资标的和集中度要求。理财子公司公募理财产品应当主要投资于标准化债权类资产以及上市交易的股票，不得投资于未上市企业股权，全部理财产品投资于非标准化债权类资产的余额在任何时点均不得超过理财产品净资产的 35%。二是突出流动性管理。《商业银行理财业务监督管理办法》规定，开放式公募理财产品应当持有不低于该理财产品资产净值 5% 的现金或者到期日在一年以内的国债、中央银行票据和政策性金融债券。

二、理财子公司经营发展现状

截至 2023 年末，全国共有 31 家理财子公司获批设立，包括 6 家国有银行、11 家股份制银行、8 家城商行、1 家农商行理财子公司以及 5 家合资理财子公司。

（一）理财产品存续总体规模下降，但理财子公司存续规模逆势上行

由于理财产品“破净”导致的疤痕效应仍在，加上年末部分理财资金回流到银行体系等因素影响，理财产品存续规模下降。截至 2023 年末，理财市场共存续产品 3.98 万只，业务规模 26.8 万亿元，同比下降 3.1%，其中理财子公司存续产品规模 22.47 万亿元，同比上升 1.01%。分类别看，股份制银行理财子公司和国有银行理财子公司产品规模市场占有率分别为 51%、36.6%，分列第 1 位、第 2 位。

（二）募集和运作方式以公募和开放式理财产品为主

从产品募集方式看，截至 2023 年末，理财子公司公募理财产品存续规模 21.22 万亿元，同比增长 0.57%，占理财子公司产品存续规模的 94.44%。从运作模式看，开放式理财产品存续规模 17.94 万亿元，同比下降 3.96%，占总存续规模的 79.84%；封闭式理财产品存续规模 4.53 万亿元，同比增长 27.25%，占总存续规模的 20.16%。

（三）低波动稳健型产品占主导，产品期限集中于 3 年以下

截至 2023 年末，理财子公司风险等级为

R1（谨慎型）和R2（稳健型）的理财产品存续规模21.07万亿元，占比93.77%，R3（平衡型）、R4（进取型）和R5（激进型）理财产品存续规模1.40万亿元，仅占比6.23%。从产品投资期限看，存续封闭式理财产品到期期限均为6个月至3年，其中1～3年期限产品存续规模3.04亿元，占封闭式产品规模的77.35%。

（四）投资标的以固定收益类资产为主，信用债和存款类资产占比较高

截至2023年末，银行理财子公司穿透后投向固定收益类理财产品存续规模21.87万亿元，占比97.33%（见表1）。从资产类别看，信用债是理财产品投资的主要标的，余额12.24万亿元，占比42.12%。现金管理类理财新规实施后，现金管理类理财产品发行规模稳步提升，2023年末存续规模8.54万亿元，占开放式理财产品的40.32%。值得注意的是，在各理财机构寻求产品同质化破局的大背景下，FOF类产品因具有分散风险、专业配置等优势，成为银行理财探索权益类资产投资的新抓手。截至2023年末，理财子公司存续的FOF型产品共224只。

表1　2023年末按投资标的分类的理财子公司存续产品情况　单位：万亿元、%

机构类型	固定收益类	混合类	权益类	商品及金融衍生品类	存续总规模
规模	21.87	0.52	0.04	0.04	22.47
占比	97.33	2.31	0.18	0.18	100

数据来源：《中国银行业理财市场年度报告（2023）》。

（五）产品费率趋于下降，投资收益增长

一是产品费率趋于下降。随着同业竞争加剧，理财产品费率呈下降趋势。截至2023年6月末，理财子公司产品综合费率平均约为0.38%，较成立时下降5个基点。其中，现金类、固收类、混合类理财产品综合费率分别为0.36%、0.40%、0.58%，较各类产品成立之初分别降低13个、2个和3个基点。二是投资收益小幅增长。受债券市场回暖影响，2023年理财子公司累计为投资者创造收益5242亿元，同比增长0.85%。

（六）母行是理财产品最主要销售渠道，客户以低净值、低风险偏好的个人投资者为主

一是销售渠道以母行为主。目前理财子公司产品销售主要依靠母行代销、他行代销和自销。2023年各理财子公司新发产品中，23家理财子公司由母行代销产品数量占比在50%以上。二是客户风险偏好整体偏保守。截至2023年末，理财产品投资者数量1.14亿户，同比增长17.84%，其中个人投资者数量

1.13亿人，机构投资者数量134.6万家，分别占比98.82%和1.18%。由于理财产品投资者主要为个人，且大多为母行存款客户，产品风险偏好整体较低，二级风险偏好及以上投资者占比51.35%。

三、理财子公司高质量发展的现实制约

近年来，理财子公司行业快速扩容，管理产品规模稳步增长，但也面临产品同质化、底层资产集中、负债久期偏短等问题。

（一）客户黏性不强，削弱理财市场内生动力

由于客户整体风险偏好较保守，加之同业竞争激烈、产品差异化程度不高，客户在不同理财机构和产品之间的转换成本较低，在2022年“破净”现象增多和净值回撤导致的赎回和避险情绪影响下，理财市场出现产品募集难问题。截至2023年末，全市场理财产品存续规模26.8万亿元，同比下降3.1%。

（二）底层资产集中，产品同质化特征较为明显

受客户结构特点以及自身专业人才储备、投研能力不足等因素制约，理财产品净值化管理通常以控制回撤为首要目标，投资标的主要集中于固定收益类资产，对股票、衍生品等市价波动相对较大资产的配置倾向不高，业务转型较为缓慢。截至2023年末，理财子公司产品投向现金及银行存款、债券、同业存单等固定收益类资产占比97.33%，同比提高1.74个百分点。

（三）负债久期偏短影响理财产品资产配置和差异化发展

相较于公募基金等其他类型资管产品，理财产品投资者对产品流动性、安全性的诉求高于收益性，导致理财产品集中于开放式或短期封闭式产品，负债端久期相对较短，底层资产则偏向于银行存款、债券等标准化、短期限、高流动性类资产。截至2023年末，理财子公司开放式理财产品存续规模占比79.84%，全年新发封闭式理财产品加权平均期限为288天至381天，较2022年下降51天至200天。

四、政策建议

（一）坚守发展定位，创新体制机制

一方面，理财子公司脱胎于商业银行，应尽快转变发展模式，坚持综合型资管机构的发展定位，以投资思维替代信贷思维，从看存量资产向看预期现金流升级，释放市场化经营活力。另一方面，理财子公司可以通过积极布局权益投资策略产品，增加权益类资产投资，为客户创造长期、稳健、可观的理财回报。同时可以参与股票、质押融资等

银行无法直接参与的资本市场融资业务，形成与银行业务的优势互补和差异化竞争。

（二）丰富产品体系，提高核心竞争力

一是进一步完善产品体系。在充分考虑不同客户类型以及其风险偏好、流动性偏好的基础上，探索研发现金管理型产品、定期开放式净值型产品，丰富产品类型，提升产品体验，打造有竞争力的产品体系。二是进一步提升投研能力。在构建系统性固收类资产研究框架的基础上，强化对投研理念、体系、队伍的建设，特别是强化人员的投研能力建设。

（三）优化监管制度，加强风险管理

一是优化监管制度。银行理财的内部治理与管理方式与证券体系资管机构存在较大区别，可以根据投资者结构、类型和理财产品特点，制定更加细化、有针对性的管理办法和细则，保障理财市场平稳健康发展。二是强化风险管理。理财子公司投资理念和管理流程仍在重塑过程中，建议出台相关管理规定，引导机构树立风险收益匹配理念，进一步完善各类风险管理工具，有效防范和应对各类风险。

资料来源：中国人民银行安徽省分行。

专题六

股票做市商交易制度的国际经验借鉴

2023年3月，我国股票市场正式实施注册制，资本市场体量逐步扩大，股票市场对实体经济的支持力度进一步加强。从国际经验看，引入做市商交易制度在防控股票市场异常波动和提供流动性支持等方面能发挥积极作用。虽然我国已在全国中小企业股份转让系统、上海证券交易所科创板和北京证券交易所（以下分别简称新三板、科创板和北交所）陆续开展股票做市交易试点，但做市商实力偏弱，做市交易规模较小，做市商盈利模式也不够清晰。本专题在对比欧美发达股票市场做法的基础上，分析国内做市交易面临的障碍，探索适合我国市场发展的股票做市规则和路径。

一、国外成熟股票市场做市制度实施情况

据统计，在全球56个主要证券市场和亚洲14个新兴证券市场中，分别有15个和3个市场采用做市商报价驱动机制。从交易产品看，欧美国家做市商制度历史悠久、交易品种多元，基本囊括所有FICC[①]和权益类产品。从收入贡献看，目前美国头部投行做市业务在非利息收入中的贡献保持在20%以上。从市场波动看，美国、德国和我国港股证券市场股价波动更为平稳（见图1）。

国外主要股票市场做市制度的特征分析

1. 做市商参与主体呈现多元化特征

与纽约证券交易所（以下简称纽交所）每种股票只能由一位指定做市商来负责的垄断型做市制度相比，由多位做市商负责做市的竞争型做市制度更受欢迎，如纳斯达克市场、伦敦证券交易所和法兰克福证券交易所（以下分别简称伦交所和德交所）均规定一只股票至少要有2家做市商。以纳斯达克市场为代表的国际交易所做市商主体类型呈现多样化特点，包括零售做市商、机构做市商、批发类做市商和区域性做市商等，如以高盛为代表的综合型投行和以沃途金融为代表的电子交易平台。

① 固定收益、外汇及大宗商品业务。

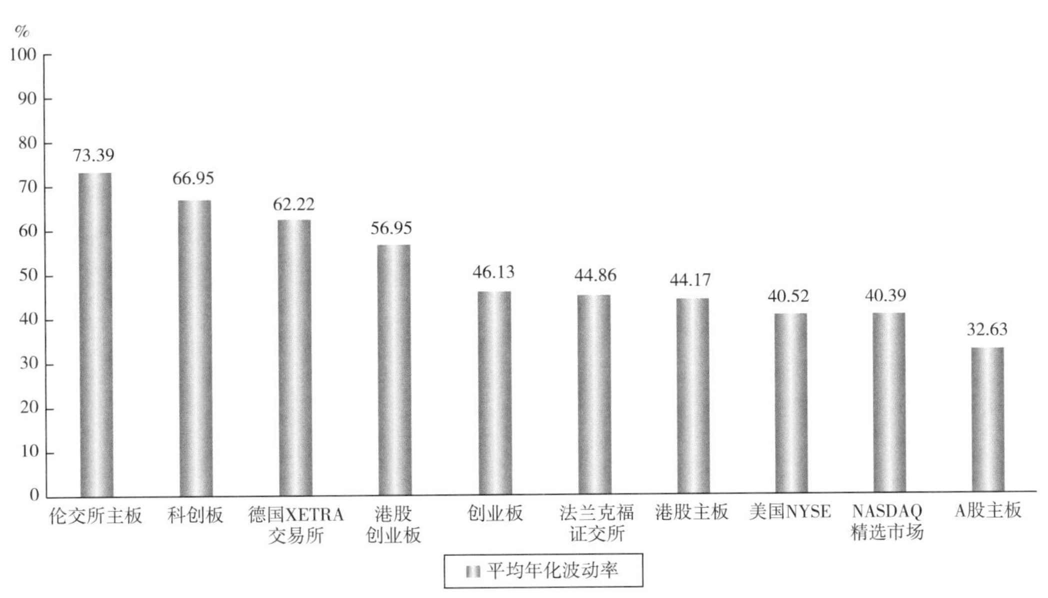

图 1　部分国家和地区的股市波动率对比

（数据来源：Wind 金融终端）

2. 做市商的准入条件和申请程序较宽松

纳斯达克市场、伦交所的做市商仅需向交易所或主管部门申请并注册即可，任何一家在 Xetra 系统的银行、经纪人公司或证券公司都可以申请成为德交所中一只或多只证券的指定做市商。纽交所为做市商设定了最低资本金 100 万美元的较低门槛，同时要求其拥有做市业务必需的软件设备。

3. 设立与做市业务相匹配的监管机制

纳斯达克市场由 5 个监管小组①对做市商委托报价、成交、报送等进行全方位监督，监管效率较高。伦交所中的 AIM 市场实行竞价与做市商制度的混合交易模式，其中做市商成交的每笔交易必须向交易所提交成交报告，包括成交时间、交易方向、证券数量以及成交价格等。信息披露方面，各国市场均严格规定做市成交报告应完整全面，并及时向市场公布。

4. 提供发行人利益补偿与责任豁免安排

做市商的成本和收益均衡是做市商制度能否维系的关键因素之一，也是做市商持续报价的动力。纳斯达克市场对做市商的补偿措施包括在交易中享受减免税费的特权、承销和配售便利、允许一定条件下做空等；德交所和纽交所则要求在股票流动性低于一定指标时，发行人必须引入做市商，发行人应

① 目前主要由 5 个小组负责做市商监管，分别是报价遵守小组、交易行为小组、交易分析小组、委托执行小组和市场监管小组。

支付一定费用作为补偿。责任豁免方面，伦交所规定做市商可超过持股的一般比例要求，伦交所和德交所均允许延迟披露大宗交易信息等（见表1）。

表1　国际主要股票市场做市商制度比较

交易所	纽约证券交易所（NYSE）	纳斯达克市场（NASDAQ）	伦敦证券交易所（LSE）	法兰克福证券交易所（FSE）
交易模式	竞价制度＋垄断型做市商制度：竞价制度为主，市场剧烈波动时才由做市商下场做市，采用人工撮合成交	竞价制度＋竞争型做市商制度：从传统竞价交易发展成混合交易，采用电脑撮合成交	竞价交易为主＋做市商交易为辅；流动性较高股票采用 SETS 交易系统（竞价交易），流动性一般股票采用 SETSqx 系统（混合交易），流动性较差股票采用 SEAQ 系统（做市商交易）	竞价交易＋类似做市商的指定保荐人制度
做市商资格	在 SEC 登记，最低资本金 100 万美元，拥有做市业务必需的软件设备	NASDAQ 会员，提交做市申请，并经 FINRA（金融监管局）同意	向交易所申请并注册即可成为做市商；除非交易所允许，否则机构应逐个申请成为单只股票的做市商	任何一家在 Xetra 系统交易的银行、经纪人公司或证券公司都可以申请成为一只或多只证券的指定保荐人
做市商数量	一只股票只允许一家特许做市商做市	一只股票至少要有 2 家做市商，交易活跃的股票可以拥有更多做市商，更考验做市商定价能力	主板市场无限制；AIM（类似我国创业板）和 ATT ONLY（暂无法在伦交所上市）市场中流动性一般股票的做市商不超过 2 家，AIM 市场流动性较差股票的做市商必须有 2 家以上	每天交易额低于 250 万欧元或者流动性指标大于 1% 的必须引入指定保荐人做市，56.96% 证券拥有至少 2 家指定保荐人
买卖价差要求	双方报价在最优买卖报价的既定百分比范围内	买价不得高于最优买价、卖价不得低于最优卖价一定比例（8% ~30%）	划分 5 类不同股票，所允许的最大差价为 5% ~10% 或 0.02 ~0.04 欧元	报价最大差幅是根据市场平均价差（平时最优买入委托与卖出委托之间的价差）水平制定，每周定期更新
做市商费用	每月按买卖金额支付比例费用	按月成交量收费，对积极报价的做市商降低收费	按做市交易买入金额比例收费	按做市交易买入金额比例收费

二、股票市场做市商制度在我国的发展情况

（一）我国做市商制度的发展历程

2001 年人民银行在银行间债券市场中率先要求报价商同时提供买卖双边报价，但做市商制度在我国股票市场中的起步并不算早。从场外股份做市交易看，新三板直到 2014 年 8 月才开始试点做市商制度，依托场外股份交易系统实行协议转让和做市转让并行的双交易制度。从场内股票做市业务看，2022 年 10 月科创板正式开展股票做市交易业务，首批 14 家做市商参与 42 只科创板股票的做市交易；2023 年 2 月，北交所 13 家做市商为首批做市标的的 36 只个股提供做市服务。

（二）不同股票市场做市商制度和实施情况

新三板、上交所和北交所在制定做市商制度时，均参考借鉴了国外资本市场做市商制度的成熟经验，并在市场准入、交易规则、激励机制等方面加以优化，但执行效果存在一定差异（见表 2）。

表 2　国内各股票市场做市商制度比较

交易市场	新三板	科创板	北交所
交易制度	场外做市业务，协议转让和做市转让并行交易。	场内做市业务，竞价交易为主 + 做市交易为辅。	场内做市业务，竞价交易为主 + 做市交易为辅。
市场准入	具备证券自营业务资格；设立做市业务专门部门，配备开展做市业务必要人员；建立做市业务管理制度；具备做市业务专用技术系统。	具有证券自营业务资格；最近 12 个月净资本持续不低于 100 亿元；最近 3 年分类评级在 A 类 A 级（含）以上；最近 18 个月净资本等风险控制指标持续符合规定标准。	采用会员备案制，经证监会核准取得上市证券做市交易业务资格的，开通北交所做市交易权限后，可以向北交所备案为特定股票提供做市服务。
交易规则	做市交易方式下，投资者之间不能成交。做市商应在全国股转系统持续发布买卖双向报价，申报股数不低于 1000 股（100 股的整数倍）；相对买卖价差不得超过 5% 或两个最小价格变动单位。	根据不同科创板股票在流动性、波动性等方面的差异，将科创板股票预先分成“高”“中”“低”三类，分别设置 1.5%、2% 和 3% 的申报买卖价差，最小申报数量不低于 10 万元。	申报股数不低于 1000 股；要求连续竞价阶段做市商的有效报价价差不高于 2%，集合竞价阶段价差不高于 3%。
激励机制	基于定期评价（月度、季度和年度）结果，适当减免做市商交易经手费。		

新三板方面，做市商制度引入初期流动性显著改善，后期又陷入低迷。2014 年 8 月前，新三板市场成交总体低迷，年均成交金额不足 20 亿元，换手率徘徊在 5% 左右。引入做市商制度后，2014 年 8—11 月换手率突增至 12.06%，2015 年总交易金额达到 1911 亿元，其中做市交易额占比 58%，但政策持续性效果不佳。至 2023 年末，新三板挂牌公司中选择做市商交易的企业仅 324 家，仅占全市场 6175 家挂牌企业的 5%。

科创板方面，不同市值股票做市效果存在差异。对首批 42 只开展做市交易的股票进行实证分析，从波动率角度看，相较于“未被做市”的股票，“被做市”股票的波动率出现了明显下降①（见图 2）；从流动性角度看，对于市值较小的“被做市”股票，流动性获得一定程度提升，而在大市值分组中暂未观察到做市股票流动性有明显提升。

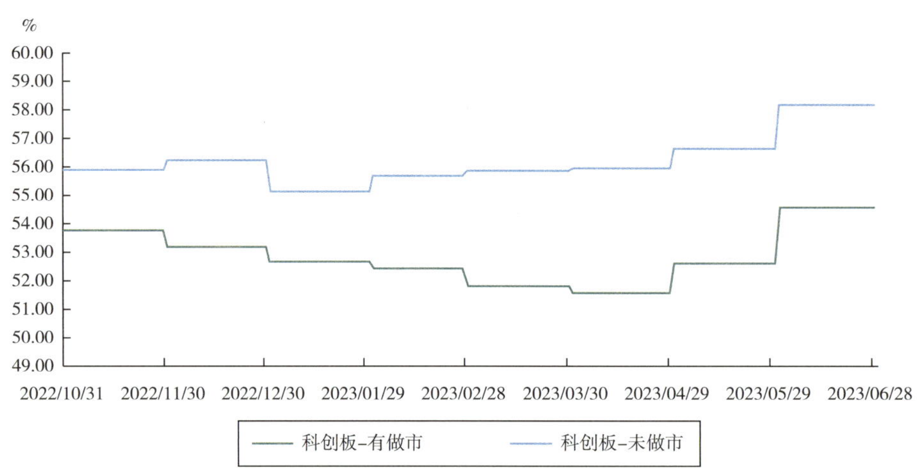

图 2　科创板不同市值股票年化波动率走势（2022 年 10 月至 2023 年 6 月）

北交所方面，做市商制度效果尚待时间验证。单从数据上看，2023 年 2 月 20 日做市交易启动当日，首批做市商买卖成交总额 2476.03 万元，其中 22 只北证 50 成分股做市成交 1928.19 万元，占比高达 77.87%。相较于启动前一周日均数据，业务首日做市成交金额增长 7.37%，平均价格上涨 1.66%。至 2023 年末，北交所做市股票备案 198 单，涉及股票 88 只，与做市商加入前相比，做市标的股票日内换手率提高 34%，相对买卖价差、日内波动率分别下降 18%、7%。

（三）当前做市商制度运行中存在的问题

1. 机制层面：做市商权利与义务不匹配

做市商是逐利性质的金融企业，做市业

① 2023 年 4—6 月，A 股市场沪深指数出现大幅波动，科创板指数更是出现单边大幅下跌走势。因科创板做市交易试点刚刚起步，个股做市交易规模占比较低，做市交易稳定价格的功能未能有效发挥。

务致力于提供流动性的业务特性与企业的盈利目标难免发生冲突。一方面，优质企业并不缺少流动性，参与做市交易积极性不高；相反，劣质企业可能亟需流动性，但做市商参与做市业务意愿不强，做市业务本身的需求和供给就存在偏差。另一方面，相较于自营交易，现行做市交易券商承担双向报价义务，但未能充分享有相应权利，导致做市商的风险清晰而收益预期模糊。

2. 市场层面：做市商准入门槛较高

从国内运行情况看，目前科创板的做市业务试点情况最为理想，但获得做市资格的券商却不多，市场缺乏良性竞争。一方面，科创板申请做市商的标准最高，其中“最近三年分类评级在 A 类 A 级（含）以上”就将众多意向券商挡在做市业务门外。另一方面，做市业务前置成本过高。做市业务系统的适应和响应速度、做市定价能力等均需券商投入大量前期资金和积累长期的业务经验，目前高频交易流行也要求做市商配备较强的股票研究和信息科技团队。

3. 业务层面：盈利制约较多影响做市商积极性

一是持有底仓范围较窄。做市双向报价需要持有标的公司底仓，做市商自身持券会面临存货波动风险。虽然科创板和北交所允许做市商融券以规避存货风险，但出借人仅限于证券金融公司、公募基金、社保基金等机构法人。二是借券成本较高。即使将证券出借费率压降至零，按照转融通/借券规则，做市商仍需支付底仓金额年化 0.6% 以上的券息。三是做市业务交易成本过高。做市日内价差策略以被动成交为主，以买卖均衡作为目标，但做市成交额中的卖出部分需缴纳税费，税后损益较难平衡。四是市场中的衍生对冲工具匮乏。绝大部分情况下做市商仅能进行相同股票的日内被动买卖，当市场出现单边趋势性行情时容易导致亏损。

4. 风控层面：做市商多重身份缺少有效的风险隔离

现阶段国内券商兼具服务提供商、普通投资者和做市商等多重身份，做市业务可能会与自营业务、投资银行业务、经纪业务存在利益冲突。尤其当单只股票存在多家做市商、累计做市成交规模占比越来越大时，做市商可能会出现因利益冲突或滥用信息优势地位影响做市股票价格走势、扰乱市场秩序等行为。

三、政策建议

（一）持续完善退市机制，提升上市公司质量

做市商制度仅是交易制度的改革和优化，并不会带来上市公司内在价值以及资本面的根本性变化。应引导市场参与方重点关注企业的经营情况和发展前景，坚持价值投资理念，摒弃炒小炒烂的投资惯性。此外，随着新股发行注册制的全面落地，还应持续

完善与上市标准相匹配的退市机制，加大退市监管力度，推动市场的优胜劣汰机制发挥作用。

（二）适当降低交易门槛，增强市场投资活力

可以先逐步放宽北交所做市商准入标准，再分批放松科创板等其他板块的做市商标准，时机成熟后还可允许其他有能力的专业投资机构成为做市商。此外，降低个人投资者准入门槛，探索以股票投资交易年限作为衡量合格投资者的标准，淡化投资者个人财力要求，在科创板中选择认可度高、盈利能力强的企业试点个人投资者做市交易。

（三）平衡做市权利义务，提高做市商积极性

建议加大做市商激励力度，赋予相适应和匹配的权利。除减免交易费用外，还可尝试允许增加做市交易量获得印花税部分返还或减免，或在发债、再融资等方面给予适当优惠等，鼓励做市商更好执行市场交易量盘活的角色。同时，进一步优化做市交易制度，开拓利润增长点，允许做市商向个人控股股东借券，增加股票有效供给，破解底仓对冲难题。

（四）规范内部业务联动，严厉打击异常交易

督促做市商协调好做市与自营、投行、经纪业务之间的关系，清晰划分做市与自营交易的界限，统筹考虑业务规模和底仓水平，避免出现价格合谋。监管方面则应持续完善异常交易监测机制，升级金融科技手段，实时监测做市股票价格和交易量的异常波动，严厉打击做市商操纵股价行为。

资料来源：中国人民银行江苏省分行。

专题七

我国上市公司股份减持制度分析及建议

作为资本市场重要的基础性制度，我国上市公司股份减持制度日趋成熟，在维护市场稳定、保护投资者合法权益等方面发挥着重要作用。但近年来上市公司股东集中减持套现问题引发市场高度关注，不仅严重影响中小股东对公司经营的合理预期，而且也对二级市场投资者信心产生冲击。本专题以上市公司股份减持行为应受合理限制为研究出发点，梳理我国股份减持制度的发展历程与存在的问题，分析借鉴资本市场发达国家地区经验做法，探索适合我国资本市场特点的减持制度完善路径。

一、我国上市公司股份减持制度发展历程

以标志性事件为时间节点，我国上市公司股份减持制度发展可以大致划分为四个阶段。

（一）第一阶段：2005 年股权分置改革前

2005 年股权分置改革之前，我国 A 股市场存在非流通股和流通股两类股份，非流通股主要通过协议转让方式进行减持，流通股则可以通过集合竞价、大宗交易进行减持。由于 A 股股票价格由流通股决定，在非流通股占比较大且未进入二级市场情况下，非流通股的减持对市场冲击较小，因此监管部门制定的股份减持制度相对较少，出台的制度文件主要有《关于加强对上市公司非流通股协议转让活动规范管理的通知》《上市公司非流通股股份转让业务办理规则》等。

（二）第二阶段：2005 年股权分置改革后至 2013 年新股发行体制改革前

2005 年 9 月，证监会启动股权分置改革，制定《上市公司股权分置改革管理办法》等制度，在解决原非流通股上市交易问题的同时，也规定了原非流通股份上市交易的限售期。2007 年，证监会发布董监高股份变动规则，细化《公司法》《证券法》的内容，进一步丰富股份减持相关规定。2008 年 4 月，原非流通股经过 1 ~2 年的限售期陆续解除限售进入二级市场流通，为了减少该类股份减持对二级市场的冲击，证监会发布《上市公司解除限售存量股份转让指导意见》，规定股东

出售存量股份数量超过该公司股份总数1%的，须通过大宗交易系统转让。为了避免集中减持，证监会还制定了《上市公司股东发行可交换公司债券试行规定》，对大宗交易进行减震。

（三）第三阶段：2013年新股发行体制改革后至2015年7月

2013年底伴随新股发行体制改革，投资者保护被放到更加重要位置。国务院要求“建立限售股股东减持计划预披露制度，在披露之前有关股东不得转让股票”，证监会也在《关于进一步推进新股发行体制改革的意见》中对大股东减持提出新的规范，并推出股东公开发售制度。2014年2月，证监会废止了2008年发布的《上市公司解除限售存量股份转让指导意见》，其中限售存量股份又可以通过集中竞价方式进行减持。

（四）第四阶段：2015年7月至今

因A股市场发生剧烈变动，为了维护市场稳定，2015年7月证监会临时要求上市公司大股东及董监高6个月内不得通过二级市场减持股份。2016年1月，在上述临时措施到期时，证监会发布《上市公司大股东、董监高减持股份的若干规定》，并于2017年5月进一步修订。2024年5月，证监会发布《上市公司股东减持股份管理暂行办法》《上市公司董事、监事和高级管理人员所持本公司股份及其变动管理规则》，将原有的规范性文件上升为部门规章，并明确因离婚、解散、分立等分割股票后各方持续共同遵守减持限制，同时细化了违规责任条款。

经过长期的发展和实践，我国上市公司股份减持制度体系不断健全，已经形成了包括《公司法》《证券法》等法律，证监会规章、规范性文件和证券交易所自律规则在内的一套规则体系，涵盖了对控股股东、持股5%以上股东，持有IPO前发行股份、上市公司非公开发行股份的股东，董事、监事、高级管理人员在内的相关人员的锁定期安排，以及在集中竞价、大宗交易、协议转让、非交易过户等四种主要减持方式下的减持比例限制等，明确了禁止或限制股份减持的情形，进一步完善了信息披露要求，并针对未按规定报送有关报告或者履行信息披露义务、在限制转让期内转让证券或者转让股票不符合相关规定的行为，制定了明确的行政处罚规定。

二、发达国家或地区股份减持制度及借鉴

纵观国际上资本市场发达国家或地区股份减持制度的发展历程，美国是最早建立起较为完备的股份减持法律法规体系的国家，其中最具代表性的是《1933年证券法》之“144号条例”，成为很多国家制定减持规则的重要参考。21世纪以来，日本国会对《证券交易法》进行了大规模的废改立，并于2006年出

台《金融商品交易法》，进一步明确股份减持有关规定。

（一）美国

“144 号条例”对持有上市公司股份超过 5% 的大股东、高管、董事等关联方以及从关联方获取限制性证券者，在卖出限制性证券时有以下规定。一是满足锁定期要求，持有一年后才能卖出。二是抛售股票前要进行充分的信息披露。三是一年锁定期满后，每 3 个月可以出售的股份数额不能超过同类已发行股份的 1% 或 4 周内平均周交易量（美国三大交易所交易）的较大者。对于柜台交易的股票，包括在场外市场交易的只能按 1% 的数额出售。四是必须为普通的经纪交易，经纪人不能收取高于正常水平的佣金，以防止利益输送。五是如果 3 个月内的交易量大于 500 股或总交易额大于 1 万美元要填写书面申请并上交给美国证券交易委员会（SEC）。在处罚方面，“144 号条例”规定每违规一次处以 10 万美元的罚款，情节严重者还面临最多五年的监禁。

（二）日本

《金融商品交易法》规定持有上市公司股份超过 5% 的属于大股东，当大股东持股情况发生变化时应当披露信息；当持有比例增加或减少 1% 以上时，应于 5 日内向当局报送变更事项的报告书。同时，对违反披露制度的减持行为采取如下措施。一是罚款，即该法第 172 条规定，不提交变更事项报告书或虚假记载时，将被责令向国库缴纳一定数额的罚金；二是刑罚，即该法第 197 条规定，对在信息公布前获取内幕消息并进行交易的违法者，会被处以最高五年的有期徒刑或者五百万日元以下罚金，甚至两者并罚。

发达国家或地区的股份减持制度均本着公平、公正、公开原则，最大限度保护二级资本市场投资者的充分知情权。一方面，这些国家或地区的股份减持制度都有着清晰的立法目的和规制思路，高度重视并主要通过信息披露来保护投资者的合法权益，可以说信息披露是这些国家和地区证券监管的基石。另一方面，这些国家或地区对违反信息披露制度的违法行为，都引入了严厉的处罚措施，甚至采取刑罚惩戒机制，极高的违法成本能够有效遏制各种违规减持行为。

三、我国现行股份减持制度有关情况分析

对标资本市场发达国家或地区的股份减持制度，我国现行股份减持制度在刑事责任追究、信息披露以及对变相减持的识别规制等方面仍需进一步完善改进。

（一）变相减持行为的定性标准不够明确

近年上市公司内部人的减持行为逐渐呈现复杂化趋势，特别是一些减持行为与各种

内幕交易、市场操纵等行为相互交织，一定程度上构成变相甚至恶意减持。如2023年9月，某公司上市首日被融券做空事件[①]引发市场对变相减持的很大反响与质疑。为了严厉打击各类“绕道减持”行为，《上市公司股东减持股份管理暂行办法》对市场反映较为强烈的诸如技术性离婚减持、转融通出借、融券减持等行为加以规制，但对上市公司变相减持行为并无明确定义标准，加之我国《证券法》对违规减持和内幕交易、操纵市场等不公平交易行为在惩罚措施与力度上存在较大差别，进而会出现利用变相减持进行内幕交易和虚假陈述以规避法律制裁的情形。

（二）违规减持的代价成本较低

对于违规减持行为，相关责任主体主要承担的是行政责任，且交易所承担对违规大股东制裁的主要职责，制裁的具体形式多以监管函、通报批评、公开谴责、警告和罚款为主，导致各类违规减持行为“代价”较低，与违规主体的减持获利差距悬殊。如某上市公司大股东通过集中竞价交易方式减持公司股份套现近30亿元，因未严格执行预披露制度而被监管部门处罚仅2亿元，减持获利与违规成本严重不匹配，对中小投资者信心产生负面影响。

（三）信息披露制度尚不健全完善

一方面，减持信息预披露制度的规制范围有限。目前减持信息预披露制度适用于通过集中竞价交易或者大宗交易减持股份的大股东和董监高，对于特定股东以及协议转让、非交易过户等其他减持行为并没有明确的预披露时间和内容要求，这导致相关责任主体容易钻制度的漏洞，利用变相减持甚至恶意减持的方式来谋取不正当利益。另一方面，信息披露制度的执行力度不强。梳理上海证券交易所的监管案例发现，违反信息披露制度的减持案例占比超过六成，而减持行为不透明大概率会滋生内幕交易、操纵市场等证券违法犯罪行为。

（四）部分上市公司内部治理不规范

部分上市公司内部治理缺乏有效性，特别是在决策、执行、监督方面存在明显短板，其大股东和董监高作为上市公司的“关键少数”，未在公司经营发展、治理运行中承担起应有的义务和责任，而是将上市作为获取暴利、圈钱的途径。公司一旦上市，个别大股东及董监高的重心不在提升公司经营、促进公司高质量发展上，而是解禁期一到迅速减持套现，损害二级市场投资者利益。

① 操作模式和流程：在IPO过程中认购战略配售股票的公司高管和核心员工，在上市首日通过其设立的资产管理计划将获配售的几乎全部公司股票出借给证券金融公司，证券金融公司随即将股票转融券给证券公司，之后投资者（包括个人投资者、私募基金等）从证券公司融券对公司股票进行卖空，最终导致该公司股价在上市后的11个交易日内大幅下跌，与首日高点相比接近腰斩。

四、完善我国上市公司股份减持制度的建议

（一）加大上市公司违规减持行为惩治力度

一是丰富监测监管手段。积极利用大数据、人工智能等技术，建立更加科学有效的监测预警体系，构建以科技为支撑的监管执法模式，提高执法效能。二是对恶意减持惩治上升至刑法规制。对需要承担刑事责任的恶意减持行为制定明确标准，明确何种恶意减持行为应受刑法规制及在恶意减持行为中需要承担刑事责任的人员范围，设定相应的量刑情节。三是凝聚部门监管合力。加强金融管理、公安、司法、市场监管等部门间的协同配合，进一步完善信息共享机制，强化行政执法与刑事司法配合衔接，形成高效打击违规减持行为的合力。

（二）健全完善减持信息披露等相关制度

进一步扩大预披露制度的适用范围，加强对新型变相减持行为的信息披露要求，对与变相减持相关的各类交易行为的信息披露予以特别关注，并明确其信息披露内容，特别是协议转让与非交易过户等也应明确并遵守减持前的信息预披露义务。

（三）提升上市公司内部治理水平

一是压实大股东及董监高责任。督促上市公司大股东和董监高增强回报投资者的意识，在提升公司经营、改善公司治理状况等方面切实承担其相应的责任，有效发挥决策、执行、监督机制。二是指导上市公司健全内控制度。上市公司应加强对大股东及董监高等内部人进行职业道德和减持制度的普及教育，引导其规范自身行为、诚信行事。三是加强内幕信息保密。上市公司应严格把控公司内幕信息的知悉范围，在决策、上传下达、执行等环节严防信息外露。

资料来源：中国人民银行山东省分行。

专题八

内地居民赴港投保面临的问题与风险隐患

疫情防控平稳转段后，内地居民赴港购买保险产品明显升温。香港保单具有预期收益率高、产品设计灵活、保费折扣力度大等优势，但是内地居民盲目投资香港保单也存在未来收益和保单权益实现不确定、汇率利率风险等诸多问题，资金出境过程可能涉嫌违反个人外汇管理相关规定，若无序发展还可能诱发内地保险公司价格战，催生各种违法违规乱象。

一、赴港投保规模增长的原因分析

根据香港保险业监管局统计数据，2023年内地居民新单恢复至疫情发生前同期（2019年）的56.6%；新单保费超过疫情发生前同期水平。

（一）跨境人员流动恢复正常后的需求释放是主要原因

前期受新冠疫情等因素影响，香港与内地之间人员交流受阻，内地居民购买香港保险规模跌至历史低位。内地与香港全面恢复通关后，内地通关人数大幅增加，赴港购买保险有所升温。香港旅游发展局数据显示，2023年内地访港旅客人数达2676万人次，同比增长70倍。2023年香港新单保费规模远超疫情3年的总保费规模。

（二）香港保单对内地居民特别是中高净值人群具有较大吸引力

终身寿险是内地居民赴港投保的主要产品，一般以分红型呈现，香港保险资金可以全球化配置且风险偏好较高（权益类资产占比可达七成），此类终身寿险保险公司一般承诺至少将90%的收益用于分红，近年分红实现率更是接近100%，其演示的中长期预期年化收益率可达6%～7%。虽然内地保险公司也有类似储蓄分红险产品，但资产配置监管更为严格，投资主要集中在银行存款、国债等固定收益类资产以及部分权益类资产、不动产，无法全球化配置，收益率一般为3%～3.5%，与香港类似保险产品的收益率差距较大。产品设计方面，香港保险产品设计更为灵活，如终身寿险大多支持多币种转换，能够分散单一货币风险，且包含保单分拆、分红锁定、多种身故赔偿支付选项等条款，能够满足中高净值人群全球化投资需要以及子女教育、养老规划、财富传承等方面的个性化需求。

（三）香港保险公司加大政策优惠力度进一步助推赴港投保热潮

一是给予高额的保费折扣。据媒体报道，香港部分保险公司对危疾险最高可给予 5 个月的保费折扣，储蓄保险 5 年期产品最大保费折扣可达 25%、10 年期可达 27%。二是推出各种优惠政策和服务。多家香港保险公司向内地居民提供降低最低保额要求、适用简易核保程序、放宽医疗核保要求、消费出行提供优惠便利等各种政策和服务。

（四）内地与香港保险市场互联互通政策预期为内地居民赴港投保提供信心支撑

2022 年 12 月，香港特区政府发布《香港保险业的发展策略蓝图》，表示正争取在广东南沙和前海等地成立保险售后服务中心，为持有香港保单的人士提供各类支持，并将进一步研究实现连接内地与香港保险市场的可行模式。2023 年 2 月，人民银行、银保监会、证监会、国家外汇管理局和广东省人民政府联合发布《关于金融支持前海深港现代服务业合作区全面深化改革开放的意见》，提出进一步完善跨境保险业务，加快在前海合作区设立粤港澳大湾区保险服务中心。相关政策强化了内地与香港保险市场将逐步联通的预期，部分消减了内地居民对香港保单理赔的后顾之忧。

二、赴港投保面临诸多问题和风险隐患

（一）内地居民赴港投保面临诸多市场风险

一是收益不确定性风险。虽然香港保险产品预期收益较高，但其中保险公司承诺兜底的保证收益一般仅为 0.2% ~1.3%，其他则为非保证收益，最终实际收益率存在较大不确定性。二是汇率风险。香港保险大部分保单涵盖人民币、美元、英镑等多种全球主流货币，保单货币可自由转换，但投保人需自行承担外币汇兑风险。三是“保费融资”模式蕴含利率风险。香港保险投资存在“保费融资”模式①，投保人只需用少量自有资金即可获得高额的风险保障，且只要贷款利率低于保单收益率，投保人还能获得额外的利差收益。但随着香港贷款利率上升，“保费融资”的利差空间被进一步压缩，甚至可能出现成本收益倒挂。据香港保险业监管局统计，2023 年上半年内地居民的新单保费中，有 27% 的保费涉及香港银行机构提供的融资安排。

① 即投保人向银行贷款用于支付保单保费，将保单作为抵押物由银行保管。

（二）续保和权益实现方面存在较多问题

一是无法及时缴纳保费风险。2023 年 97% 的内地居民新单采取期交方式支付，但后期可能因跨境支出限制、打击地下钱庄交易等不可控因素而无法及时交纳续期保费，最终导致保单失效。二是可对接的内地医院较少。主要是大中城市的三甲医院、私立医院和部分二甲医院，一些市级或县级地区没有对接医院。三是维权成本较高。当前内地法律不保护香港地区保单权益，一旦发生纠纷内地居民需要前往香港进行维权，法律诉讼费、交通费等成本较高。四是香港地区尚未建立起完善的行业保障基金制度，一旦香港保险公司破产，保单持有人利益将面临不确定性①。

（三）资金出境过程涉嫌违反现行个人外汇管理相关规定

香港保险产品一般以美元或港币计价付费，内地居民购买香港保险需要先进行购汇。根据外汇管理局个人购汇相关监管政策，内地个人办理购汇业务时不得用于购买人寿保险和投资性返还分红类保险等尚未开放的资本项目。此外，部分内地居民通过地下钱庄将资金汇往境外，然后再进行购买香港保险等投资，涉嫌非法买卖外汇。

（四）易诱发内地保险机构恶性竞争

近年来，金融监管部门对内地保险公司进行多轮指导，要求保险公司下架高收益率人身险产品，目前内地保险公司普通型、分红型人身险产品的预定利率上限分别为 3%、2.5%，万能险最低保证利率不能高于 2%。一方面，内地和香港保险产品利差进一步扩大，容易强化金融消费者漠视风险、片面追求境外金融产品高预期收益的行为。另一方面，此举可能影响内地保险公司保费收入，并诱发内地保险公司开展恶性竞争，通过各种违规方式变相提供高利率保险产品。

（五）易催生各种违规展业乱象

随着内地居民赴港投保日益增加，可能会产生各种违法违规行为，侵害内地居民合法权益。例如，以香港保险代理人身份向内地客户收取保费后卷款潜逃、违法在内地销售香港保险导致内地居民陷入“地下保单”②陷阱、不当销售影响内地居民保单权益的最终实现等③。

---

① 根据香港《保险业条例》第 46 条规定，一旦香港保险公司破产，破产保险公司要将经营的长期业务（存量保单）转让给其他保险公司。但由于缺乏保险保障基金兜底，保单持有人利益存在不确定性。

② 指保险公司、保险代理人或保险经纪人未经监管部门批准，在内地向居民销售的香港保险。

③ 2023 年 5 月，香港保险业监管局在《监管通讯》2023 年第 7 期“保单持有人专栏”中提醒潜在的内地保单持有人重视以下三条关键经验：保费要直接向获授权保险人而不是向保险代理支付，不要参与香港人寿保险在内地的任何销售活动，不要与非持牌的保险销售人员接洽。

三、政策建议

（一）及时对内地居民赴港投保行为发布风险提示

加强对内地居民赴港投保行为的跟踪监测，及时进行风险提示，引导金融消费者全面了解赴港投保可能面临的各类风险隐患，提醒结合自身实际理性投保消费，避免盲目跟风造成投资损失。

（二）推动粤港澳三地保险市场融合发展

积极落实《横琴粤澳深度合作区建设总体方案》《关于深圳建设中国特色社会主义先行示范区放宽市场准入若干特别措施的意见》《关于金融支持前海深港现代服务业合作区全面深化改革开放的意见》等文件精神，进一步完善跨境保险业务，推动深港澳地区保险市场互联互通。

（三）丰富满足内地居民需求的金融产品供给

引导保险公司回归风险保障本源，指导内地保险公司在稳健发展传统业务的基础上，积极探索以满足企业及个人多层次、多样化的保险保障需求，提供差异化的创新金融产品，通过市场化方式引导金融消费者理性投资。

（四）持续监测和打击违规展业乱象

加强与香港保险监管部门的沟通协作，联合加强对“地下保单”的监测、调查和监管。压实香港与内地保险从业人员的主体责任，切实做好教育警示。对怂恿、诱导和协助内地居民通过非正规渠道购买境外金融产品的金融机构和从业人员，加大打击和惩处力度。

资料来源：中国人民银行广东省分行、北京市分行、深圳市分行。

专题九

巨灾保险的国际经验及我国探索

巨灾保险制度是指对因地震、台风、洪水等重大自然灾害引发的大面积财产损失和人身伤亡给予保障的一种风险分散制度。2015 年起，我国开始探索建立地震巨灾保险制度，此后部分地区先后采取不同的形式试点巨灾保险，但仍处于起步阶段，保险保障水平远低于国际平均水平。瑞士再保险 2020 年数据显示，保险赔付在巨灾造成的经济损失中的占比，欧美地区约为 40% ~60% 、亚洲地区约为 27% ，中国则不到 10% 。国家防灾减灾救灾委员会核定，2023 年全年我国各种自然灾害共造成 9544.4 万人次不同程度受灾；倒塌房屋 20.9 万间，直接经济损失 3454.5 亿元，与近 5 年均值相比，倒塌房屋数量、直接经济损失分别上升 96.9% 、12.6% 。近年华北、东北遭受严重暴雨洪涝灾害，浙江、福建、广东、广西等沿海省份受台风影响较大，西南、北方、西北等地出现阶段性干旱。推行巨灾保险制度、充分动员社会力量与政府救助以解决保、防、救、赔等难题刻不容缓。

一、当前国内外巨灾保险运行和试点情况

（一）国际巨灾保险运行模式

国际巨灾保险运行的主要模式包括政府主导、商业化运作、政府与其他机构联合三种模式。

第一种模式是美国加州地震保险局为代表的具有公共部门色彩的公司化组织。比如，1996 年美国加州成立的加州地震保险局便是政府特许经营并参与管理，享受免税待遇。其与风险建模公司合作，采用差异化定价模式，强制为房屋、室内财产以及地震造成的额外生活费用提供保险保障。加州地震保险局采用“公司化运作”，由保险公司本着自愿原则根据其市场份额参股筹资组建，并承诺在极端情况出现时按照约定承担一定比例的损失。

第二种模式是巨灾保险的商业化运作模式。比如，英国政府在 20 世纪 60 年代初推出的采取商业化运作的洪水保险。政府的主要责任是通过兴建洪水防御设施等不断加大防

洪投入力度以尽可能降低洪水风险，政府并不参与洪水保险的日常运营和管理，也不承担有关风险。由于英国具有发达的保险体系，使得洪水保险的纯商业化运作成为可能。

第三种模式是政府与其他机构联合运作巨灾保险。比如，土耳其巨灾保险共同体是由土耳其财政部、私人机构和学术组织的人员组成的非营利机构。一方面，该平台负责建立国家巨灾风险模型，制定地震保险精算费率体系，设计保险基金规模和风险转移机制等，同时开展防灾减灾研究并推动抗震标准的普及。另一方面，平台采用外包模式开展运营，土耳其巨灾保险共同体将地震保险的保单销售和市场推广委托给保险公司及其代理人负责，相关地震保险的损失评估委托由保险公估机构负责，其自身的运营管理则通过招标委托给外部机构。

（二）国内巨灾保险设立情况和试点模式

2015 年，中国城乡居民住宅地震巨灾保险共同体成立，开启保险业建立巨灾保险制度的有益探索。2024 年，国家金融监管总局、财政部将巨灾保险责任由地震扩展至台风、洪水、暴雨、泥石流、滑坡等灾害，住宅地震共保体更名为中国城乡居民住宅巨灾保险共同体。同时，支持巨灾保险共同体提供商业保险补充，推动构建政策性巨灾保险和商业性巨灾保险相互补充的保障体系。

目前，我国已有 15 个省、74 个地市开展了不同形式的综合性巨灾保险试点，大致可分为三类模式，即民生模式、指数模式和混合模式。**民生模式**，以深圳、宁波为代表，是指由地方财政出资购买针对本地区常住居民的人身伤亡抚恤、家庭财产损失和人员安置费用的公共巨灾保险。巨灾发生后，保险公司负责对居民的生命财产受损情况进行定损，并向居民赔付。**指数模式**，以广东、武汉为代表，是以地方财政为投保对象，并建立巨灾指数，当本地区台风、暴雨等自然灾害达到约定的指数时，保险公司无须针对具体受灾情况定损、直接向地方财政进行赔付，地方财政再根据实际需要自行分配资金进行救灾或赔偿救助工作。**混合模式**，以浙江、河南为代表，综合了民生模式和指数模式，保险既要负责对居民具体受灾情况开展定损赔付，也需要根据巨灾指数向地方财政进行赔付（见表 1）。

表 1　国内主要巨灾保险试点运行模式

模式	民生模式	指数模式	混合模式
代表地区	深圳、宁波	广东、武汉	浙江、河南
投保人	地方财政全额出资		
承保人	多家财产险公司组成的共保体		
投保对象	常住居民生命财产安全	地方财政	常住居民生命财产安全和地方财政
赔付标准	居民生命财产发生损失	灾害达到指数标准自动触发	两者混合
理赔方式	共保体根据实际定损情况向居民支付赔偿	共保体无须勘验定损直接向地方财政支付赔偿	两者混合

二、进一步推广巨灾保险试点的优势与经验

一是国际国内有较为成熟的模式可供借鉴，保险公司也积累了丰富的实践经验。美国既有联邦政府牵头设立的全国洪水保险，也有州政府牵头设立的飓风减灾保险、地震保险等。日本则建立了相对健全的地震保险制度。此外，英国、法国也都建立了巨灾保险制度。国内试点地区都对巨灾险种、保障范围、赔付对象、风险分摊机制等做了探索。保险公司通过参与地方试点，在巨灾保险产品设计、赔付标准、理赔流程、风险准备金、防灾减灾服务体系等方面积累了丰富的实践经验。

二是巨灾保险能够化解财政支出计划性和救灾成本不确定性之间的矛盾。财政预算管理体制决定了政府支出具有"提前计划、批准使用"的特征，而巨灾风险则具有发生的偶然性、后果的灾难性、影响的普遍性等特征。一旦发生巨灾风险，地方政府需要承担抢险救灾、人员安置、救助抚恤、灾后重建等诸多财政支出，很容易短时间内加大地方财政压力。建立巨灾保险则可以平滑财政支出，实现财政预算平衡的相对稳定。

三是巨灾保险能够充分调动市场专业力量协助政府共同解决救灾难题。经过多年发展，保险行业积累了较长时间的观测数据用于支持风险评估，也逐步构建了包括保、防、救、赔的一体化服务体系，能够帮助政府解决部分救灾难题。例如，在灾害来临前，保险公司能够提前开展风险排查、采取标准化防损减损措施；灾害发生后，保险公司能够快速、充分、精准地提供损失补偿，协助政府开展受灾群众生活救助、受灾地区灾害重建等。

四是保障范围可以根据各地情况个性化定制。宁波、广东、浙江的巨灾保险通常涵盖地震、暴雨、台风、洪水等常见的地质灾害。广西的保险除覆盖常规的台风、强降雨外，还涵盖了新冠疫情等突发公共卫生事件风险。有的地区受限于地方财政实力和地质条件差异，仅对单一灾害试行巨灾保险，如四川在汶川大地震后建立了城乡居民住宅地震巨灾保险，武汉建立了强降水指数保险。

五是部分地区配套建立巨灾保险基金作为巨灾保险的补充。在巨灾保险基础上，宁波等财政状况较好的地区还设置了政府引导、社会捐助的巨灾保险基金，主要用于补偿超过保险公司赔偿限额范围的居民人员伤亡抚恤和家庭财产损失救助。同时建立巨灾风险准备金制度，实行专户管理、独立核算、逐年滚存，用于大灾年份赔款储备。

三、政策建议

一是制度先行，切实做好立法保障和制度安排。从国际经验看，各国多有立法支持巨灾保险发展，特别是支持早期发展。日本

自1934年起陆续发布《地震制度纲要》等多部法规，并推动设立地震保险专门委员会，开始全面推广地震保险。新西兰1994年发布《地震委员会法案》，并将原有地震和战争委员会更名地震委员会，专司地震保险事务。土耳其政府2000年在世界银行帮助下开展了政府、保险公司和国际组织合作建设巨灾保险制度的尝试，设立土耳其巨灾保险共同体并颁布《强制地震保险法令》，规定所有市区住宅建筑物均需参加保险。

二是推广建立单一险种或单一区域试点巨灾保险，配套建立巨灾保险基金和风险准备金制度。试点经验表明，巨灾保险在帮助政府提高应对重大灾害风险能力等方面大有可为。建议在全国范围内未覆盖地区进一步推广开展巨灾保险试点，试点省市综合考虑地区自然条件、地方财力、应急力量等因素，研究论证巨灾风险发生概率和潜在损失，从单一险种或单一区域等小切口出发建立巨灾保险。在试点建立巨灾保险基础上，配套建立政府引导、多方参与的巨灾保险基金和巨灾风险准备金，形成包括商业保险、社会资金、政府救助金等多层次的巨灾保险保障机制。

三是巨灾保险涉及面广、专业性强，需因地制宜探索开展。巨灾保险建设过程中涉及社会领域的地质条件、宏观气候变化、城市基础设施等基础情况，需要试点地方政府综合考虑地方财力、预期损失、资源调配能力等多方面因素科学合理决策，因地制宜设计巨灾保险模式。此外，还需要进一步加强巨灾形成机理、孕灾环境、致灾条件和期望损失等方面的基础研究，通过有效整合各相关部门基础数据构建精准的巨灾模型、事先谋划防灾减灾的措施，确保灾后政府救援部门与保险公司分工协作，形成救灾合力。

资料来源：中国人民银行北京市分行、河北省分行。

专题十

气候物理风险压力测试方法探索与应用

——基于海南台风灾害的研究

气候变化已成为21世纪人类面临的最严峻挑战，无论是渐进性的气候变化还是突发性的自然灾害均对经济增长、金融稳定造成严重损害。当前各地气候异常事件频发，气候正呈加速变暖之势，气候变化的物理影响已引发台风、洪涝、热浪、野火、干旱等多种“急性”风险事件，造成资产价值下降或损失，不仅影响宏观经济，而且还会通过多种渠道向金融体系传导，成为系统性金融风险的重要来源。在此背景下，量化评估气候物理风险对金融体系的影响，特别是监测评估“急性”风险事件造成的潜在损失，有助于金融管理部门全面深入了解金融机构应对未来极端气候物理风险的能力，更有助于金融机构科学摸排未来极端天气突发的风险暴露状况，提升对气候风险的管理水平。此外，研究气候物理风险压力测试方法对支持经济社会绿色低碳转型、统筹有序推动“双碳”目标实现也具有重要意义。

一、气候物理风险压力测试的研究框架与进展

当前关于气候物理风险压力测试的理论研究与实践方法仍处于探索和发展阶段。一是理论研究方面，国际货币基金组织（IMF）高度关注气候风险分析，已在综合监测审查、金融体系稳健性评估（FSAP）审查、气候战略等多个报告中展开背景分析和广泛讨论，并积极将气候风险压力测试纳入其对成员国的金融体系稳健性评估框架。联合国政府间气候变化专门委员会（IPCC）就如何开展气候物理风险压力测试做出技术层面指引，提出全球气候模型（GCM）与嵌套的区域气候模型（RCM）是目前最适合用于致灾因子预测的模型[①]，即在选定特定情景路径下预测各类灾害的频率与强度。央行与监管机构绿色金融网络（NGFS）在此基础上进一步丰富了洪水、飓风、热浪、风暴潮、干旱等灾种的

① Climate Change 2021: The Physical Science Basis. Contribution of Working Group I to the Sixth Assessment Report of the Intergovernmental Panel on Climate Change.

损失度量方法，并提供了相应的开源数据平台。二是实践进展方面，全球约有36家国际组织、中央银行或金融监管当局已经开展或计划开展气候风险压力测试，英格兰银行、欧央行、纽约联储、法国审慎监管局、澳大利亚审慎管理局和荷兰央行等少数发达经济体货币监管当局公布了针对气候物理风险压力测试的结果。

（一）温度与排放情景设计

情景设计是对未来气候变化的合理假设，是气候物理风险压力测试的重要组成部分。由于不同国家气候灾害种类不同，特别是地理位置的不同会导致灾害影响程度存在巨大差异，因此在情景的开发与应用上，NGFS给出了明确指引。一是合理性，即情景能够合理解释未来灾害的演变；二是独特性，即情景应符合该国家或地区的实际特征，包括灾害的特征分布；三是一致性，即情景需具备较强的内在逻辑，能通过多种数据来源的论证；四是相关性，即全球变暖的路径应与目标灾害风险及风险的地理位置相关。

IPCC第五次评估报告中采用国际耦合模式比较计划第五阶段（CMIP5）四个温室气体浓度情景（RCP2.6、RCP4.5、RCP6.0、RCP8.5）来推算未来的全球气候变化路径。IPCC第六次评估报告中采用了CMIP5的共享社会经济路径（SSPs），共包括5种情景，按照人为辐射强迫值由低到高分别是SSP1 -1.9，SSP1 -2.6，SSP2 -4.5，SSP3 -7.0和SSP5 -8.5。2020年6月，NGFS在整合温室气体浓度路径（RCPs）和共享社会经济路径（SSPs）的基础上开发出3个代表性情景，分别是有序（包括2050年净零排放即升温1.5摄氏度、升温低于2摄氏度两个备选情景）、无序（包括延迟转型升温2摄氏度、升温1.5摄氏度两个备选情景）和温室世界（包括保持现行政策、国家已承诺但尚未采取行动两个备选情景）情景，上述情景NGFS已于2023年更新至第四版，其中急性物理风险评估已涵盖热带气旋、洪水、干旱、热浪等极端天气事件的预测。

（二）气候物理风险的致灾因子预测

致灾因子估算常被广泛应用于天气预报、预测气候变化的全球气候模型（GCM）。随着区域气候灾害模拟的需求不断上升，GCM提供的全球气候系统大尺度信息分辨率较低难以满足研究需要，区域气候模型（RCM）开发被越来越多地应用于尺度更小的气候信息。目前降尺度方法的应用主要有两类，一类是动态降尺度方法，即将分辨率较低的GCM嵌套高分辨率的RCM，利用GCM为RCM提供初始边界条件，从而获取描述区域气候特征的高分辨率预测信息；另一类是统计降尺度方法，即利用多年的气候观测数据信息建立大尺度气候状况和区域气候要素之间的统计关系，进而通过GCM输出的大尺度气候信息来预测对应区域要素的气候变化趋势。

（三）气候物理风险脆弱性因子的估计

脆弱性因子反映了灾害危险性强度与暴露资产损失程度的关系，需要通过构建易损性曲线来计算暴露因子的资产损失，与灾害强度、暴露资产特征、结构等要素息息相关。国际研究方面，美国联邦应急管理署（FEMA）通过美国各州保险公司理赔数据建立了地震、台风、洪涝灾害对各类建筑物的影响函数，并基于地理信息系统（GIS）技术开发了自然灾害损失评估应用软件 HAZUS。NGFS（2022）针对热带气旋、河流洪涝、沿海洪涝、干旱等灾害风险脆弱性的度量提供了开源数据集与方法介绍。此外，巨灾模型以概率的方式模拟灾害对给定投资组合的潜在影响，其在气候物理风险的脆弱性评估中也被广泛应用，如由苏黎世理工大学天气与气候风险小组开发的巨灾模型 CLIMADA 可实现将单次灾害损失率通过概率转化为单位区域年化损失率的直接输出。

（四）对经济金融系统的影响评估

在评估影响方面，通过估计灾害损失和对生产力影响进而评估对银行稳健性的影响，具体可以采用以下两种方式。一是基于宏观层面的风险评估。由损失引发资本存量的变化，通过采用 NiGEM、本国 DSGE 和 IMF 开发的全球模型进行校准与估计，得出相应的宏观经济金融指标，进而应用于 FSAP 标准的信贷和市场风险压力测试，最终评估物理风险及其对银行资本的影响。二是基于微观层面的风险评估。即使用微观模型对企业和家庭数据进行分析，以评估物理风险对个体资产负债表的影响。如果颗粒数据可得，则模型可用于评估特定地区企业和家庭资产负债表的损失，同时考虑资产保险的缓释效应。银行部门损失（包括抵押品估值）可用银行部门对特定地区的金融风险敞口进行评估。

二、气候物理风险压力测试方法：基于海南台风灾害的探索与应用

本专题旨在探索构建一个气候物理风险（台风灾害）对金融体系传导机制的分析框架，以此评估 IPCC 提出的代表性浓度路径 RCP8.5 情景下①，极端天气台风灾害对海南金融体系造成的影响与冲击。研究方法主要分为以下步骤。

（一）模拟台风路径与映射 RCP 8.5 情景

登陆海南的台风主要来自西北太平洋生成的热带气旋，在 CLIMADA 模型框架

① RCP8.5 在压力测试中被认为适合预测未来台风灾害的最坏情景，代表了“一切照旧”的气候变暖基准，即到 2100 年全球气温比工业化前水平高出 4.0～6.1℃。

下提取 1981—2020 年西北太平洋生成的所有热带气旋数据，采用控制方向的随机游走过程对上述历史移动轨迹数据进行模拟。以海南省陆地面积的几何中心为圆心，画半径为 500 千米的圆形范围，所有经过该范围的热带气旋移动轨迹定义为可能影响或登陆海南的台风路径。通过 CLIMADA 降尺度工具包，将海南省陆地面积划分为 644 个单元网格区域，将台风合成路径数据集转化为单元网格区域的风速。Knutson 等（2015）基于 RCP4.5 情景预测了台风风速与频率，在此基础上 CLIMADA 开发了对应的 RCP 情景转换工具包，通过 RCP4.5 和其他 RCP 情景之间的热辐射强度相对关系，求得未来年份的缩放系数，再利用线性插值方法，映射出合成路径数据集在 RCP8.5 情景下未来目标年份单元网格区域的台风风速与频率。

（二）建立台风风速与损失的函数关系

Emanuel（2011）建立了如下的热带气旋风速与损失之间的函数关系：

$$f = \frac{v_n^3}{1 + v_n^3} \tag{1}$$

$$v_n = \frac{Max[(V - V_{thresh}), 0]}{V_{half} - V_{thresh}} \tag{2}$$

其中，V 代表热带气旋的风速，f 代表热带气旋灾害造成的损失率，V_{thresh} 代表了风速阈值，不同地区的阈值不同。Emanuel（2011）估计了美国热带气旋的风速阈值为 25.7 米/秒，Elliott等（2015）经校准估计发现该阈值也适用中国的台风。V_{half} 代表了损失函数斜率最大时的风速，其大小取决于建筑物的类型与结构牢固程度，通常被定义为介于 52 ~ 89 米/秒之间。由于不同强度的台风对不同地区建筑物资产造成的破坏程度存在差异，即损失函数斜率存在显著的地区差异，因此需要结合地区的历史损失数据进行校准。考虑到历史台风损失数据的可得性，假设海南省的建筑物结构标准均符合国家标准，通过校准全国台风损失函数可以近似代表海南地区的损失函数。国际灾害数据库（EM - DAT）统计了全球范围内每个灾害事件及相关国家的损失影响，因此可以通过该数据库提取中国地区历史台风灾害数据与 CLIMADA 模型框架下提取的历史台风时间与移动轨迹进行匹配。参照 Eberenz 等（2021）做法，对匹配出的历史损失数据进行如下标准化处理。

$$NRD_E = RD_E \cdot \frac{GDP_{2014}}{GDP_y} \tag{3}$$

其中，NRD_E 为标准化后的历史损失数据，RD_E 为原始数据库提取的历史损失数据，GDP_y 为台风事件发生当年的国内生产总值。

为进一步校准式（2）中的 V_{half}，则单个台风事件的拟合优度为

$$EDR_E = \frac{SED_E}{NRD_E} = \frac{f \cdot EXP}{NRD_E} \tag{4}$$

其中，EDR_E 越趋近于 1 时，代表单个台风事件的损失拟合程度越高；EXP 表示资产的风险

暴露敞口，即受台风影响的区域资产价值①。

引入均方根误差来进一步衡量整个区域所有匹配台风事件的拟合优度：

$$RMSF = \exp\left(\sqrt{\frac{1}{N}\sum_{E=1}^{N}[\ln(EDR_E)]^2}\right) \quad (5)$$

其中，$RMSF$越趋近于1时，代表整个区域所有匹配台风事件的损失拟合程度越高。

通过式（4）、式（5）的校准，可以求解出式（2）中V_{half}的估计值。在完成V_{half}的估计后，可以通过式（1）、式（2）预测出基于RCP8.5情景下各目标年份单次台风风速下的资产损失率。

将目标年份所有单次台风风速下的资产损失率与发生频率进行乘积加总，就可以转化为年度的资产损失率。因此，可以根据未来目标年份不同网格区域的风速，绘制出对应的资产损失率分布图。

（三）估计损失金额及对金融系统的风险传导

通过计算目标年份不同网格区域的风险暴露资产②与对应资产损失率的乘积，可以得到该区域的资产损失总额。通过对各网格区域的资产损失进行加总，可以得到目标年份海南全省的资产损失总额。由台风造成的目标年份资产损失总额对整个海南省宏观经济系统的风险传导可以分为两部分，一部分表现为对资本生产要素的直接破坏，另一部分表现为全要素生产率的下降。因此，可以建立基于海南省的动态随机均衡模型，加入消费和投资的调整成本函数③，数值模拟出全省GDP等宏观经济指标的变化，为下一步探索地方法人银行机构开展气候物理风险的宏观情景压力测试提供数据支撑。对于单家银行机构，可以通过采集贷款企业抵押品的地理位置，根据资产损失率分布图得到抵押品的资产损失金额，进而可以得到不同目标年份抵押品的剩余资产价值，当剩余资产价值不足以覆盖贷款金额时则将面临违约风险。此外，考虑到企业灾后重建过程中存在营业中断造成的损失，通过建立损失率与台风中断时间的函数映射关系，测算出产量下降率并进一步传导至企业资产负债表，银行机构由此可以通过内评模型测算企业违约概率。

三、研究应用与展望

（一）研究应用

本专题的研究方法可拓展应用于以下方面。

一是可用于开展区域性的气候物理风险宏观情景压力测试。通过预测未来目标年份的年度损失率，建立分区域的（受灾害影响

① ETH zurich采用夜灯强度与人口数据的组合比例开发了全球范围内灾害的高分辨率暴露资产价值地图。

② 通过海南省区县的夜间灯光强度与人口组合比例估算得到。

③ 假定台风灾害造成的重建成本，即宏观层面的生产中断造成的损失可以反映在居民家庭消费和中间品投资的调整成本。

和不受灾害影响）宏观经济模型，可以预测台风登陆对受灾区域的经济金融系统影响以及风险对其他区域的传导。

二是可用于受灾区域银行抵押品资产价值损失估计。通过预测未来目标年份不同网格区域的风速，绘制出对应的资产损失率分布图，可精准识别银行抵押品在各网格区域的资产价值损失金额，有助于各银行充分了解台风风险敞口的分布情况。

三是可用于银行对企业客户开展偿付能力压力测试。通过线性插值的方式建立各损失率区间与中断时间的函数关系，计算未来目标年份企业客户受台风影响的中断时间及中断损失率，进而对产量施加压力驱动财务报表，最后采用各银行内评模型计算企业客户的违约概率。

（二）研究展望

未来气候物理风险压力测试方法探索可从以下方面展开。

一是气候情景分析中应将复合风险纳入操作框架。全球变暖改变了极端气候驱动因子之间的关系，增加了多个极端事件同时发生或相继发生的可能性，这种多个驱动因子或致灾因子组合形成的复合风险冲击亟须引起重视。鉴于不同国家或地区的复合风险冲击存在着类别上的显著差异，需要组织并加强气象学、地球物理学、经济学等相关领域专家的跨界合作才能完成气候情景的设计与复合致灾因子的预测。

二是探索复合极端事件冲击的损失评估方法。尽管目前各类巨灾模型在量化热带气旋、洪涝、干旱、风暴潮等极端事件造成的损失方面发挥了重要作用，但是在计算直接损失时各极端事件都是彼此独立的，无法体现各致灾因子在时间上和空间上的相互作用关系。下一步可以探索利用巨灾模型对相对空间与一定时间内的多个历史事件进行数据复盘，充分纳入各事件发生的序位因素，深入评估复合事件冲击的损失。

三是进一步丰富“急性”物理风险传导的宏观经济模型。探索把“急性”物理事件复合冲击纳入宏观经济模型，将有效填补物理风险对宏观经济影响的研究空白。

资料来源：中国人民银行海南省分行。

附　录

统计资料

表 1　　2023 年各区域主要金融稳定相关指标比较表

指标名称	单位	东部地区		中部地区		西部地区		东北地区	
		年末余额/本年累计	同比（%）	年末余额/本年累计	同比（%）	年末余额/本年累计	同比（%）	年末余额/本年累计	同比（%）
一、经济数据									
1. 地区生产总值（GDP）	亿元	652084.1	5.4	269898.0	4.9	269324.9	5.5	59624.4	4.8
2. 全社会固定资产投资	亿元	—	4.4	—	0.3	—	0.1	—	-1.8
3. 社会消费品零售总额	亿元	238206.6	7.2	114899.5	6.8	98202.2	7.5	20146.8	8.6
4. 进出口总额	亿元	331642.4	0.2	36176.2	-2.7	37432.8	-1.6	12317.0	1.7
5. 地方一般预算收入	亿元	65145.8	6.7	22042.5	6.9	24805.4	10.7	5224.8	12.0
6. 地方一般预算支出	亿元	97311.4	3.2	52654.9	5.2	68388.7	6.8	16750.8	6.3
二、金融数据									
1. 银行业									
（1）资产总额	亿元	2148373.8	10.4	588726.9	9.6	650117.9	9.3	206925.1	7.4
（2）负债总额	亿元	2056066.5	10.4	567839.4	9.7	626554.3	9.4	200472.5	7.2
（3）各项贷款余额	亿元	1311034.4	11.6	412534.0	11.2	468793.8	11.5	109541.9	3.2
（4）各项存款余额	亿元	1618783.7	11.0	459277.4	9.3	479092.2	9.1	159243.2	11.9
2. 证券期货业									
（1）股票融资	亿元	8042.7	-35.8	1715.5	-0.8	1418.4	-36.8	167.7	-56.9
（2）债券融资	亿元	361261.5	17.1	39572.1	13.9	40687.5	10.0	4075.2	-10.8
（3）期货公司资产总额	亿元	15163.9	-3.1	517.2	-6.9	834.6	7.8	14.7	-29.6
（4）私募基金管理规模	亿元	179041.8	2.7	11033.0	3.4	15017.7	2.9	664.8	-0.6
3. 保险业									
原保险保费收入	亿元	28803.3	11.2	9821.2	5.2	9261.8	7.4	3319.2	8.3
其中：财产险业务	亿元	7268.3	7.0	2655.1	7.4	2792.5	7.2	866.0	6.6
寿险业务	亿元	16119.8	16.2	5205.1	6.4	4570.3	9.5	1751.2	10.9
健康险业务	亿元	4889.3	5.4	1784.8	0.6	1691.4	4.7	654.8	5.9
人身意外伤害险业务	亿元	526.0	-10.9	176.2	-11.9	207.6	-8.2	47.2	-11.9
三、重点领域数据									
1. 房地产									
（1）房地产开发投资	亿元	66705.0	-5.3	21423.0	-9.5	19760.0	-19.6	3026.0	-24.5
（2）商品房销售面积	万平方米	51590.0	-6.7	28330.0	-13.2	27829.0	-7.5	3986.0	-3.0
（3）商品房销售额	亿元	71939.0	-5.8	20810.0	-11.2	21032.0	-3.7	2842.0	-7.7
2. 地方政府债务									
（1）债券发行额	亿元	36726.2	13.3	20397.4	24.5	28304.8	41.2	7949.8	64.9
（2）债务余额	亿元	170691.8	15.0	87240.9	16.5	119199.3	17.0	30239.3	18.9
3. 银行代客涉外收付款总额	亿美元	110627.5	19.8	6577.7	-8.8	5567.4	-11.3	1824.4	70.3

表 2 **东部地区金融稳定相关指标表**

指标名称	单位	2021 年		2022 年		2023 年	
		年末余额/本年累计	同比（%）	年末余额/本年累计	同比（%）	年末余额/本年累计	同比（%）
一、经济数据							
1. 地区生产总值（GDP）	亿元	592207.9	8.1	622017.8	2.5	652084.1	5.4
2. 全社会固定资产投资	亿元	—	6.4	—	3.6	—	4.4
3. 社会消费品零售总额	亿元	222923.5	11.6	222196.6	-0.3	238206.6	7.2
4. 进出口总额	亿元	310397.2	21.1	331686.3	6.9	331642.4	0.2
5. 地方一般预算收入	亿元	63983.4	10.4	61079.5	-2.7	65145.8	6.7
6. 地方一般预算支出	亿元	90020.6	4.9	93967.4	4.4	97311.4	3.2
二、金融数据							
1. 银行业							
（1）资产总额	亿元	1765471.6	8.9	1946585.7	10.3	2148373.8	10.4
（2）负债总额	亿元	1687430.8	8.7	1861877.6	10.3	2056066.5	10.4
（3）各项贷款余额	亿元	1051670.3	12.7	1174348.6	11.7	1311034.4	11.6
（4）各项存款余额	亿元	1302332.5	9.2	1458670.4	12.0	1618783.7	11.0
2. 证券期货业							
（1）股票融资	亿元	12510.7	-0.7	12518.7	0.1	8042.7	-35.8
（2）债券融资	亿元	338325.0	12.5	308592.6	-8.8	361261.5	17.1
（3）期货公司资产总额	亿元	12729.4	43.3	15646.1	22.9	15163.9	-3.1
（4）私募基金管理规模	亿元	172484.8	24.8	174272.7	1.0	179041.8	2.7
3. 保险业							
原保险保费收入	亿元	24413.8	3.8	25892.8	6.1	28803.3	11.2
其中：财产险业务	亿元	6199.2	-0.1	6794.3	9.6	7268.3	7.0
寿险业务	亿元	13088.6	3.8	13871.9	6.0	16119.8	16.2
健康险业务	亿元	4450.6	7.5	4637.1	4.2	4889.3	5.4
人身意外伤害险业务	亿元	645.5	0.2	590.5	-8.5	526.0	-10.9
三、重点领域数据							
1. 房地产							
（1）房地产开发投资	亿元	77695.1	4.2	72478.0	-6.7	66705.0	-5.3
（2）商品房销售面积	万平方米	73248.0	2.7	56387.9	-23.0	51590.0	-6.7
（3）商品房销售额	亿元	103317.0	8.0	77413.3	-25.1	71939.0	-5.8
2. 地方政府债务							
（1）债券发行额	亿元	33723.5	29.2	32428.7	-3.8	36726.2	13.3
（2）债务余额	亿元	127133.7	21.2	148411.0	16.7	170691.8	15.0
3. 银行代客涉外收付款总额	亿美元	102658.3	18.8	92331.1	-10.1	110627.5	19.8

表 3 中部地区金融稳定相关指标表

指标名称	单位	2021 年		2022 年		2023 年	
		年末余额/本年累计	同比（%）	年末余额/本年累计	同比（%）	年末余额/本年累计	同比（%）
一、经济数据							
1. 地区生产总值（GDP）	亿元	250132.0	8.7	266513.0	4.0	269898.0	4.9
2. 全社会固定资产投资	亿元	—	10.2	—	8.9	—	0.3
3. 社会消费品零售总额	亿元	105965.1	14.9	107557.5	1.5	114899.5	6.8
4. 进出口总额	亿元	33695.1	25.5	37472.8	11.8	36176.2	-2.7
5. 地方一般预算收入	亿元	20026.5	13.1	20635.5	4.2	22042.5	6.9
6. 地方一般预算支出	亿元	46140.6	0.0	49815.8	9.6	52654.9	5.2
二、金融数据							
1. 银行业							
（1）资产总额	亿元	486296.3	9.3	537157.9	10.5	588726.9	9.6
（2）负债总额	亿元	467660.8	9.0	517744.3	10.7	567839.4	9.7
（3）各项贷款余额	亿元	333838.4	12.1	370882.8	11.1	412534.0	11.2
（4）各项存款余额	亿元	375439.9	8.9	420172.8	11.9	459277.4	9.3
2. 证券期货业							
（1）股票融资	亿元	2759.8	30.5	1728.7	-37.4	1715.5	-0.8
（2）债券融资	亿元	35364.4	12.8	34746.3	-1.7	39572.1	13.9
（3）期货公司资产总额	亿元	492.2	21.1	555.5	12.9	517.2	-6.9
（4）私募基金管理规模	亿元	10234.0	23.6	10668.3	4.2	11033.0	3.4
3. 保险业							
原保险保费收入	亿元	9033.7	1.9	9339.4	3.4	9821.2	5.2
其中：财产险业务	亿元	2252.9	-2.8	2472.9	9.8	2655.1	7.4
寿险业务	亿元	4779.1	3.1	4893.1	2.4	5205.1	6.4
健康险业务	亿元	1781.6	4.6	1773.4	-0.5	1784.8	0.6
人身意外伤害险业务	亿元	220.1	3.6	200.1	-9.1	176.2	-11.9
三、重点领域数据							
1. 房地产							
（1）房地产开发投资	亿元	31161.3	8.2	28930.8	-7.2	21423.0	-9.5
（2）商品房销售面积	万平方米	51748.3	5.4	40749.6	-21.3	28330.0	-13.2
（3）商品房销售额	亿元	38156.7	6.4	28358.4	-25.7	20810.0	-11.2
2. 地方政府债务							
（1）债券发行额	亿元	15670.7	10.3	16384.3	4.6	20397.4	24.5
（2）债务余额	亿元	63935.3	20.5	74887.5	17.1	87240.9	16.5
3. 银行代客涉外收付款总额	亿美元	6682.2	43.5	7211.5	7.9	6577.7	-8.8

表 4　　　　西部地区金融稳定相关指标表

指标名称	单位	2021 年		2022 年		2023 年	
		年末余额/本年累计	同比（%）	年末余额/本年累计	同比（%）	年末余额/本年累计	同比（%）
一、经济数据							
1. 地区生产总值（GDP）	亿元	239710.0	7.4	256985.0	3.2	269324.9	5.5
2. 全社会固定资产投资	亿元	—	3.9	—	4.7	—	0.1
3. 社会消费品零售总额	亿元	92301.3	12.5	91358.4	-1.0	98202.2	7.5
4. 进出口总额	亿元	35581.6	18.6	38727.0	8.9	37432.8	-1.6
5. 地方一般预算收入	亿元	21856.5	11.6	22410.7	4.3	24805.4	10.7
6. 地方一般预算支出	亿元	60140.9	0.5	64031.3	6.6	68388.7	6.8
二、金融数据							
1. 银行业							
（1）资产总额	亿元	544190.5	9.1	594572.0	9.3	650117.9	9.3
（2）负债总额	亿元	521897.1	8.7	572705.5	9.7	626554.3	9.4
（3）各项贷款余额	亿元	381172.5	11.3	420472.9	10.3	468793.8	11.5
（4）各项存款余额	亿元	393573.7	7.3	439130.7	11.6	479092.2	9.1
2. 证券期货业							
（1）股票融资	亿元	2628.1	76.9	2245.7	-14.6	1418.4	-36.8
（2）债券融资	亿元	39132.3	3.8	36982.6	-5.5	40687.5	10.0
（3）期货公司资产总额	亿元	664.0	23.9	774.2	16.6	834.6	7.8
（4）私募基金管理规模	亿元	13956.2	7.1	14591.4	4.6	15017.7	2.9
3. 保险业							
原保险保费收入	亿元	8369.3	-3.0	8620.7	3.0	9261.8	7.4
其中：财产险业务	亿元	2446.5	-2.4	2604.4	6.5	2792.5	7.2
寿险业务	亿元	4080.3	-5.0	4173.9	2.3	4570.3	9.5
健康险业务	亿元	1592.9	0.6	1616.2	1.5	1691.4	4.7
人身意外伤害险业务	亿元	249.7	3.0	226.1	-9.4	207.6	-8.2
三、重点领域数据							
1. 房地产							
（1）房地产开发投资	亿元	33368.0	2.2	27481.0	-17.6	19760.0	-19.6
（2）商品房销售面积	万平方米	47819.0	-1.7	34590.0	-27.7	27829.0	-7.5
（3）商品房销售额	亿元	35241.0	-2.8	24456.0	-30.6	21032.0	-3.7
2. 地方政府债务							
（1）债券发行额	亿元	20266.2	6.6	20042.6	-1.1	28304.8	41.2
（2）债务余额	亿元	90580.3	15.8	101923.9	12.5	119199.3	17.0
3. 银行代客涉外收付款总额	亿美元	6044.4	24.5	6278.8	3.9	5567.4	-11.3

表 5　东北地区金融稳定相关指标表

指标名称	单位	2021 年		2022 年		2023 年	
		年末余额/本年累计	同比（%）	年末余额/本年累计	同比（%）	年末余额/本年累计	同比（%）
一、经济数据							
1. 地区生产总值（GDP）	亿元	55698.8	6.1	57946.3	1.3	59624.4	4.8
2. 全社会固定资产投资	亿元	—	5.7	—	1.2	—	-1.8
3. 社会消费品零售总额	亿元	19543.5	9.3	18544.0	-5.1	20146.8	8.6
4. 进出口总额	亿元	11223.9	19.5	12117.9	8.0	12317.0	1.7
5. 地方一般预算收入	亿元	5209.2	6.5	4665.9	-10.4	5224.8	12.0
6. 地方一般预算支出	亿元	14702.5	-2.9	15749.0	7.3	16750.8	6.3
二、金融数据							
1. 银行业							
（1）资产总额	亿元	181459.6	34.4	192644.2	6.2	206925.1	7.4
（2）负债总额	亿元	175319.6	35.2	187094.9	6.7	200472.5	7.2
（3）各项贷款余额	亿元	102173.5	-7.7	106104.6	3.9	109541.9	3.2
（4）各项存款余额	亿元	132061.5	-0.2	142353.6	7.8	159243.2	11.9
2. 证券期货业							
（1）股票融资	亿元	278.8	-45.4	388.8	39.4	167.7	-56.9
（2）债券融资	亿元	4614.7	-51.3	4570.4	-1.0	4075.2	-10.8
（3）期货公司资产总额	亿元	36.3	42.8	20.9	-42.5	14.7	-29.6
（4）私募基金管理规模	亿元	692.1	-57.4	669.0	-3.3	664.8	-0.6
3. 保险业							
原保险保费收入	亿元	3047.7	16.7	3063.9	0.5	3319.2	8.3
其中：财产险业务	亿元	744.1	25.5	812.6	9.2	866.0	6.6
寿险业务	亿元	1622.9	-16.2	1579.7	-2.7	1751.2	10.9
健康险业务	亿元	566.2	-3.2	618.2	9.2	654.8	5.9
人身意外伤害险业务	亿元	107.9	-75.7	53.5	-50.4	47.2	-11.9
三、重点领域数据							
1. 房地产							
（1）房地产开发投资	亿元	5377.6	-0.8	4005.5	-25.5	3026.0	-24.5
（2）商品房销售面积	万平方米	6618.3	-6.4	4109.1	-37.9	3986.0	-3.0
（3）商品房销售额	亿元	5215.5	-10.3	3080.4	-40.9	2842.0	-7.7
2. 地方政府债务							
（1）债券发行额	亿元	5238.0	72.0	4821.9	-7.9	7949.8	64.9
（2）债务余额	亿元	23045.5	54.2	25434.9	10.4	30239.3	18.9
3. 银行代客涉外收付款总额	亿美元	1848.3	-15.7	1071.4	-42.0	1824.4	70.3

表 6　　2023 年各省（区、市）主要金融稳定相关指标比较表（经济）

单位：亿元、%

地区	省市	地区生产总值（GDP）		全社会固定资产投资		社会消费品零售总额		进出口总额	
		年末余额/本年累计	同比	年末余额/本年累计	同比	年末余额/本年累计	同比	年末余额/本年累计	同比
东部地区	北京市	43760.7	5.2	—	4.9	14462.7	4.8	36466.3	0.3
	天津市	16737.3	4.3	—	-16.4	3832.9	7.0	8004.7	-3.4
	河北省	43944.1	5.5	—	6.1	15040.5	9.6	5818.4	7.4
	上海市	47218.7	5.0	—	13.8	18515.5	12.6	42121.6	0.7
	江苏省	128222.2	5.8	—	5.2	45547.5	6.5	52493.8	-3.2
	浙江省	82553.0	6.0	—	6.1	32550.0	6.8	48998.0	4.6
	福建省	54355.1	4.5	—	2.5	22109.6	5.0	19743.5	-0.2
	山东省	92068.7	6.0	—	5.2	36141.8	8.7	32642.6	-2.1
	广东省	135673.2	4.8	—	2.5	47494.9	5.8	83040.7	0.3
	海南省	7551.2	9.2	—	1.1	2511.3	10.7	2312.8	15.3
	青岛市	15760.3	5.9	—	5.0	6318.9	7.3	8759.7	4.6
	宁波市	16452.8	5.5	—	7.5	5212.6	6.5	12779.3	0.9
	厦门市	8066.5	3.1	—	0.5	2743.3	2.9	9470.4	2.7
	深圳市	34606.4	6.0	—	11.0	10486.2	7.8	38710.7	5.9
中部地区	山西省	25698.2	5.0	—	-6.6	7981.8	5.5	1693.7	-7.4
	安徽省	47050.6	5.8	—	4.0	23008.3	6.9	8052.2	7.8
	江西省	32200.1	4.1	—	-5.9	13659.8	6.3	5697.7	-10.2
	河南省	59132.4	4.1	—	2.1	26004.5	6.5	8107.9	-3.8
	湖北省	55803.6	6.0	—	5.0	24041.9	8.5	6449.7	5.8
	湖南省	50012.9	4.6	—	-3.1	20203.3	6.1	6175.0	-12.1
西部地区	内蒙古自治区	24627.0	7.3	—	19.4	5374.3	8.1	1965.3	30.4
	陕西省	33786.1	4.3	—	0.3	10759.0	3.4	4042.1	-14.9
	甘肃省	11863.8	6.4	—	5.9	4329.7	10.4	491.7	-13.0
	青海省	3799.1	5.3	—	-7.5	987.7	17.3	48.7	20.3
	宁夏回族自治区	5315.0	6.6	—	5.5	1355.0	1.2	205.4	-20.2
	新疆维吾尔自治区	19125.9	6.8	—	12.4	3849.7	18.8	3573.3	45.9
	广西壮族自治区	27202.4	4.1	—	-15.5	8651.6	1.3	6936.5	7.3
	重庆市	30145.8	6.1	—	4.3	15130.3	8.6	7137.4	-10.7
	四川省	60132.9	6.0	—	4.4	26313.4	9.2	9574.9	-4.0
	贵州省	20913.3	4.9	—	-5.7	9011.2	5.9	759.8	11.5
	云南省	30021.1	4.4	—	-10.6	11560.7	6.7	2588.0	-17.9
	西藏自治区	2392.7	9.5	—	35.1	879.8	21.1	109.8	138.3
东北地区	辽宁省	30209.4	5.3	—	4.0	10362.1	8.8	7659.6	-3.1
	吉林省	13531.2	6.3	—	0.3	4150.4	9.0	1679.1	7.7
	黑龙江省	15883.9	2.6	—	-14.8	5634.2	8.1	2978.3	12.3
	大连市	8752.9	6.0	—	0.6	2008.6	8.8	4552.8	-5.0

表 7　2023 年各省（区、市）主要金融稳定相关指标比较表（银行业）

单位：亿元、%

地区	省市	资产总额		负债总额		各项贷款余额		各项存款余额	
		年末余额/本年累计	同比	年末余额/本年累计	同比	年末余额/本年累计	同比	年末余额/本年累计	同比
东部地区	北京市	348066.5	9.2	332502.3	9.5	110835.5	13.3	246430.0	12.7
	天津市	65152.8	7.7	61859.9	7.8	44765.0	5.1	44520.6	9.9
	河北省	133344.7	11.8	128008.1	11.9	86603.1	12.9	112840.4	12.5
	上海市	249171.3	6.5	238081.6	6.4	111314.8	7.6	169336.5	8.1
	江苏省	310100.0	12.8	297472.2	12.9	236288.6	14.2	232432.1	12.6
	浙江省	291457.6	14.5	279161.0	14.6	216687.2	14.2	211550.0	13.6
	福建省	145454.9	8.4	134414.9	8.6	82387.6	8.2	81021.1	11.1
	山东省	203022.8	10.5	195575.5	10.4	138675.0	11.6	156286.9	9.8
	广东省	385665.6	9.8	372704.3	9.9	271561.6	9.5	350887.6	8.9
	海南省	16937.6	7.2	16286.7	6.8	11915.9	7.4	13478.5	9.4
	青岛市	39001.0	11.1	37336.8	11.2	30147.0	11.7	26064.9	8.9
	宁波市	53553.9	15.4	50438.9	15.1	38133.0	15.6	34071.6	8.9
	厦门市	25408.6	6.5	23932.6	6.3	18575.3	6.9	16724.7	3.5
	深圳市	133844.0	9.5	129873.9	9.5	92140.9	8.3	133350.5	8.1
中部地区	山西省	70991.9	7.9	68587.0	7.9	41933.7	11.2	56538.0	8.2
	安徽省	106667.2	12.4	102569.3	12.6	77990.4	15.6	83303.5	10.8
	江西省	76017.4	9.5	72885.5	9.7	58049.2	10.0	58037.9	9.2
	河南省	125734.2	8.4	121119.7	8.3	83596.7	9.9	100584.9	8.0
	湖北省	111786.3	8.8	108395.7	8.9	81567.7	9.8	83139.6	9.0
	湖南省	97529.9	10.5	94282.2	10.5	69396.4	10.9	77673.5	10.7
西部地区	内蒙古自治区	45585.4	10.9	44299.4	11.0	30193.7	11.3	35224.1	12.1
	陕西省	84086.0	8.2	81355.1	8.2	53876.8	9.9	66934.4	8.0
	甘肃省	38419.5	5.2	37077.3	6.2	27446.4	8.2	25753.9	7.2
	青海省	10336.7	4.6	9811.6	4.3	7585.5	7.1	7894.6	3.6
	宁夏回族自治区	12680.0	8.6	12214.6	8.8	9864.0	8.3	8955.7	10.5
	新疆维吾尔自治区	44706.5	6.5	42897.6	6.6	30857.2	10.7	32985.5	6.9
	广西壮族自治区	62315.5	10.8	60039.3	11.0	49773.0	11.4	44067.2	9.6
	重庆市	76353.0	9.0	72686.8	9.0	56730.2	13.3	53562.8	8.1
	四川省	152697.0	11.9	147506.6	12.0	105425.0	14.6	117878.3	10.5
	贵州省	56720.2	9.5	54145.9	9.4	45063.5	12.0	36066.6	10.1
	云南省	58923.9	8.0	56963.0	8.0	45966.9	7.7	43322.8	9.5
	西藏自治区	7294.2	8.4	7557.1	7.9	6011.5	11.0	6446.3	1.3
东北地区	辽宁省	104663.6	5.2	101564.7	4.7	54878.1	1.1	79469.8	6.5
	吉林省	46125.6	10.4	44589.8	10.5	27792.4	5.5	36499.3	11.5
	黑龙江省	56135.9	9.2	54318.0	9.3	26871.4	5.3	43274.1	11.6
	大连市	24909.5	4.2	24252.0	2.4	14404.9	1.2	19886.0	5.2

表8 2023年各省（区、市）主要金融稳定相关指标比较表（证券期货业）

单位：亿元、%

地区	省市	股票融资		债券融资		期货公司资产总额		私募基金管理规模	
		年末余额/本年累计	同比	年末余额/本年累计	同比	年末余额/本年累计	同比	年末余额/本年累计	同比
东部地区	北京市	1678.7	-25.1	143642.1	32.9	1731.2	-8.3	46513.1	5.3
	天津市	62.1	-76.8	13162.2	19.4	274.6	4.6	6788.8	-8.6
	河北省	267.7	3.1	4082.5	9.4	7.9	0.4	933.7	15.3
	上海市	1288.2	-20.7	46692.4	-7.4	5556.4	-7.4	51643.3	2.4
	江苏省	1202.2	-39.2	34164.8	10.3	454.4	-2.2	11416.2	8.4
	浙江省	1276.5	-22.9	35356.6	10.6	1697.3	-4.2	17573.0	-3.3
	福建省	97.8	-92.8	20305.1	5.5	604.0	-6.6	3424.5	6.6
	山东省	532.0	-9.3	17185.8	25.0	391.1	2.0	3677.6	4.5
	广东省	1609.6	-33.1	46254.9	18.4	4393.2	5.4	34356.9	1.5
	海南省	27.8	-79.0	415.0	13.3	53.7	1.7	2714.8	28.0
	青岛市	20.0	-10.7	4522.0	41.5	18.5	-35.6	1885.2	5.0
	宁波市	19.9	-62.1	7548.0	-12.5	87.4	-22.4	7442.9	-0.6
	厦门市	14.1	-77.1	3976.2	-10.0	238.7	-9.2	1892.8	23.4
	深圳市	282.6	-38.0	24109.7	29.4	2960.4	7.8	21493.4	-2.3
中部地区	山西省	171.7	111.9	2919.2	-1.3	31.5	3.6	1411.4	-1.7
	安徽省	391.9	48.9	6610.0	3.4	197.9	-7.6	3396.4	10.4
	江西省	298.4	9.1	6566.1	22.1	21.1	-12.5	1418.6	-9.3
	河南省	168.5	-40.9	8434.0	26.5	74.4	9.4	980.9	8.0
	湖北省	241.6	-53.2	7341.6	12.9	113.3	-10.8	2481.1	7.0
	湖南省	443.5	43.4	7701.3	12.5	78.9	-14.1	1344.6	-1.5
西部地区	内蒙古自治区	51.9	27.1	1904.1	19.1	0.0	0.0	362.4	5.1
	陕西省	297.9	19.8	5081.5	10.7	104.9	5.3	1218.4	-6.8
	甘肃省	298.5	780.1	1140.8	7.9	9.5	-2.3	138.6	-27.1
	青海省	—	-100.0	366.6	112.7	78.4	-14.5	135.4	13.0
	宁夏回族自治区	31.4	—	599.8	14.2	—	—	201.5	-5.7
	新疆维吾尔自治区	61.8	-78.0	2156.5	17.8	32.1	32.1	1259.6	1.6
	广西壮族自治区	93.5	-26.2	3928.4	14.6	—	—	1389.3	30.6
	重庆市	135.8	-62.9	8067.9	3.0	457.0	14.3	1814.5	9.3
	四川省	209.8	-66.4	10528.1	10.4	115.3	1.2	2622.2	5.2
	贵州省	45.5	-73.2	3424.2	-1.3	—	—	1799.5	13.3
	云南省	166.6	-50.7	3002.2	16.7	37.4	6.8	1050.3	-2.2
	西藏自治区	25.8	392.6	487.5	32.7	—	—	3026.2	-8.2
东北地区	辽宁省	78.8	-57.0	2073.3	-18.6	—	-100.0	198.6	-11.5
	吉林省	22.9	-52.3	1194.3	23.4	12.4	26.4	326.5	0.0
	黑龙江省	66.1	-58.0	807.7	-23.5	2.3	-15.0	139.6	18.3
	大连市	6.9	-62.6	855.6	-23.8	—	—	92.1	-29.7

注：计划单列市股票融资数据仅包括首次公开发行（IPO）。

表 9　2023 年各省（区、市）主要金融稳定相关指标比较表（保险业）

单位：亿元、%

地区	省市	原保险保费收入		财产险		寿险		意外险		健康险	
		年末余额/本年累计	同比	年末余额/本年累计	同比	年末余额/本年累计	同比	年末余额/本年累计	同比	年末余额/本年累计	同比
东部地区	北京市	3204.7	16.2	517.9	8.1	2079.7	20.6	48.2	-0.7	558.9	10.3
	天津市	731.4	9.1	167.3	6.5	441.7	14.9	10.6	-15.5	111.8	-3.7
	河北省	2136.3	4.6	626.1	6.0	1117.8	7.4	35.4	-17.4	357.0	-3.2
	上海市	2470.7	17.9	640.4	15.5	1411.6	24.7	52.4	-7.2	366.3	4.2
	江苏省	4790.3	11.0	1193.4	6.1	2828.5	14.7	71.2	-17.7	697.2	8.8
	浙江省	3554.0	13.6	1079.0	6.8	1881.3	19.7	67.4	-5.2	526.2	10.3
	福建省	1509.0	9.8	371.9	3.7	811.6	15.2	28.5	-11.3	297.0	6.4
	山东省	3641.0	6.8	907.0	3.7	1935.0	11.0	66.0	-12.0	733.0	2.1
	广东省	6556.0	11.2	1679.4	7.3	3521.8	16.5	141.4	-11.7	1213.5	5.9
	海南省	209.8	4.5	85.9	8.4	90.7	9.5	5.0	-7.8	28.3	-15.3
	青岛市	541.1	7.7	143.4	-7.1	286.2	19.9	10.7	-6.1	100.7	2.8
	宁波市	455.2	9.4	197.8	3.8	198.4	16.2	10.0	-7.6	49.0	11.6
	厦门市	297.2	9.9	79.6	1.0	166.5	17.1	5.2	-19.0	45.8	6.4
	深圳市	1719.6	12.6	442.7	5.9	844.1	22.2	36.0	-5.4	396.7	4.1
中部地区	山西省	1106.7	9.3	267.2	7.2	652.1	12.6	19.4	-3.9	168.0	2.3
	安徽省	1494.9	5.4	514.2	5.6	688.0	6.5	28.3	-18.5	264.4	5.6
	江西省	1007.7	3.6	327.5	7.7	486.8	2.4	18.7	-18.6	174.8	2.9
	河南省	2399.9	1.3	617.8	6.7	1308.4	2.3	40.6	-12.1	433.1	-7.0
	湖北省	2118.1	8.5	463.0	9.4	1193.5	8.9	35.4	-8.4	426.3	8.0
	湖南省	1694.0	5.0	465.4	8.2	876.5	7.2	33.8	-9.5	318.3	-3.1
西部地区	内蒙古自治区	718.7	7.8	241.8	8.4	338.8	11.4	13.7	-4.1	124.5	-0.8
	陕西省	1192.7	8.2	294.2	7.8	672.7	8.5	19.9	-7.7	205.9	9.8
	甘肃省	534.3	8.8	150.6	7.9	284.0	9.1	12.4	-1.7	87.3	11.2
	青海省	118.0	10.9	50.7	13.2	47.9	13.8	2.7	-13.5	16.6	1.9
	宁夏回族自治区	244.6	13.3	79.3	12.0	123.3	20.5	5.7	-12.5	36.3	0.4
	新疆维吾尔自治区	724.3	6.3	250.3	7.9	326.1	9.3	18.5	10.2	129.3	-3.5
	广西壮族自治区	844.8	4.3	283.9	8.6	380.4	4.8	23.3	-11.6	157.2	-0.9
	重庆市	1055.8	7.6	244.4	7.8	578.3	11.2	18.4	-14.9	214.7	0.9
	四川省	2483.5	8.1	633.8	6.0	1314.9	8.6	52.3	-7.3	482.5	11.5
	贵州省	537.9	6.7	245.5	6.8	197.5	12.3	14.3	-23.2	80.6	1.0
	云南省	760.3	4.9	285.9	3.1	300.1	10.7	23.7	-8.8	150.6	0.1
	西藏自治区	47.1	19.3	32.0	15.2	6.3	16.2	2.9	22.1	5.9	51.0
东北地区	辽宁省	1571.9	12.0	427.6	5.0	853.8	17.3	22.7	-12.0	267.8	9.9
	吉林省	721.3	6.4	199.7	6.8	363.8	10.4	10.8	-13.4	147.0	-1.0
	黑龙江省	1026.0	4.4	238.7	9.3	533.6	2.2	13.7	-10.3	240.0	6.0
	大连市	451.2	12.6	97.2	4.3	288.9	18.4	6.1	-10.3	59.0	3.8

表 10　2023 年各省（区、市）主要金融稳定相关指标比较表（重点领域）

单位：亿元（亿美元）、%

地区	省市	房地产开发投资		商品房销售额		地方政府债券发行额		地方政府债务余额		银行代客涉外收付总额	
		年末余额/本年累计	同比	年末余额/本年累计	同比	年末余额/本年累计	同比	年末余额/本年累计	同比	年末余额/本年累计	同比
东部地区	北京市	4195.7	0.4	4233.2	6.4	1713.0	-41.6	11376.0	7.7	22105.0	2.0
	天津市	1231.6	-42.1	1893.4	24.9	3612.0	149.6	11118.0	28.6	1549.1	-7.6
	河北省	3093.5	-12.7	3538.6	-4.4	4202.0	17.4	18427.0	17.0	960.8	2.0
	上海市	5885.8	18.2	7260.0	-2.8	1120.0	-37.9	8832.0	3.4	37207.7	6.1
	江苏省	11891.3	-4.2	12682.1	-14.4	4580.0	20.1	22733.0	9.9	9912.3	-3.3
	浙江省	13197.9	2.0	11503.8	-9.1	4549.0	6.3	22886.0	13.5	9070.4	32.5
	福建省	4815.0	-12.7	5546.5	-14.7	2839.0	10.2	13811.0	16.0	3811.7	80.5
	山东省	8168.9	-10.2	9541.5	-2.7	6310.9	20.8	27520.8	16.7	5253.3	52.7
	广东省	13465.9	-10.0	15135.5	-4.6	6871.3	14.4	29882.0	19.1	19881.8	105.0
	海南省	1170.7	1.1	1493.8	36.0	929.0	20.5	4106.0	17.8	875.4	39.8
	青岛市	1441.3	-19.4	2033.8	-6.7	797.0	13.5	3620.0	17.5	1958.4	4.3
	宁波市	2212.4	3.8	1202.1	-12.0	610.0	2.5	3249.0	12.6	2198.2	-6.1
	厦门市	1424.7	33.8	1267.0	2.6	436.0	9.0	2121.0	20.0	1932.4	-3.7
	深圳市	3774.5	10.6	3181.2	-14.0	682.6	-5.1	2692.4	29.3	10545.3	3.6
中部地区	山西省	1751.5	-0.7	1588.2	4.8	1269.0	-5.9	7082.0	12.7	544.4	-3.9
	安徽省	4659.4	-16.4	3872.9	-22.8	4483.0	66.4	15713.0	18.1	1445.6	-19.6
	江西省	1580.7	-7.1	2482.4	-20.6	2729.0	5.4	12709.0	17.1	739.4	-1.0
	河南省	4189.4	-9.3	4546.5	-3.1	4079.0	2.0	17893.0	18.3	1981.0	-7.9
	湖北省	5409.0	-3.5	4619.5	-5.8	3157.0	7.2	15626.0	12.4	1083.6	-5.4
	湖南省	3833.1	-13.1	3700.1	-11.6	4680.0	66.7	18216.0	18.2	783.8	-2.5
西部地区	内蒙古自治区	963.4	-1.5	993.1	14.4	2984.0	115.9	11071.0	18.5	537.5	43.3
	陕西省	2943.3	-8.5	2973.5	-9.1	2137.0	10.5	10855.0	10.9	544.8	-15.6
	甘肃省	1263.1	-14.8	900.8	7.8	1620.0	8.2	7107.0	16.8	127.1	-14.3
	青海省	201.4	-32.0	166.6	14.9	570.0	15.2	3337.0	9.6	12.4	57.5
	宁夏回族自治区	436.1	3.8	479.4	-4.5	463.0	79.5	2244.0	12.4	39.6	3.8
	新疆维吾尔自治区	1168.5	0.8	1167.5	32.1	1891.0	1.7	10245.0	13.8	193.3	15.2
	广西壮族自治区	1337.0	-31.2	1685.6	-14.9	3207.2	63.3	11551.5	18.8	598.4	-12.5
	重庆市	2792.4	-19.5	2475.0	-20.2	2999.6	41.7	12257.8	21.7	1289.2	-24.0
	四川省	5320.6	-23.3	7170.2	1.7	4468.0	15.4	20270.0	14.5	1783.4	-12.7
	贵州省	1188.3	-19.8	1251.7	-3.5	4128.0	98.3	15125.0	21.3	123.0	-16.7
	云南省	2066.6	-34.4	1702.2	-14.9	3702.0	50.7	14454.0	19.2	311.3	-3.4
	西藏自治区	79.2	30.5	66.8	31.6	135.0	7.1	682.0	20.1	7.4	79.5
东北地区	辽宁省	1744.8	-26.1	1557.0	-14.2	3467.0	71.3	12871.0	17.3	1363.4	115.9
	吉林省	823.8	-18.8	730.2	4.9	2380.0	56.1	8871.0	23.8	263.9	4.5
	黑龙江省	457.0	-27.3	554.4	-2.6	2102.8	65.2	8497.3	16.5	197.0	5.3
	大连市	458.1	-24.8	361.4	-33.5	671.0	43.7	2898.0	13.9	782.2	-19.7

表 11　北京市金融稳定相关指标表

指标名称	单位	2021 年		2022 年		2023 年	
		年末余额/本年累计	同比（%）	年末余额/本年累计	同比（%）	年末余额/本年累计	同比（%）
一、经济数据							
1. 地区生产总值（GDP）	亿元	40269.6	8.5	41610.9	0.7	43760.7	5.2
2. 全社会固定资产投资	亿元	—	4.9	—	3.6	—	4.9
3. 社会消费品零售总额	亿元	14867.7	8.4	13794.2	-7.2	14462.7	4.8
4. 进出口总额	亿元	30410.9	30.4	36358.3	19.6	36466.3	0.3
5. 地方一般预算收入	亿元	5932.3	8.1	5714.3	-3.7	6181.1	8.2
6. 地方一般预算支出	亿元	6862.7	1.3	7156.0	4.3	7971.6	6.7
7. 居民人均可支配收入	元	75002.0	8.0	77415.0	3.2	81752.0	5.6
8. 居民消费价格指数（CPI）		101.1	1.1	101.8	1.8	100.4	0.4
二、金融数据							
1. 银行业							
（1）资产总额	亿元	299607.2	4.7	318659.0	6.4	348066.5	9.2
（2）负债总额	亿元	285377.0	4.4	303755.6	6.4	332502.3	9.5
（3）各项贷款余额	亿元	89032.9	5.6	97819.9	9.9	110835.5	13.3
（4）各项存款余额	亿元	199741.5	6.2	218628.8	9.5	246430.0	12.7
2. 证券期货业							
（1）股票融资	亿元	2843.6	69.6	2242.4	-21.1	1678.7	-25.1
（2）债券融资	亿元	107956.9	-0.5	108050.5	0.1	143642.1	32.9
（3）期货公司资产总额	亿元	1633.3	45.6	1887.9	15.6	1731.2	-8.3
（4）私募基金管理规模	亿元	42599.9	18.8	44181.8	3.7	46513.1	5.3
3. 保险业							
原保险保费收入	亿元	2526.9	16.9	2758.5	9.2	3204.7	16.2
其中：财产险业务	亿元	443.5	1.0	479.1	8.0	517.9	8.1
寿险业务	亿元	1498.7	23.7	1724.2	15.0	2079.7	20.6
健康险业务	亿元	522.3	17.2	506.7	-3.0	558.9	10.3
人身意外伤害险业务	亿元	62.4	-3.9	48.5	-22.3	48.2	-0.7
三、重点领域数据							
1. 房地产							
（1）房地产开发投资	亿元	4139.0	5.1	4178.5	1.0	4195.7	0.4
（2）商品房销售面积	万平方米	1107.1	14.0	1040.0	-6.1	1122.6	7.9
（3）商品房销售额	亿元	4486.5	22.7	3976.9	-11.4	4233.2	6.4
2. 地方政府债务							
（1）债券发行额	亿元	3294.0	96.5	2932.0	-11.0	1713.0	-41.6
（2）债务余额	亿元	8771.0	44.6	10565.0	20.5	11376.0	7.7
3. 银行代客涉外收付款总额	亿美元	20191.1	40.5	21668.0	7.3	22105.0	2.0

表 12　天津市金融稳定相关指标表

指标名称	单位	2021 年		2022 年		2023 年	
		年末余额/本年累计	同比（%）	年末余额/本年累计	同比（%）	年末余额/本年累计	同比（%）
一、经济数据							
1. 地区生产总值（GDP）	亿元	15695.1	6.6	16311.3	1.0	16737.3	4.3
2. 全社会固定资产投资	亿元	—	4.8	—	-9.9	—	-16.4
3. 社会消费品零售总额	亿元	3780.0	5.2	3583.5	-5.2	3832.9	7.0
4. 进出口总额	亿元	8567.4	16.3	8448.5	-1.4	8004.7	-3.4
5. 地方一般预算收入	亿元	2141.0	11.3	1846.6	-13.8	2027.3	9.8
6. 地方一般预算支出	亿元	3150.3	0.0	2751.5	-12.7	3280.5	20.2
7. 居民人均可支配收入	元	47449.0	8.2	48976.0	3.2	51271.0	4.7
8. 居民消费价格指数（CPI）		101.3	1.3	101.9	1.9	100.4	0.4
二、金融数据							
1. 银行业							
（1）资产总额	亿元	56909.8	5.0	60495.1	6.3	65152.8	7.7
（2）负债总额	亿元	54090.3	4.7	57395.2	6.1	61859.9	7.8
（3）各项贷款余额	亿元	41054.2	5.7	42494.7	3.5	44765.0	5.1
（4）各项存款余额	亿元	35903.1	5.2	40488.2	12.8	44520.6	9.9
2. 证券期货业							
（1）股票融资	亿元	232.8	-41.9	267.6	15.0	62.1	-76.8
（2）债券融资	亿元	12029.9	3.4	11027.9	-8.3	13162.2	19.4
（3）期货公司资产总额	亿元	245.6	21.6	262.6	6.9	274.6	4.6
（4）私募基金管理规模	亿元	7935.9	0.6	7429.5	-6.4	6788.8	-8.6
3. 保险业							
原保险保费收入	亿元	660.5	2.8	670.2	1.5	731.4	9.1
其中：财产险业务	亿元	154.1	-5.1	157.1	1.9	167.3	6.5
寿险业务	亿元	372.5	3.3	384.6	3.3	441.7	14.9
健康险业务	亿元	115.6	16.2	116.1	0.4	111.8	-3.7
人身意外伤害险业务	亿元	18.3	-7.1	12.5	-31.4	10.6	-15.5
三、重点领域数据							
1. 房地产							
（1）房地产开发投资	亿元	2770.0	6.2	2127.9	-23.2	1231.5	-42.1
（2）商品房销售面积	万平方米	1435.4	9.8	973.8	-32.2	1177.4	20.9
（3）商品房销售额	亿元	2322.8	9.9	1516.4	-34.7	1893.4	24.9
2. 地方政府债务							
（1）债券发行额	亿元	2256.0	25.0	1447.0	-35.9	3612.0	149.6
（2）债务余额	亿元	7882.0	23.8	8646.0	9.7	11118.0	28.6
3. 银行代客涉外收付款总额	亿美元	1705.3	23.0	1676.8	-1.7	1549.1	-7.6

表 13　河北省金融稳定相关指标表

指标名称	单位	2021 年		2022 年		2023 年	
		年末余额/本年累计	同比（%）	年末余额/本年累计	同比（%）	年末余额/本年累计	同比（%）
一、经济数据							
1. 地区生产总值（GDP）	亿元	40397.1	6.5	42370.4	3.8	43944.1	5.5
2. 全社会固定资产投资	亿元	—	3.0	—	7.6	—	6.1
3. 社会消费品零售总额	亿元	13509.9	6.3	13720.1	1.6	15040.5	9.6
4. 进出口总额	亿元	5338.2	19.8	5418.9	1.5	5818.4	7.4
5. 地方一般预算收入	亿元	4167.6	8.9	4056.3	-2.7	4286.1	5.7
6. 地方一般预算支出	亿元	8848.2	-1.9	9305.6	5.2	9605.7	3.2
7. 居民人均可支配收入	元	29383.0	8.3	30867.0	5.1	32903.0	6.6
8. 居民消费价格指数（CPI）		101.0	1.0	101.8	1.8	100.6	0.6
二、金融数据							
1. 银行业							
（1）资产总额	亿元	106272.0	9.5	119241.1	12.2	133344.7	11.8
（2）负债总额	亿元	101971.1	9.7	114385.1	12.2	128008.1	11.9
（3）各项贷款余额	亿元	67962.8	11.4	76644.7	12.8	86603.1	12.9
（4）各项存款余额	亿元	89019.5	9.5	100279.0	12.7	112840.4	12.5
2. 证券期货业							
（1）股票融资	亿元	318.7	-39.4	259.6	-18.6	267.7	3.1
（2）债券融资	亿元	4117.2	-2.0	3732.1	-9.4	4082.5	9.4
（3）期货公司资产总额	亿元	12.1	14.8	7.9	-34.8	7.9	0.4
（4）私募基金管理规模	亿元	654.9	26.0	809.9	23.7	933.7	15.3
3. 保险业							
原保险保费收入	亿元	1994.5	2.8	2042.5	2.4	2136.3	4.6
其中：财产险业务	亿元	544.8	-7.3	590.6	8.4	626.1	6.0
寿险业务	亿元	1044.6	6.7	1040.4	-0.4	1117.8	7.4
健康险业务	亿元	360.9	7.9	368.8	2.2	357.0	-3.2
人身意外伤害险业务	亿元	44.3	10.9	42.8	-3.3	35.4	-17.4
三、重点领域数据							
1. 房地产							
（1）房地产开发投资	亿元	5023.9	9.2	4983.0	-0.8	3093.5	-12.7
（2）商品房销售面积	万平方米	6133.1	1.7	4615.7	-24.7	4323.0	-6.3
（3）商品房销售额	亿元	5052.9	2.1	3702.1	-26.7	3538.6	-4.4
2. 地方政府债务							
（1）债券发行额	亿元	3289.0	9.6	3578.0	8.8	4202.0	17.4
（2）债务余额	亿元	13226.0	20.1	15749.0	19.1	18427.0	17.0
3. 银行代客涉外收付款总额	亿美元	923.2	28.3	942.2	2.1	960.8	2.0

表 14 上海市金融稳定相关指标表

指标名称	单位	2021 年		2022 年		2023 年	
		年末余额/本年累计	同比（%）	年末余额/本年累计	同比（%）	年末余额/本年累计	同比（%）
一、经济数据							
1. 地区生产总值（GDP）	亿元	43214.9	8.1	44652.8	-0.2	47218.7	5.0
2. 全社会固定资产投资	亿元	—	8.1	—	-1.0	—	13.8
3. 社会消费品零售总额	亿元	18079.3	13.5	16442.1	-9.1	18515.5	12.6
4. 进出口总额	亿元	40610.4	16.5	41902.8	3.2	42121.6	0.7
5. 地方一般预算收入	亿元	7771.8	10.3	7608.2	-2.1	8312.5	9.3
6. 地方一般预算支出	亿元	8430.9	4.1	9393.2	11.4	9638.5	2.6
7. 居民人均可支配收入	元	78027.0	8.0	79610.0	2.0	84834.0	6.6
8. 居民消费价格指数（CPI）		101.2	1.2	102.5	2.5	100.3	0.3
二、金融数据							
1. 银行业							
（1）资产总额	亿元	213116.6	10.9	233881.0	9.7	249171.3	6.5
（2）负债总额	亿元	203761.0	10.8	223821.4	9.9	238081.6	6.4
（3）各项贷款余额	亿元	95301.3	13.2	103443.7	8.5	111314.8	7.6
（4）各项存款余额	亿元	139919.4	11.5	156679.8	12.0	169336.5	8.1
2. 证券期货业							
（1）股票融资	亿元	1938.8	-29.7	1624.6	-16.2	1288.2	-20.7
（2）债券融资	亿元	56020.3	16.4	50404.8	-10.0	46692.4	-7.4
（3）期货公司资产总额	亿元	4772.6	44.1	6001.9	25.8	5556.4	-7.4
（4）私募基金管理规模	亿元	50704.8	36.9	50455.9	-0.5	51643.3	2.4
3. 保险业							
原保险保费收入	亿元	1970.9	10.3	2095.0	6.3	2470.7	17.9
其中：财产险业务	亿元	523.9	3.5	554.6	5.9	640.4	15.5
寿险业务	亿元	1048.3	4.8	1132.4	8.0	1411.6	24.7
健康险业务	亿元	323.6	15.2	351.6	8.6	366.3	4.2
人身意外伤害险业务	亿元	45.1	-39.9	56.5	25.3	52.4	-7.2
三、重点领域数据							
1. 房地产							
（1）房地产开发投资	亿元	5034.9	7.2	4979.5	-1.1	5885.8	18.2
（2）商品房销售面积	万平方米	1880.5	5.1	1852.9	-1.5	1808.0	-2.4
（3）商品房销售额	亿元	6788.7	12.3	7467.5	10.0	7260.0	-2.8
2. 地方政府债务							
（1）债券发行额	亿元	1211.0	31.0	1802.0	48.8	1120.0	-37.9
（2）债务余额	亿元	7357.0	9.4	8539.0	16.1	8832.0	3.4
3. 银行代客涉外收付款总额	亿美元	33169.0	37.6	35065.1	5.7	37207.7	6.1

表 15 江苏省金融稳定相关指标表

指标名称	单位	2021 年		2022 年		2023 年	
		年末余额/本年累计	同比（%）	年末余额/本年累计	同比（%）	年末余额/本年累计	同比（%）
一、经济数据							
1. 地区生产总值（GDP）	亿元	116364.2	8.6	122875.6	2.8	128222.2	5.8
2. 全社会固定资产投资	亿元	—	5.8	—	3.8	—	5.2
3. 社会消费品零售总额	亿元	42702.6	15.1	42752.1	0.1	45547.5	6.5
4. 进出口总额	亿元	52130.6	17.2	54454.9	4.8	52493.8	-3.2
5. 地方一般预算收入	亿元	10015.2	10.6	9258.9	1.5	9930.2	7.3
6. 地方一般预算支出	亿元	14586.0	6.6	14903.2	2.2	15242.7	2.3
7. 居民人均可支配收入	元	47498.0	9.5	49862.0	5.0	52674.0	5.6
8. 居民消费价格指数（CPI）		101.6	1.6	102.2	2.2	100.4	0.4
二、金融数据							
1. 银行业							
（1）资产总额	亿元	242168.5	10.7	274811.0	13.5	310100.0	12.8
（2）负债总额	亿元	232199.9	10.5	263595.1	13.5	297472.2	12.9
（3）各项贷款余额	亿元	180519.3	15.3	206943.9	14.6	236288.6	14.2
（4）各项存款余额	亿元	184089.3	8.9	206388.6	12.1	232432.1	12.6
2. 证券期货业							
（1）股票融资	亿元	2194.5	39.8	1978.1	-9.9	1202.2	-39.2
（2）债券融资	亿元	32981.7	23.6	30986.0	-6.1	34164.8	10.3
（3）期货公司资产总额	亿元	356.0	24.6	464.4	30.4	454.4	-2.2
（4）私募基金管理规模	亿元	9584.6	9.8	10527.7	9.8	11416.2	8.4
3. 保险业							
原保险保费收入	亿元	4051.1	5.2	4317.7	6.6	4790.3	11.0
其中：财产险业务	亿元	1002.2	2.3	1124.4	12.2	1193.4	6.1
寿险业务	亿元	2345.0	5.5	2466.2	5.2	2828.5	14.7
健康险业务	亿元	609.6	8.7	640.6	5.1	697.2	8.8
人身意外伤害险业务	亿元	94.4	10.3	86.5	-8.3	71.2	-17.7
三、重点领域数据							
1. 房地产							
（1）房地产开发投资	亿元	13477.5	2.3	12406.9	-7.9	11891.3	-4.2
（2）商品房销售面积	万平方米	16551.8	7.3	12115.2	-26.8	11019.4	-9.0
（3）商品房销售额	亿元	21361.3	10.1	14811.6	-30.7	12682.1	-14.4
2. 地方政府债务							
（1）债券发行额	亿元	3702.0	-11.5	3814.0	3.0	4580.0	20.1
（2）债务余额	亿元	18964.0	10.1	20694.0	9.1	22733.0	9.9
3. 银行代客涉外收付款总额	亿美元	9583.9	24.4	10255.1	7.0	9912.3	-3.3

表 16　浙江省金融稳定相关指标表

指标名称	单位	2021 年		2022 年		2023 年	
		年末余额/本年累计	同比（%）	年末余额/本年累计	同比（%）	年末余额/本年累计	同比（%）
一、经济数据							
1. 地区生产总值（GDP）	亿元	73516.0	8.5	77715.0	3.1	82553.0	6.0
2. 全社会固定资产投资	亿元	—	10.8	—	9.1	—	6.1
3. 社会消费品零售总额	亿元	29211.0	9.7	30467.0	4.3	32550.0	6.8
4. 进出口总额	亿元	41429.0	22.4	46837.0	13.1	48998.0	4.6
5. 地方一般预算收入	亿元	8263.0	14.0	8040.0	-2.7	8600.0	7.0
6. 地方一般预算支出	亿元	11017.0	9.3	12018.0	9.1	12353.1	2.8
7. 居民人均可支配收入	元	57541.0	9.8	60302.0	4.8	63830.0	5.9
8. 居民消费价格指数（CPI）		101.5	1.5	102.2	2.2	100.3	0.3
二、金融数据							
1. 银行业							
（1）资产总额	亿元	222467.9	12.0	254502.3	14.4	291457.6	14.5
（2）负债总额	亿元	212564.7	11.7	243614.5	14.6	279161.0	14.6
（3）各项贷款余额	亿元	165860.4	15.4	189798.4	14.4	216687.2	14.2
（4）各项存款余额	亿元	159786.3	10.8	186240.5	16.6	211550.0	13.6
2. 证券期货业							
（1）股票融资	亿元	1820.7	-7.8	1655.0	-9.1	1276.5	-22.9
（2）债券融资	亿元	34317.9	43.4	31962.8	-6.9	35356.6	10.6
（3）期货公司资产总额	亿元	1673.5	48.6	1772.0	5.9	1697.3	-4.2
（4）私募基金管理规模	亿元	19480.7	37.5	18171.7	-6.7	17573.0	-3.3
3. 保险业							
原保险保费收入	亿元	2860.2	-0.3	3129.1	9.4	3554.0	13.6
其中：财产险业务	亿元	920.7	-2.1	1010.0	9.7	1079.0	6.8
寿险业务	亿元	1432.6	-0.7	1571.0	9.7	1881.3	19.7
健康险业务	亿元	432.5	4.4	477.0	10.3	526.2	10.3
人身意外伤害险业务	亿元	74.4	3.7	71.1	-4.4	67.4	-5.2
三、重点领域数据							
1. 房地产							
（1）房地产开发投资	亿元	12389.1	8.5	12939.5	4.4	13197.9	2.0
（2）商品房销售面积	万平方米	9990.7	-2.5	6815.3	-31.8	6106.4	-10.4
（3）商品房销售额	亿元	19052.2	11.1	12660.1	-33.6	11503.8	-9.1
2. 地方政府债务							
（1）债券发行额	亿元	4235.0	25.7	4279.0	1.0	4549.0	6.3
（2）债务余额	亿元	17427.0	19.0	20169.0	15.7	22886.0	13.5
3. 银行代客涉外收付款总额	亿美元	8335.0	7.9	6845.2	-17.9	9070.4	32.5

表 17　　福建省金融稳定相关指标表

指标名称	单位	2021 年		2022 年		2023 年	
		年末余额/本年累计	同比（%）	年末余额/本年累计	同比（%）	年末余额/本年累计	同比（%）
一、经济数据							
1. 地区生产总值（GDP）	亿元	48810.4	8.0	53109.9	4.7	54355.1	4.5
2. 全社会固定资产投资	亿元	—	6.0	—	7.5	—	2.5
3. 社会消费品零售总额	亿元	20373.1	9.4	21050.1	3.3	22109.6	5.0
4. 进出口总额	亿元	18449.6	30.9	19828.6	7.6	19743.5	-0.2
5. 地方一般预算收入	亿元	3383.4	9.9	3339.1	5.5	3591.9	7.6
6. 地方一般预算支出	亿元	5210.9	7.5	5702.9	9.6	5868.4	3.1
7. 居民人均可支配收入	元	40659.0	9.3	43118.0	6.0	45426.0	5.4
8. 居民消费价格指数（CPI）		100.7	0.7	101.9	1.9	100.0	0.0
二、金融数据							
1. 银行业							
（1）资产总额	亿元	123324.6	8.9	134166.1	8.8	145454.9	8.4
（2）负债总额	亿元	114045.0	8.9	123782.9	8.5	134414.9	8.6
（3）各项贷款余额	亿元	67894.6	13.4	76177.7	12.2	82387.6	8.2
（4）各项存款余额	亿元	62091.5	10.1	72927.9	17.5	81021.1	11.1
2. 证券期货业							
（1）股票融资	亿元	178.7	-68.8	1364.8	663.6	97.8	-92.8
（2）债券融资	亿元	22027.9	13.2	19250.0	-12.6	20305.1	5.5
（3）期货公司资产总额	亿元	536.5	49.4	646.4	20.5	604.0	-6.6
（4）私募基金管理规模	亿元	3055.9	18.4	3213.5	5.2	3424.5	6.6
3. 保险业							
原保险保费收入	亿元	1294.5	4.7	1374.7	6.2	1509.0	9.8
其中：财产险业务	亿元	328.1	-1.1	358.8	9.4	371.9	3.7
寿险业务	亿元	663.2	7.0	704.6	6.3	811.6	15.2
健康险业务	亿元	266.4	6.9	279.2	4.8	297.0	6.4
人身意外伤害险业务	亿元	36.9	3.7	32.1	-13.1	28.5	-11.3
三、重点领域数据							
1. 房地产							
（1）房地产开发投资	亿元	6195.6	2.8	5515.5	-11.0	4815.0	-12.7
（2）商品房销售面积	万平方米	6976.4	5.6	6054.3	-13.2	5297.5	-12.5
（3）商品房销售额	亿元	8217.3	9.6	6502.4	-20.9	5546.5	-14.7
2. 地方政府债务							
（1）债券发行额	亿元	2649.0	34.8	2576.0	-2.8	2839.0	10.2
（2）债务余额	亿元	10091.0	21.0	11903.0	18.0	13811.0	16.0
3. 银行代客涉外收付款总额	亿美元	3655.2	-10.7	2112.2	-42.2	3811.7	80.5

表 18　　山东省金融稳定相关指标表

指标名称	单位	2021 年		2022 年		2023 年	
		年末余额/本年累计	同比（%）	年末余额/本年累计	同比（%）	年末余额/本年累计	同比（%）
一、经济数据							
1. 地区生产总值（GDP）	亿元	83095.9	8.3	87435.1	3.9	92068.7	6.0
2. 全社会固定资产投资	亿元	—	6.0	—	6.1	—	5.2
3. 社会消费品零售总额	亿元	33714.5	15.3	33236.2	-1.4	36141.8	8.7
4. 进出口总额	亿元	29304.1	32.2	33324.9	13.8	32642.6	-2.1
5. 地方一般预算收入	亿元	7284.5	11.0	7104.0	-2.5	7464.7	5.1
6. 地方一般预算支出	亿元	11709.1	9.5	12131.5	3.6	12582.7	3.7
7. 居民人均可支配收入	元	37505.0	8.6	37560.0	5.2	39890.0	6.2
8. 居民消费价格指数（CPI）		101.2	1.2	101.7	1.7	100.1	0.1
二、金融数据							
1. 银行业							
（1）资产总额	亿元	166135.0	10.3	183773.0	10.6	203022.8	10.5
（2）负债总额	亿元	159915.1	10.2	177113.8	10.8	195575.5	10.4
（3）各项贷款余额	亿元	111203.5	11.9	124212.5	11.7	138675.0	11.6
（4）各项存款余额	亿元	127274.0	9.2	142358.3	11.9	156286.9	9.8
2. 证券期货业							
（1）股票融资	亿元	695.4	9.6	586.5	-15.7	532.0	-9.3
（2）债券融资	亿元	15361.0	16.7	13749.4	-10.5	17185.8	25.0
（3）期货公司资产总额	亿元	279.1	55.3	383.5	37.4	391.1	2.0
（4）私募基金管理规模	亿元	3255.8	26.7	3521.0	8.1	3677.6	4.5
3. 保险业							
原保险保费收入	亿元	3278.0	-5.9	3410.0	4.0	3641.0	6.8
其中：财产险业务	亿元	812.0	-1.8	875.0	7.8	907.0	3.7
寿险业务	亿元	1683.0	-10.2	1743.0	3.6	1935.0	11.0
健康险业务	亿元	703.0	-0.9	718.0	2.1	733.0	2.1
人身意外伤害险业务	亿元	80.0	9.6	75.0	-6.3	66.0	-12.0
三、重点领域数据							
1. 房地产							
（1）房地产开发投资	亿元	9819.7	3.9	9225.9	-6.0	8168.9	-10.2
（2）商品房销售面积	万平方米	13271.7	4.1	11685.6	-18.1	11286.8	-3.4
（3）商品房销售额	亿元	11065.6	7.7	9807.7	-19.3	9541.5	-2.7
2. 地方政府债务							
（1）债券发行额	亿元	5631.5	25.1	5224.7	-7.2	6310.9	20.8
（2）债务余额	亿元	19992.7	20.5	23588.0	18.0	27520.8	16.7
3. 银行代客涉外收付款总额	亿美元	4983.3	-0.8	3441.0	-31.0	5253.3	52.7

表 19　　广东省金融稳定相关指标表

指标名称	单位	2021 年		2022 年		2023 年	
		年末余额/本年累计	同比（%）	年末余额/本年累计	同比（%）	年末余额/本年累计	同比（%）
一、经济数据							
1. 地区生产总值（GDP）	亿元	124369.7	8.0	129118.6	1.9	135673.2	4.8
2. 全社会固定资产投资	亿元	—	6.3	—	-2.6	—	2.5
3. 社会消费品零售总额	亿元	44187.7	9.9	44882.9	1.6	47494.9	5.8
4. 进出口总额	亿元	82680.3	16.7	83102.9	0.5	83040.7	0.3
5. 地方一般预算收入	亿元	14103.4	9.1	13279.7	-5.8	13851.3	4.3
6. 地方一般预算支出	亿元	18222.7	4.2	18509.9	1.6	18510.9	0.0
7. 居民人均可支配收入	元	44993.3	9.7	47064.6	4.6	49327.0	4.8
8. 居民消费价格指数（CPI）		101.8	1.8	102.2	2.2	100.4	0.4
二、金融数据							
1. 银行业							
（1）资产总额	亿元	320440.9	8.3	351257.4	9.6	385665.6	9.8
（2）负债总额	亿元	308832.8	8.2	339158.1	9.8	372704.3	9.9
（3）各项贷款余额	亿元	222234.3	13.6	245722.9	10.6	271561.6	9.5
（4）各项存款余额	亿元	293169.2	9.5	322357.7	10.0	350887.6	8.9
2. 证券期货业							
（1）股票融资	亿元	2262.1	-8.6	2407.8	6.4	1609.6	-33.1
（2）债券融资	亿元	53129.0	18.6	39062.5	-26.5	46254.9	18.4
（3）期货公司资产总额	亿元	3176.5	40.5	4166.7	31.2	4393.2	5.4
（4）私募基金管理规模	亿元	33686.9	18.3	33840.7	0.5	34356.9	1.5
3. 保险业							
原保险保费收入	亿元	5579.0	4.1	5894.2	5.7	6556.0	11.2
其中：财产险业务	亿元	1395.9	2.8	1565.4	12.2	1679.4	7.3
寿险业务	亿元	2920.7	3.7	3022.7	3.5	3521.8	16.5
健康险业务	亿元	1078.9	6.4	1145.9	6.2	1213.5	5.9
人身意外伤害险业务	亿元	183.5	6.6	160.2	-12.7	141.4	-11.7
三、重点领域数据							
1. 房地产							
（1）房地产开发投资	亿元	17465.9	0.9	14963.0	-14.3	13465.9	-10.0
（2）商品房销售面积	万平方米	14011.3	-6.0	10591.1	-24.4	9621.7	-9.2
（3）商品房销售额	亿元	22320.3	-1.1	15870.5	-28.9	15135.5	-4.6
2. 地方政府债务							
（1）债券发行额	亿元	6760.0	64.0	6005.0	-11.2	6871.3	14.4
（2）债务余额	亿元	20415.0	33.3	25071.0	22.8	29882.0	19.1
3. 银行代客涉外收付款总额	亿美元	19730.8	-12.6	9699.1	-50.8	19881.8	105.0

表 20　　海南省金融稳定相关指标表

指标名称	单位	2021 年		2022 年		2023 年	
		年末余额/本年累计	同比（%）	年末余额/本年累计	同比（%）	年末余额/本年累计	同比（%）
一、经济数据							
1. 地区生产总值（GDP）	亿元	6475.2	11.2	6818.2	0.2	7551.2	9.2
2. 全社会固定资产投资	亿元	—	10.2	—	-4.2	—	1.1
3. 社会消费品零售总额	亿元	2497.6	26.5	2268.4	-9.2	2511.3	10.7
4. 进出口总额	亿元	1476.8	57.7	2009.5	36.8	2312.8	15.3
5. 地方一般预算收入	亿元	921.2	12.9	832.4	-2.9	900.7	8.2
6. 地方一般预算支出	亿元	1982.8	0.5	2095.5	6.3	2257.3	7.6
7. 居民人均可支配收入	元	30457.0	9.1	30957.0	1.6	33192.0	7.2
8. 居民消费价格指数（CPI）		100.3	0.3	101.6	1.6	100.3	0.3
二、金融数据							
1. 银行业							
（1）资产总额	亿元	15029.0	7.1	15799.8	5.1	16937.6	7.2
（2）负债总额	亿元	14673.9	3.9	15255.8	4.0	16286.7	6.8
（3）各项贷款余额	亿元	10607.1	6.3	11090.3	4.6	11915.9	7.4
（4）各项存款余额	亿元	11338.7	10.0	12321.6	8.7	13478.5	9.4
2. 证券期货业							
（1）股票融资	亿元	25.4	33.7	132.4	422.0	27.8	-79.0
（2）债券融资	亿元	383.3	25.4	366.4	-4.4	415.0	13.3
（3）期货公司资产总额	亿元	44.3	112.4	52.8	19.3	53.7	1.7
（4）私募基金管理规模	亿元	1525.4	318.8	2121.0	39.1	2714.8	28.0
3. 保险业							
原保险保费收入	亿元	198.3	5.5	200.9	1.3	209.8	4.5
其中：财产险业务	亿元	74.0	3.7	79.2	7.0	85.9	8.4
寿险业务	亿元	80.0	5.9	82.9	3.6	90.7	9.5
健康险业务	亿元	37.9	10.9	33.4	-12.0	28.3	-15.3
人身意外伤害险业务	亿元	6.3	-7.0	5.4	-14.5	5.0	-7.8
三、重点领域数据							
1. 房地产							
（1）房地产开发投资	亿元	1379.6	2.8	1158.4	-16.0	1170.7	1.1
（2）商品房销售面积	万平方米	888.9	18.3	644.0	-27.6	899.7	39.7
（3）商品房销售额	亿元	1559.2	26.6	1098.0	-29.6	1493.8	36.0
2. 地方政府债务							
（1）债券发行额	亿元	696.0	23.0	771.0	10.8	929.0	20.5
（2）债务余额	亿元	3008.0	14.7	3487.0	15.9	4106.0	17.8
3. 银行代客涉外收付款总额	亿美元	381.4	102.5	626.4	64.2	875.4	39.8

表 21　　青岛市金融稳定相关指标表

指标名称	单位	2021 年		2022 年		2023 年	
		年末余额/本年累计	同比（%）	年末余额/本年累计	同比（%）	年末余额/本年累计	同比（%）
一、经济数据							
1. 地区生产总值（GDP）	亿元	14136.5	8.3	14920.8	5.6	15760.3	5.9
2. 全社会固定资产投资	亿元	—	4.1	—	4.5	—	5.0
3. 社会消费品零售总额	亿元	5975.4	14.8	5891.8	-1.4	6318.9	7.3
4. 进出口总额	亿元	8498.4	32.4	9117.2	7.4	8759.7	4.6
5. 地方一般预算收入	亿元	1368.3	9.1	1273.3	-6.9	1337.8	5.1
6. 地方一般预算支出	亿元	1705.7	7.6	1696.2	-0.6	1719.0	1.3
7. 居民人均可支配收入	元	51223.0	8.6	53735.0	4.9	56961.0	6.0
8. 居民消费价格指数（CPI）		101.5	1.5	102.3	2.3	99.9	-0.1
二、金融数据							
1. 银行业							
（1）资产总额	亿元	32487.3	11.5	35091.5	8.0	39001.0	11.1
（2）负债总额	亿元	31092.0	11.2	33572.5	8.0	37336.8	11.2
（3）各项贷款余额	亿元	24089.1	14.4	26990.7	12.0	30147.0	11.7
（4）各项存款余额	亿元	22374.9	9.1	23933.4	7.0	26064.9	8.9
2. 证券期货业							
（1）首次公开发行（IPO）	亿元	54.4	56.8	22.4	-58.8	20.0	-10.7
（2）债券融资	亿元	3908.7	17.7	3196.8	-18.2	4522.0	41.5
（3）期货公司资产总额	亿元	10.4	0.0	28.7	176.7	18.5	-35.6
（4）私募基金管理规模	亿元	1639.4	57.7	1795.6	9.5	1885.2	5.0
3. 保险业							
原保险保费收入	亿元	461.8	6.2	502.5	8.8	541.1	7.7
其中：财产险业务	亿元	144.2	3.8	154.4	7.1	143.4	-7.1
寿险业务	亿元	210.3	5.2	238.6	13.5	286.2	19.9
健康险业务	亿元	96.1	11.7	98.0	2.0	100.7	2.8
人身意外伤害险业务	亿元	11.3	13.0	11.4	0.9	10.7	-6.1
三、重点领域数据							
1. 房地产							
（1）房地产开发投资	亿元	1981.8	-3.1	1789.1	-9.7	1441.3	-19.4
（2）商品房销售面积	万平方米	1644.5	-0.5	1563.7	-4.9	1460.1	-6.6
（3）商品房销售额	亿元	2267.3	2.3	2180.8	-3.8	2033.8	-6.7
2. 地方政府债务							
（1）债券发行额	亿元	721.0	26.9	702.0	-2.6	797.0	13.5
（2）债务余额	亿元	2559.0	24.3	3080.0	20.4	3620.0	17.5
3. 银行代客涉外收付款总额	亿美元	1684.2	38.0	1877.0	11.5	1958.4	4.3

表 22 宁波市金融稳定相关指标表

指标名称	单位	2021 年		2022 年		2023 年	
		年末余额/本年累计	同比（%）	年末余额/本年累计	同比（%）	年末余额/本年累计	同比（%）
一、经济数据							
1. 地区生产总值（GDP）	亿元	14594.9	8.2	15704.3	3.5	16452.8	5.5
2. 全社会固定资产投资	亿元	—	11.0	—	10.4	—	7.5
3. 社会消费品零售总额	亿元	4649.1	9.7	4896.7	5.3	5212.6	6.5
4. 进出口总额	亿元	11926.1	21.6	12671.3	6.2	12779.3	0.9
5. 地方一般预算收入	亿元	1723.1	14.1	1680.2	-2.5	1785.9	6.3
6. 地方一般预算支出	亿元	1944.4	11.6	2187.8	12.5	2235.1	2.2
7. 居民人均可支配收入	元	65436.0	9.1	68348.0	4.5	71731.0	4.9
8. 居民消费价格指数（CPI）		102.1	2.1	102.3	2.3	100.4	0.4
二、金融数据							
1. 银行业							
（1）资产总额	亿元	40414.7	13.8	46418.2	14.9	53553.9	15.4
（2）负债总额	亿元	38029.7	13.1	43805.3	15.2	50438.9	15.1
（3）各项贷款余额	亿元	29045.5	14.1	32986.1	13.6	38133.0	15.6
（4）各项存款余额	亿元	27228.9	13.5	31302.7	15.0	34071.6	8.9
2. 证券期货业							
（1）首次公开发行（IPO）	亿元	51.2	6.8	52.6	2.8	19.9	-62.1
（2）债券融资	亿元	8985.5	75.6	8626.7	-4.0	7548.0	-12.5
（3）期货公司资产总额	亿元	109.7	24.1	112.6	2.7	87.4	-22.4
（4）私募基金管理规模	亿元	8267.6	70.8	7489.3	-9.4	7442.9	-0.6
3. 保险业							
原保险保费收入	亿元	375.1	1.5	416.1	10.9	455.2	9.4
其中：财产险业务	亿元	175.7	2.4	190.7	8.5	197.8	3.8
寿险业务	亿元	144.6	-1.0	170.7	18.1	198.4	16.2
健康险业务	亿元	43.5	2.2	43.9	1.0	49.0	11.6
人身意外伤害险业务	亿元	11.4	18.4	10.8	-4.9	10.0	-7.6
三、重点领域数据							
1. 房地产							
（1）房地产开发投资	亿元	2075.6	14.1	2131.7	2.7	2212.4	3.8
（2）商品房销售面积	万平方米	1606.2	-13.6	1128.8	-29.7	902.3	-20.1
（3）商品房销售额	亿元	2795.0	0.3	1365.8	-51.1	1202.1	-12.0
2. 地方政府债务							
（1）债券发行额	亿元	596.0	22.4	595.0	-0.2	610.0	2.5
（2）债务余额	亿元	2549.0	18.0	2886.0	13.2	3249.0	12.6
3. 银行代客涉外收付款总额	亿美元	2211.1	38.3	2341.7	5.9	2198.2	-6.1

表 23　　厦门市金融稳定相关指标表

指标名称	单位	2021 年		2022 年		2023 年	
		年末余额/本年累计	同比（%）	年末余额/本年累计	同比（%）	年末余额/本年累计	同比（%）
一、经济数据							
1. 地区生产总值（GDP）	亿元	7295.7	8.4	7802.7	4.4	8066.5	3.1
2. 全社会固定资产投资	亿元	—	11.3	—	10.2	—	0.5
3. 社会消费品零售总额	亿元	2584.1	12.7	2665.4	3.1	2743.3	2.9
4. 进出口总额	亿元	8869.1	27.6	9217.8	3.9	9470.4	2.7
5. 地方一般预算收入	亿元	881.0	12.4	883.8	0.3	932.1	5.5
6. 地方一般预算支出	亿元	1060.0	8.5	1088.7	2.7	1088.3	0.0
7. 居民人均可支配收入	元	64362.0	10.7	67999.0	5.7	71062.0	4.5
8. 居民消费价格指数（CPI）		101.2	1.2	101.8	1.8	100.2	0.2
二、金融数据							
1. 银行业							
（1）资产总额	亿元	22128.3	10.3	23864.3	7.8	25408.6	6.5
（2）负债总额	亿元	20890.0	10.0	22508.1	7.7	23932.6	6.3
（3）各项贷款余额	亿元	15316.7	14.1	17319.3	13.1	18575.3	6.9
（4）各项存款余额	亿元	14767.5	12.6	16167.0	9.5	16724.7	3.5
2. 证券期货业							
（1）首次公开发行（IPO）	亿元	38.0	-49.4	61.7	62.5	14.1	-77.1
（2）债券融资	亿元	4575.0	-4.0	4418.9	-3.4	3976.2	-10.0
（3）期货公司资产总额	亿元	251.0	39.8	263.0	4.8	238.7	-9.2
（4）私募基金管理规模	亿元	1340.5	48.0	1534.2	14.5	1892.8	23.4
3. 保险业							
原保险保费收入	亿元	242.7	3.1	270.5	11.4	297.2	9.9
其中：财产险业务	亿元	71.2	-4.9	78.8	10.6	79.6	1.0
寿险业务	亿元	121.8	6.9	142.1	16.6	166.5	17.1
健康险业务	亿元	42.5	8.2	43.1	1.2	45.8	6.4
人身意外伤害险业务	亿元	7.1	1.8	6.5	-8.9	5.2	-19.0
三、重点领域数据							
1. 房地产							
（1）房地产开发投资	亿元	1069.7	1.3	1064.8	-0.5	1424.7	33.8
（2）商品房销售面积	万平方米	593.0	-4.6	610.0	2.9	598.4	-1.1
（3）商品房销售额	亿元	1482.8	-2.5	1246.6	-15.9	1267.0	2.6
2. 地方政府债务							
（1）债券发行额	亿元	458.0	23.1	400.0	-12.7	436.0	9.0
（2）债务余额	亿元	1426.0	28.2	1768.0	24.0	2121.0	20.0
3. 银行代客涉外收付款总额	亿美元	1969.4	43.7	2006.3	1.9	1932.4	-3.7

表 24 深圳市金融稳定相关指标表

指标名称	单位	2021 年		2022 年		2023 年	
		年末余额/本年累计	同比（%）	年末余额/本年累计	同比（%）	年末余额/本年累计	同比（%）
一、经济数据							
1. 地区生产总值（GDP）	亿元	30664.9	6.7	32387.7	3.3	34606.4	6.0
2. 全社会固定资产投资	亿元	—	3.7	—	8.4	—	11.0
3. 社会消费品零售总额	亿元	9498.1	9.6	9708.3	2.2	10486.2	7.8
4. 进出口总额	亿元	35435.6	16.2	36737.5	3.7	38710.7	5.9
5. 地方一般预算收入	亿元	4257.7	10.4	4012.4	-5.8	4112.8	2.5
6. 地方一般预算支出	亿元	4570.2	9.4	4997.4	9.3	5012.1	0.3
7. 居民人均可支配收入	元	70847.0	9.2	72718.0	2.6	76910.0	5.8
8. 居民消费价格指数（CPI）		100.9	0.9	102.3	2.3	100.8	0.8
二、金融数据							
1. 银行业							
（1）资产总额	亿元	112695.9	7.8	122238.1	8.5	133844.0	9.5
（2）负债总额	亿元	109276.5	8.0	118643.4	8.6	129873.9	9.5
（3）各项贷款余额	亿元	77240.8	13.6	83423.0	8.0	92140.9	8.3
（4）各项存款余额	亿元	112545.2	10.4	123400.5	9.7	133350.5	8.1
2. 证券期货业							
（1）首次公开发行（IPO）	亿元	325.6	2.1	455.7	40.0	282.6	-38.0
（2）债券融资	亿元	30087.4	17.9	18628.6	-38.1	24109.7	29.4
（3）期货公司资产总额	亿元	2159.5	49.4	2744.9	27.1	2960.4	7.8
（4）私募基金管理规模	亿元	22661.6	15.1	21999.5	-2.9	21493.4	-2.3
3. 保险业							
原保险保费收入	亿元	1426.5	4.2	1527.7	7.1	1719.6	12.6
其中：财产险业务	亿元	376.7	4.5	417.9	10.9	442.7	5.9
寿险业务	亿元	638.3	2.5	690.6	8.2	844.1	22.2
健康险业务	亿元	366.9	8.1	381.0	3.8	396.7	4.1
人身意外伤害险业务	亿元	44.5	-2.9	38.1	-14.5	36.0	-5.4
三、重点领域数据							
1. 房地产							
（1）房地产开发投资	亿元	3012.7	-15.4	3413.3	13.3	3774.5	10.6
（2）商品房销售面积	万平方米	821.1	-11.6	694.2	-15.5	783.3	12.8
（3）商品房销售额	亿元	5050.6	6.7	3698.5	-26.8	3181.2	-14.0
2. 地方政府债务							
（1）债券发行额	亿元	586.0	21.6	719.0	22.7	682.6	-5.1
（2）债务余额	亿元	1420.0	61.2	2083.0	46.7	2692.4	29.3
3. 银行代客涉外收付款总额	亿美元	10198.3	32.4	10177.8	-0.2	10545.3	3.6

表 25　　山西省金融稳定相关指标表

指标名称	单位	2021 年		2022 年		2023 年	
		年末余额/本年累计	同比（%）	年末余额/本年累计	同比（%）	年末余额/本年累计	同比（%）
一、经济数据							
1. 地区生产总值（GDP）	亿元	22590.2	9.1	25642.6	4.4	25698.2	5.0
2. 全社会固定资产投资	亿元	—	8.7	—	5.9	—	-6.6
3. 社会消费品零售总额	亿元	7747.3	14.8	7562.7	-2.4	7981.8	5.5
4. 进出口总额	亿元	2230.3	48.3	1845.6	-16.7	1693.7	-7.4
5. 地方一般预算收入	亿元	2834.6	23.4	3453.9	21.8	3479.2	0.7
6. 地方一般预算支出	亿元	5048.1	-1.2	5872.7	16.3	6351.2	8.1
7. 居民人均可支配收入	元	27425.9	8.8	29178.0	6.4	30924.0	6.0
8. 居民消费价格指数（CPI）		101.0	1.0	102.1	2.1	99.9	-0.1
二、金融数据							
1. 银行业							
（1）资产总额	亿元	58530.1	10.5	65814.9	12.4	70991.9	7.9
（2）负债总额	亿元	56348.6	10.0	63543.2	12.8	68587.0	7.9
（3）各项贷款余额	亿元	34263.2	11.6	37712.9	10.1	41933.7	11.2
（4）各项存款余额	亿元	45523.2	10.2	52246.2	14.8	56538.0	8.2
2. 证券期货业							
（1）股票融资	亿元	476.3	705.1	81.0	-83.0	171.7	111.9
（2）债券融资	亿元	3186.3	-28.0	2956.6	-7.2	2919.2	-1.3
（3）期货公司资产总额	亿元	30.6	35.4	30.4	-0.8	31.5	3.6
（4）私募基金管理规模	亿元	1443.8	384.1	1435.7	-0.6	1411.4	-1.7
3. 保险业							
原保险保费收入	亿元	997.5	7.3	1012.9	1.6	1106.7	9.3
其中：财产险业务	亿元	230.5	-1.8	249.2	8.1	267.2	7.2
寿险业务	亿元	578.5	11.9	579.3	0.1	652.1	12.6
健康险业务	亿元	166.9	6.4	164.3	-1.6	168.0	2.3
人身意外伤害险业务	亿元	21.7	4.2	20.2	-6.8	19.4	-3.9
三、重点领域数据							
1. 房地产							
（1）房地产开发投资	亿元	1945.2	6.3	1764.2	-9.3	1751.5	-0.7
（2）商品房销售面积	万平方米	3204.4	19.3	2256.7	-29.6	2352.9	4.3
（3）商品房销售额	亿元	2170.9	15.1	1515.0	-30.2	1588.2	4.8
2. 地方政府债务							
（1）债券发行额	亿元	1146.0	-18.7	1349.0	17.7	1269.0	-5.9
（2）债务余额	亿元	5414.0	17.4	6286.0	16.1	7082.0	12.7
3. 银行代客涉外收付款总额	亿美元	576.3	38.4	566.2	-1.7	544.4	-3.9

表 26　安徽省金融稳定相关指标表

指标名称	单位	2021 年		2022 年		2023 年	
		年末余额/本年累计	同比（%）	年末余额/本年累计	同比（%）	年末余额/本年累计	同比（%）
一、经济数据							
1. 地区生产总值（GDP）	亿元	42959.2	8.3	45045.0	3.5	47050.6	5.8
2. 全社会固定资产投资	亿元	—	9.9	—	9.0	—	4.0
3. 社会消费品零售总额	亿元	21471.2	17.1	21518.4	0.2	23008.3	6.9
4. 进出口总额	亿元	6920.2	26.9	7530.6	8.9	8052.2	7.8
5. 地方一般预算收入	亿元	3498.2	8.8	3589.1	9.9	3939.0	9.7
6. 地方一般预算支出	亿元	7592.1	1.6	8378.9	10.4	8860.3	2.7
7. 居民人均可支配收入	元	30904.0	10.0	32745.2	6.0	34893.0	6.6
8. 居民消费价格指数（CPI）		100.9	0.9	102.0	2.0	100.2	0.2
二、金融数据							
1. 银行业							
（1）资产总额	亿元	84752.3	9.9	94890.4	12.0	106667.2	12.4
（2）负债总额	亿元	81289.8	9.8	91130.3	12.1	102569.3	12.6
（3）各项贷款余额	亿元	58669.8	12.5	67466.2	15.0	77990.4	15.6
（4）各项存款余额	亿元	66868.6	10.1	75196.1	12.5	83303.5	10.8
2. 证券期货业							
（1）股票融资	亿元	522.0	29.5	263.2	-49.6	391.9	48.9
（2）债券融资	亿元	6382.4	16.8	6395.4	0.2	6610.0	3.4
（3）期货公司资产总额	亿元	179.0	19.0	214.2	19.7	197.9	-7.6
（4）私募基金管理规模	亿元	3056.2	-1.3	3077.4	0.7	3396.4	10.4
3. 保险业							
原保险保费收入	亿元	1379.7	-1.7	1418.2	2.8	1494.9	5.4
其中：财产险业务	亿元	436.8	-7.2	487.0	11.5	514.2	5.6
寿险业务	亿元	656.8	0.0	646.1	-1.6	688.0	6.5
健康险业务	亿元	248.6	3.1	250.5	0.8	264.4	5.6
人身意外伤害险业务	亿元	37.4	7.9	34.7	-7.2	28.3	-18.5
三、重点领域数据							
1. 房地产							
（1）房地产开发投资	亿元	7263.2	3.1	6811.7	-6.2	4659.4	-16.4
（2）商品房销售面积	万平方米	10460.9	9.7	7471.3	-28.6	4677.6	-37.4
（3）商品房销售额	亿元	8143.2	10.8	5487.9	-32.6	3872.9	-22.8
2. 地方政府债务							
（1）债券发行额	亿元	2815.0	20.9	2694.0	-4.3	4483.0	66.4
（2）债务余额	亿元	11576.0	20.6	13304.0	14.9	15713.0	18.1
3. 银行代客涉外收付款总额	亿美元	1463.8	47.2	1797.8	22.8	1445.6	-19.6

表 27　　江西省金融稳定相关指标表

指标名称	单位	2021 年		2022 年		2023 年	
		年末余额/本年累计	同比（%）	年末余额/本年累计	同比（%）	年末余额/本年累计	同比（%）
一、经济数据							
1. 地区生产总值（GDP）	亿元	29619.7	8.8	32074.7	4.7	32200.1	4.1
2. 全社会固定资产投资	亿元	—	10.8	—	8.6	—	-5.9
3. 社会消费品零售总额	亿元	12206.7	17.7	12853.5	5.3	13659.8	6.3
4. 进出口总额	亿元	4973.6	23.6	6343.5	27.5	5697.7	-10.2
5. 地方一般预算收入	亿元	2812.3	12.2	2948.3	4.8	3059.6	3.8
6. 地方一般预算支出	亿元	6778.5	1.6	7288.3	7.5	7500.6	2.9
7. 居民人均可支配收入	元	30610.0	9.3	32418.7	5.9	34242.0	5.6
8. 居民消费价格指数（CPI）		100.9	0.9	102.0	2.0	100.3	0.3
二、金融数据							
1. 银行业							
（1）资产总额	亿元	64053.9	10.2	69443.7	8.4	76017.4	9.5
（2）负债总额	亿元	61176.4	9.9	66453.3	8.6	72885.5	9.7
（3）各项贷款余额	亿元	47173.4	13.2	52775.6	11.9	58049.2	10.0
（4）各项存款余额	亿元	47756.0	8.8	53162.4	11.3	58037.9	9.2
2. 证券期货业							
（1）股票融资	亿元	252.3	17.7	273.4	8.4	298.4	9.1
（2）债券融资	亿元	5639.1	40.9	5377.8	-4.6	6566.1	22.1
（3）期货公司资产总额	亿元	19.0	31.5	24.1	27.0	21.1	-12.5
（4）私募基金管理规模	亿元	1611.5	2.5	1563.6	-3.0	1418.6	-9.3
3. 保险业							
原保险保费收入	亿元	909.6	2.3	972.5	6.9	1007.7	3.6
其中：财产险业务	亿元	264.8	-3.5	304.2	14.9	327.5	7.7
寿险业务	亿元	444.0	7.1	475.4	7.1	486.8	2.4
健康险业务	亿元	175.5	-0.3	169.9	-3.2	174.8	2.9
人身意外伤害险业务	亿元	25.3	5.3	23.0	-9.1	18.7	-18.6
三、重点领域数据							
1. 房地产							
（1）房地产开发投资	亿元	2528.8	6.3	2209.3	-12.6	1580.7	-7.1
（2）商品房销售面积	万平方米	7676.2	14.0	6702.7	-12.7	3432.9	-20.6
（3）商品房销售额	亿元	5894.1	12.9	4905.2	-16.8	2482.4	-49.4
2. 地方政府债务							
（1）债券发行额	亿元	2290.7	0.1	2589.3	13.0	2729.0	5.4
（2）债务余额	亿元	9013.3	26.1	10859.5	20.5	12709.0	17.1
3. 银行代客涉外收付款总额	亿美元	648.7	28.9	747.2	15.2	739.4	-1.0

表 28　　河南省金融稳定相关指标表

指标名称	单位	2021 年		2022 年		2023 年	
		年末余额/本年累计	同比（%）	年末余额/本年累计	同比（%）	年末余额/本年累计	同比（%）
一、经济数据							
1. 地区生产总值（GDP）	亿元	58887.4	6.3	61345.1	3.1	59132.4	4.1
2. 全社会固定资产投资	亿元	—	4.5	—	6.7	—	2.1
3. 社会消费品零售总额	亿元	24381.7	8.3	24407.4	0.1	26004.5	6.5
4. 进出口总额	亿元	8208.1	22.9	8524.1	4.4	8107.9	-3.8
5. 地方一般预算收入	亿元	4347.4	4.3	4261.6	-2.1	4512.0	6.2
6. 地方一般预算支出	亿元	10419.9	0.5	10644.6	8.8	11062.6	3.9
7. 居民人均可支配收入	元	26811.0	8.1	28222.4	5.3	29933.0	6.1
8. 居民消费价格指数（CPI）		100.9	0.9	101.5	1.5	99.8	-0.2
二、金融数据							
1. 银行业							
（1）资产总额	亿元	104756.9	7.8	116029.9	10.6	125734.2	8.4
（2）负债总额	亿元	100513.9	7.4	111835.9	11.1	121119.7	8.3
（3）各项贷款余额	亿元	70540.8	10.0	76075.6	7.9	83596.7	9.9
（4）各项存款余额	亿元	83456.2	7.6	93173.1	11.6	100584.9	8.0
2. 证券期货业							
（1）股票融资	亿元	317.0	-5.1	285.2	-10.0	168.5	-40.9
（2）债券融资	亿元	6373.2	8.0	6665.8	4.6	8434.0	26.5
（3）期货公司资产总额	亿元	71.1	25.8	68.0	-4.3	74.4	9.4
（4）私募基金管理规模	亿元	852.3	14.9	908.2	6.6	980.9	8.0
3. 保险业							
原保险保费收入	亿元	2360.0	0.3	2369.5	0.4	2399.9	1.3
其中：财产险业务	亿元	549.7	-2.3	579.3	5.4	617.8	6.7
寿险业务	亿元	1264.3	1.4	1278.6	1.1	1308.4	2.3
健康险业务	亿元	493.8	0.5	465.5	-5.7	433.1	-7.0
人身意外伤害险业务	亿元	52.3	0.6	46.2	-11.6	40.6	-12.1
三、重点领域数据							
1. 房地产							
（1）房地产开发投资	亿元	7874.4	1.2	6793.4	-13.7	4189.4	-9.3
（2）商品房销售面积	万平方米	13277.2	-5.8	11141.0	-16.1	6965.3	-5.5
（3）商品房销售额	亿元	8657.7	-7.5	6724.8	-22.3	4546.5	-3.1
2. 地方政府债务							
（1）债券发行额	亿元	3413.0	25.1	4000.0	17.2	4079.0	2.0
（2）债务余额	亿元	12395.0	26.2	15130.0	22.1	17893.0	18.3
3. 银行代客涉外收付款总额	亿美元	1915.0	42.6	2151.3	12.3	1981.0	-7.9

表 29　　湖北省金融稳定相关指标表

指标名称	单位	2021 年		2022 年		2023 年	
		年末余额/本年累计	同比（%）	年末余额/本年累计	同比（%）	年末余额/本年累计	同比（%）
一、经济数据							
1. 地区生产总值（GDP）	亿元	50012.9	12.9	53734.9	4.3	55803.6	6.0
2. 全社会固定资产投资	亿元	—	20.4	—	15.0	—	5.0
3. 社会消费品零售总额	亿元	21561.4	19.9	22164.8	2.8	24041.9	8.5
4. 进出口总额	亿元	5374.4	24.8	6170.8	14.9	6449.7	5.8
5. 地方一般预算收入	亿元	3283.3	30.7	3280.7	-0.1	3692.3	12.5
6. 地方一般预算支出	亿元	7937.3	-6.0	8626.0	8.7	9295.8	7.8
7. 居民人均可支配收入	元	30829.0	10.6	32914.0	6.8	35146.0	6.8
8. 居民消费价格指数（CPI）		100.3	0.3	102.1	2.1	100.1	0.1
二、金融数据							
1. 银行业							
（1）资产总额	亿元	94511.4	8.9	102733.9	8.7	111786.3	8.8
（2）负债总额	亿元	91444.0	8.6	99491.0	8.8	108395.7	8.9
（3）各项贷款余额	亿元	67346.2	12.6	74282.9	10.3	81567.7	9.8
（4）各项存款余额	亿元	68944.9	8.6	76253.1	10.6	83139.6	9.0
2. 证券期货业							
（1）股票融资	亿元	494.8	10.9	516.8	4.4	241.6	-53.2
（2）债券融资	亿元	6600.4	23.7	6505.1	-1.4	7341.6	12.9
（3）期货公司资产总额	亿元	110.9	11.6	127.0	14.5	113.3	-10.8
（4）私募基金管理规模	亿元	2173.5	21.8	2318.6	6.7	2481.1	7.0
3. 保险业							
原保险保费收入	亿元	1878.1	1.3	1952.5	4.0	2118.1	8.5
其中：财产险业务	亿元	379.8	2.6	423.2	11.4	463.0	9.4
寿险业务	亿元	1086.9	-0.8	1095.9	0.8	1193.5	8.9
健康险业务	亿元	368.6	6.3	394.8	7.1	426.3	8.0
人身意外伤害险业务	亿元	42.8	1.6	38.6	-9.9	35.4	-8.4
三、重点领域数据							
1. 房地产							
（1）房地产开发投资	亿元	6121.9	25.2	6172.0	0.8	5409.0	-3.5
（2）商品房销售面积	万平方米	7940.8	20.5	6385.1	-19.6	5264.8	-5.6
（3）商品房销售额	亿元	7250.3	19.1	5413.3	-25.3	4619.5	-5.8
2. 地方政府债务							
（1）债券发行额	亿元	3010.0	3.8	2945.0	-2.2	3157.0	7.2
（2）债务余额	亿元	11932.0	18.4	13900.0	16.5	15626.0	12.4
3. 银行代客涉外收付款总额	亿美元	1333.1	67.1	1145.0	-14.1	1083.6	-5.4

表 30　　湖南省金融稳定相关指标表

指标名称	单位	2021 年		2022 年		2023 年	
		年末余额/本年累计	同比（%）	年末余额/本年累计	同比（%）	年末余额/本年累计	同比（%）
一、经济数据							
1. 地区生产总值（GDP）	亿元	46063.1	7.7	47558.6	4.2	50012.9	4.6
2. 全社会固定资产投资	亿元	—	8.0	—	6.6	—	-3.1
3. 社会消费品零售总额	亿元	18596.9	14.4	19050.7	2.4	20203.3	6.1
4. 进出口总额	亿元	5988.6	22.6	7058.2	20.2	6175.0	-12.1
5. 地方一般预算收入	亿元	3250.7	8.0	3101.8	-4.6	3360.5	8.3
6. 地方一般预算支出	亿元	8364.8	3.4	9005.3	8.2	9584.5	6.6
7. 居民人均可支配收入	元	31993.0	8.9	34036.0	6.4	35895.0	5.5
8. 居民消费价格指数（CPI）		100.5	0.5	101.8	1.8	100.2	0.2
二、金融数据							
1. 银行业							
（1）资产总额	亿元	79691.8	9.9	88245.1	10.7	97529.9	10.5
（2）负债总额	亿元	76888.3	9.5	85290.7	10.9	94282.2	10.5
（3）各项贷款余额	亿元	55845.0	13.0	62569.7	11.7	69396.4	10.9
（4）各项存款余额	亿元	62891.0	8.6	70141.9	11.5	77673.5	10.7
2. 证券期货业							
（1）股票融资	亿元	697.4	6.0	309.2	-55.7	443.5	43.4
（2）债券融资	亿元	7182.9	15.6	6845.5	-4.7	7701.3	12.5
（3）期货公司资产总额	亿元	81.6	29.3	91.8	12.5	78.9	-14.1
（4）私募基金管理规模	亿元	1096.6	39.7	1364.8	24.5	1344.6	-1.5
3. 保险业							
原保险保费收入	亿元	1508.8	4.8	1613.7	7.0	1694.0	5.0
其中：财产险业务	亿元	391.3	-3.2	430.1	9.9	465.4	8.2
寿险业务	亿元	748.5	6.2	817.8	9.3	876.5	7.2
健康险业务	亿元	328.3	12.6	328.5	0.1	318.3	-3.1
人身意外伤害险业务	亿元	40.7	4.9	37.4	-8.2	33.8	-9.5
三、重点领域数据							
1. 房地产							
（1）房地产开发投资	亿元	5427.8	11.2	5180.3	-4.6	3833.1	-13.1
（2）商品房销售面积	万平方米	9188.8	-2.6	6792.9	-26.1	5636.5	-14.1
（3）商品房销售额	亿元	6040.5	1.6	4312.3	-28.6	3700.1	-11.6
2. 地方政府债务							
（1）债券发行额	亿元	2996.0	17.5	2807.0	-6.3	4680.0	66.7
（2）债务余额	亿元	13605.0	15.2	15408.0	13.3	18216.0	18.2
3. 银行代客涉外收付款总额	亿美元	745.4	23.5	803.9	7.9	783.8	-2.5

表 31　内蒙古自治区金融稳定相关指标表

指标名称	单位	2021 年		2022 年		2023 年	
		年末余额/本年累计	同比（%）	年末余额/本年累计	同比（%）	年末余额/本年累计	同比（%）
一、经济数据							
1. 地区生产总值（GDP）	亿元	20514.2	6.3	23159.0	4.2	24627.0	7.3
2. 全社会固定资产投资	亿元	—	9.5	—	17.6	—	19.4
3. 社会消费品零售总额	亿元	5060.3	4.9	4971.4	-1.8	5374.3	8.1
4. 进出口总额	亿元	1235.6	17.2	1523.6	23.2	1965.3	30.4
5. 地方一般预算收入	亿元	2349.9	14.6	2824.4	20.2	3083.4	9.2
6. 地方一般预算支出	亿元	5240.1	5.2	5885.0	12.3	6817.5	15.8
7. 居民人均可支配收入	元	34108.0	8.3	35921.0	5.3	38130.0	6.1
8. 居民消费价格指数（CPI）		100.9	0.9	101.8	1.8	100.3	0.3
二、金融数据							
1. 银行业							
（1）资产总额	亿元	36670.1	7.4	41086.9	12.0	45585.4	10.9
（2）负债总额	亿元	35293.9	7.4	39912.4	13.1	44299.4	11.0
（3）各项贷款余额	亿元	25116.6	7.3	27132.2	8.0	30193.7	11.3
（4）各项存款余额	亿元	26980.2	10.4	31430.6	16.5	35224.1	12.1
2. 证券期货业							
（1）股票融资	亿元	162.3	182.3	40.8	-74.9	51.9	27.1
（2）债券融资	亿元	1018.4	3.6	1598.8	57.0	1904.1	19.1
（3）期货公司资产总额	亿元	—	—	—	—	—	—
（4）私募基金管理规模	亿元	327.9	9.6	344.7	5.1	362.4	5.1
3. 保险业							
原保险保费收入	亿元	645.6	-12.8	667.0	3.3	718.7	7.8
其中：财产险业务	亿元	205.4	-5.3	223.0	8.6	241.8	8.4
寿险业务	亿元	302.0	-16.1	304.2	0.7	338.8	11.4
健康险业务	亿元	122.5	-17.0	125.6	2.5	124.5	-0.8
人身意外伤害险业务	亿元	15.7	1.0	14.2	-9.5	13.7	-4.1
三、重点领域数据							
1. 房地产							
（1）房地产开发投资	亿元	1234.1	4.9	978.3	-20.7	963.4	-1.5
（2）商品房销售面积	万平方米	1858.9	-9.1	1380.5	-25.7	1511.9	9.5
（3）商品房销售额	亿元	1214.8	11.0	868.0	-28.5	993.1	14.4
2. 地方政府债务							
（1）债券发行额	亿元	1565.0	-15.3	1382.0	-11.7	2984.0	115.9
（2）债务余额	亿元	8897.0	7.6	9340.0	5.0	11071.0	18.5
3. 银行代客涉外收付款总额	亿美元	324.7	37.2	375.1	15.5	537.5	43.3

表 32　　陕西省金融稳定相关指标表

指标名称	单位	2021 年		2022 年		2023 年	
		年末余额/本年累计	同比（%）	年末余额/本年累计	同比（%）	年末余额/本年累计	同比（%）
一、经济数据							
1. 地区生产总值（GDP）	亿元	29801.0	6.5	32772.7	4.3	33786.1	4.3
2. 全社会固定资产投资	亿元	—	-3.0	—	8.1	—	0.3
3. 社会消费品零售总额	亿元	10250.5	6.7	10401.6	1.5	10759.0	3.4
4. 进出口总额	亿元	4757.8	25.9	4835.3	2.0	4042.1	-14.9
5. 地方一般预算收入	亿元	2775.3	22.9	3311.6	19.3	3437.4	3.8
6. 地方一般预算支出	亿元	6069.4	2.4	6766.3	11.5	7180.9	6.2
7. 居民人均可支配收入	元	28568.0	8.9	30115.8	5.4	32128.0	6.7
8. 居民消费价格指数（CPI）		101.5	1.5	102.1	2.1	100.1	0.1
二、金融数据							
1. 银行业							
（1）资产总额	亿元	69255.3	10.9	77711.8	12.2	84086.0	8.2
（2）负债总额	亿元	66940.2	10.8	75214.6	12.4	81355.1	8.2
（3）各项贷款余额	亿元	44379.3	13.3	48860.5	10.1	53876.8	9.9
（4）各项存款余额	亿元	54625.1	10.5	61956.8	13.4	66934.4	8.0
2. 证券期货业							
（1）股票融资	亿元	226.3	-34.5	248.7	9.9	297.9	19.8
（2）债券融资	亿元	4494.6	14.2	4590.8	2.1	5081.5	10.7
（3）期货公司资产总额	亿元	94.8	25.5	99.6	5.0	104.9	5.3
（4）私募基金管理规模	亿元	1167.0	10.6	1306.6	12.0	1218.4	-6.8
3. 保险业							
原保险保费收入	亿元	1052.4	4.6	1102.0	4.7	1192.7	8.2
其中：财产险业务	亿元	254.7	8.3	272.8	7.1	294.2	7.8
寿险业务	亿元	598.2	-10.2	620.2	3.7	672.7	8.5
健康险业务	亿元	175.8	0.8	187.6	6.7	205.9	9.8
人身意外伤害险业务	亿元	23.7	-1.2	21.5	-9.0	19.9	-7.7
三、重点领域数据							
1. 房地产							
（1）房地产开发投资	亿元	2990.6	-5.0	3215.8	7.5	2943.3	-8.5
（2）商品房销售面积	万平方米	4260.1	-4.3	3308.7	-22.3	2711.3	-18.1
（3）商品房销售额	亿元	4146.3	-5.2	3270.5	-21.1	2973.5	-9.1
2. 地方政府债务							
（1）债券发行额	亿元	2197.0	43.2	1934.0	-12.0	2137.0	10.5
（2）债务余额	亿元	8685.0	-11.9	9787.0	12.7	10855.0	10.9
3. 银行代客涉外收付款总额	亿美元	641.7	23.8	645.2	0.5	544.8	-15.6

表 33　　甘肃省金融稳定相关指标表

指标名称	单位	2021 年		2022 年		2023 年	
		年末余额/本年累计	同比（%）	年末余额/本年累计	同比（%）	年末余额/本年累计	同比（%）
一、经济数据							
1. 地区生产总值（GDP）	亿元	10243.3	6.9	11201.6	4.5	11863.8	6.4
2. 全社会固定资产投资	亿元	—	11.1	—	10.1	—	5.9
3. 社会消费品零售总额	亿元	4037.1	11.1	3922.2	-2.8	4329.7	10.4
4. 进出口总额	亿元	490.9	28.4	584.2	18.8	491.7	-13.0
5. 地方一般预算收入	亿元	1001.8	14.6	907.6	-9.4	1003.5	10.6
6. 地方一般预算支出	亿元	4025.9	-3.3	4263.5	5.7	4518.5	6.1
7. 居民人均可支配收入	元	22066.0	8.5	23273.1	5.5	25011.0	7.5
8. 居民消费价格指数（CPI）		100.9	0.9	101.9	1.9	100.5	0.5
二、金融数据							
1. 银行业							
（1）资产总额	亿元	33522.3	8.3	36534.1	9.0	38419.5	5.2
（2）负债总额	亿元	31955.4	8.3	34907.2	9.2	37077.3	6.2
（3）各项贷款余额	亿元	23866.1	7.8	25375.4	6.3	27446.4	8.2
（4）各项存款余额	亿元	21694.3	6.0	24025.5	10.7	25753.9	7.2
2. 证券期货业							
（1）股票融资	亿元	98.3	275.8	33.9	-65.5	298.5	780.1
（2）债券融资	亿元	1597.3	45.8	1057.0	-33.8	1140.8	7.9
（3）期货公司资产总额	亿元	10.7	9.1	9.7	-9.0	9.5	-2.3
（4）私募基金管理规模	亿元	181.7	-0.7	190.1	4.6	138.6	-27.1
3. 保险业							
原保险保费收入	亿元	490.3	1.1	490.9	0.1	534.3	8.8
其中：财产险业务	亿元	131.0	-9.0	139.6	6.6	150.6	7.9
寿险业务	亿元	258.0	8.3	260.2	0.9	284.0	9.1
健康险业务	亿元	87.1	-1.8	78.5	-9.9	87.3	11.2
人身意外伤害险业务	亿元	14.3	-0.6	12.6	-11.8	12.4	-1.7
三、重点领域数据							
1. 房地产							
（1）房地产开发投资	亿元	1525.9	12.6	1481.7	-2.9	1263.1	-14.8
（2）商品房销售面积	万平方米	2224.1	13.0	1470.4	-33.9	1496.7	1.8
（3）商品房销售额	亿元	1344.9	4.0	835.5	-37.9	900.8	7.8
2. 地方政府债务							
（1）债券发行额	亿元	1255.8	11.8	1497.2	19.2	1620.0	8.2
（2）债务余额	亿元	4896.1	24.2	6087.5	24.3	7107.0	16.8
3. 银行代客涉外收付款总额	亿美元	124.9	14.5	148.4	18.8	127.1	-14.3

表 34 青海省金融稳定相关指标表

指标名称	单位	2021 年		2022 年		2023 年	
		年末余额/本年累计	同比（%）	年末余额/本年累计	同比（%）	年末余额/本年累计	同比（%）
一、经济数据							
1. 地区生产总值（GDP）	亿元	3346.6	5.7	3610.1	2.3	3799.1	5.3
2. 全社会固定资产投资	亿元	—	-2.9	—	-7.6	—	-7.5
3. 社会消费品零售总额	亿元	947.8	8.0	842.1	-11.2	987.7	17.3
4. 进出口总额	亿元	31.3	36.4	43.0	35.5	48.7	20.3
5. 地方一般预算收入	亿元	328.8	10.3	329.1	0.1	381.3	15.9
6. 地方一般预算支出	亿元	1853.8	-4.1	1957.1	6.5	2188.7	10.8
7. 居民人均可支配收入	元	25919.0	7.8	27000.0	4.2	28587.0	5.9
8. 居民消费价格指数（CPI）		101.3	1.3	102.4	2.4	100.5	0.5
二、金融数据							
1. 银行业							
（1）资产总额	亿元	9745.0	7.8	9881.3	1.4	10336.7	4.6
（2）负债总额	亿元	8791.0	2.9	9412.1	7.1	9811.6	4.3
（3）各项贷款余额	亿元	6818.4	3.7	7084.8	3.3	7585.5	7.1
（4）各项存款余额	亿元	6728.8	6.8	7621.7	13.1	7894.6	3.6
2. 证券期货业							
（1）股票融资	亿元	8.5	—	10.0	17.4	—	-100.0
（2）债券融资	亿元	401.3	-9.9	172.4	-57.1	366.6	112.7
（3）期货公司资产总额	亿元	72.0	3.0	91.7	27.3	78.4	-14.5
（4）私募基金管理规模	亿元	129.6	-9.2	119.8	-7.6	135.4	13.0
3. 保险业							
原保险保费收入	亿元	106.9	3.1	106.4	-0.5	118.0	10.9
其中：财产险业务	亿元	44.9	2.9	44.9	0.0	50.7	13.2
寿险业务	亿元	41.9	4.5	42.1	0.4	47.9	13.8
健康险业务	亿元	16.7	-0.6	16.3	-2.3	16.6	1.9
人身意外伤害险业务	亿元	3.4	8.4	3.1	-7.9	2.7	-13.5
三、重点领域数据							
1. 房地产							
（1）房地产开发投资	亿元	442.5	5.0	296.2	-33.1	201.4	-32.0
（2）商品房销售面积	万平方米	386.2	-17.8	204.4	-47.1	235.9	15.4
（3）商品房销售额	亿元	294.4	-23.2	145.0	-50.7	166.6	14.9
2. 地方政府债务							
（1）债券发行额	亿元	504.0	-1.6	495.0	-1.8	570.0	15.2
（2）债务余额	亿元	2787.0	12.0	3044.0	9.2	3337.0	9.6
3. 银行代客涉外收付款总额	亿美元	7.0	-10.6	7.9	12.6	12.4	57.5

表 35　宁夏回族自治区金融稳定相关指标表

指标名称	单位	2021 年		2022 年		2023 年	
		年末余额/本年累计	同比（%）	年末余额/本年累计	同比（%）	年末余额/本年累计	同比（%）
一、经济数据							
1. 地区生产总值（GDP）	亿元	4522.3	6.7	5069.6	4.0	5315.0	6.6
2. 全社会固定资产投资	亿元	—	2.2	—	10.2	—	5.5
3. 社会消费品零售总额	亿元	1335.1	2.6	1338.4	0.3	1355.0	1.2
4. 进出口总额	亿元	214.0	73.4	257.4	20.3	205.4	-20.2
5. 地方一般预算收入	亿元	460.0	9.7	460.2	0.0	502.3	9.2
6. 地方一般预算支出	亿元	1428.3	3.7	1587.9	11.2	1751.5	10.3
7. 居民人均可支配收入	元	27904.0	8.4	29599.0	6.1	31604.0	6.8
8. 居民消费价格指数（CPI）		101.4	1.4	102.3	2.3	100.4	0.4
二、金融数据							
1. 银行业							
（1）资产总额	亿元	10809.6	4.8	11671.3	8.0	12680.0	8.6
（2）负债总额	亿元	10429.0	4.3	11224.6	7.6	12214.6	8.8
（3）各项贷款余额	亿元	8600.9	6.2	9112.2	5.9	9864.0	8.3
（4）各项存款余额	亿元	7199.5	4.3	8108.1	12.6	8955.7	10.5
2. 证券期货业							
（1）股票融资	亿元	2.1	-86.2	—	-100.0	31.4	—
（2）债券融资	亿元	433.5	-23.9	525.2	21.2	599.8	14.2
（3）期货公司资产总额	亿元	—	—	—	—	—	—
（4）私募基金管理规模	亿元	186.0	-27.5	213.8	15.0	201.5	-5.7
3. 保险业							
原保险保费收入	亿元	211.1	0.2	215.8	2.2	244.6	13.3
其中：财产险业务	亿元	65.3	-3.7	70.8	8.4	79.3	12.0
寿险业务	亿元	100.8	4.3	102.3	1.5	123.3	20.5
健康险业务	亿元	38.0	-4.7	36.1	-5.0	36.3	0.4
人身意外伤害险业务	亿元	7.0	10.8	6.5	-5.9	5.7	-12.5
三、重点领域数据							
1. 房地产							
（1）房地产开发投资	亿元	467.0	7.8	420.0	-10.1	436.1	3.8
（2）商品房销售面积	万平方米	1014.5	-7.4	715.6	-29.5	690.3	-3.5
（3）商品房销售额	亿元	675.1	-3.3	502.1	-25.6	479.4	-4.5
2. 地方政府债务							
（1）债券发行额	亿元	259.0	-18.0	258.0	-0.4	463.0	79.5
（2）债务余额	亿元	1922.0	3.4	1997.0	3.9	2244.0	12.4
3. 银行代客涉外收付款总额	亿美元	36.6	19.1	38.2	4.4	39.6	3.8

表 36　　新疆维吾尔自治区金融稳定相关指标表

指标名称	单位	2021 年		2022 年		2023 年	
		年末余额/本年累计	同比（%）	年末余额/本年累计	同比（%）	年末余额/本年累计	同比（%）
一、经济数据							
1. 地区生产总值（GDP）	亿元	15983.7	7.0	17741.3	3.2	19125.9	6.8
2. 全社会固定资产投资	亿元	—	15.0	—	7.6	—	12.4
3. 社会消费品零售总额	亿元	3584.6	17.0	3240.5	-9.6	3849.7	18.8
4. 进出口总额	亿元	1569.1	-17.3	2463.6	57.0	3573.3	45.9
5. 地方一般预算收入	亿元	1618.6	9.6	1889.2	14.9	2179.7	15.3
6. 地方一般预算支出	亿元	5411.0	4.5	5726.1	6.5	6049.6	5.9
7. 居民人均可支配收入	元	26075.0	9.4	27063.0	3.8	28947.0	7.0
8. 居民消费价格指数（CPI）		101.2	1.2	101.8	1.8	100.0	—
二、金融数据							
1. 银行业							
（1）资产总额	亿元	38775.9	7.3	41978.7	8.3	44706.5	6.5
（2）负债总额	亿元	37110.3	7.5	40229.9	8.4	42897.6	6.6
（3）各项贷款余额	亿元	25508.6	11.4	27866.3	9.2	30857.2	10.7
（4）各项存款余额	亿元	26662.1	6.8	30848.1	15.7	32985.5	6.9
2. 证券期货业							
（1）股票融资	亿元	1133.5	1395.6	281.2	-75.2	61.8	-78.0
（2）债券融资	亿元	2062.1	-19.9	1829.9	-11.3	2156.5	17.8
（3）期货公司资产总额	亿元	26.4	28.3	24.3	-7.8	32.1	32.1
（4）私募基金管理规模	亿元	1305.7	-2.8	1239.7	-5.1	1259.6	1.6
3. 保险业							
原保险保费收入	亿元	685.7	0.6	681.3	-0.6	724.3	6.3
其中：财产险业务	亿元	228.8	-2.8	232.0	1.4	250.3	7.9
寿险业务	亿元	303.9	1.7	298.5	-1.8	326.1	9.3
健康险业务	亿元	134.7	3.6	134.0	-0.5	129.3	-3.5
人身意外伤害险业务	亿元	18.3	3.0	16.8	-8.4	18.5	10.2
三、重点领域数据							
1. 房地产							
（1）房地产开发投资	亿元	1501.4	19.1	1158.9	-22.8	1168.5	0.8
（2）商品房销售面积	万平方米	2398.6	22.1	1516.2	-36.8	1903.2	25.5
（3）商品房销售额	亿元	1397.9	20.2	883.5	-36.8	1167.5	32.1
2. 地方政府债务							
（1）债券发行额	亿元	1930.0	17.5	1859.0	-3.7	1891.0	1.7
（2）债务余额	亿元	7635.0	23.7	9001.0	17.9	10245.0	13.8
3. 银行代客涉外收付款总额	亿美元	135.4	-10.6	167.8	23.9	193.3	15.2

表 37 广西壮族自治区金融稳定相关指标表

指标名称	单位	2021 年		2022 年		2023 年	
		年末余额/本年累计	同比（%）	年末余额/本年累计	同比（%）	年末余额/本年累计	同比（%）
一、经济数据							
1. 地区生产总值（GDP）	亿元	25209.1	7.9	26300.9	2.9	27202.4	4.1
2. 全社会固定资产投资	亿元	—	7.7	—	-0.3	—	-15.5
3. 社会消费品零售总额	亿元	8538.5	9.0	8539.1	—	8651.6	1.3
4. 进出口总额	亿元	5930.6	21.8	6603.5	11.3	6936.5	7.3
5. 地方一般预算收入	亿元	1800.1	4.8	1687.7	3.6	1783.8	5.7
6. 地方一般预算支出	亿元	5810.2	-6.0	5893.9	1.5	6102.6	3.6
7. 居民人均可支配收入	元	26727.0	8.8	27981.0	4.7	29514.0	5.5
8. 居民消费价格指数（CPI）		100.9	0.9	101.9	1.9	99.8	-0.2
二、金融数据							
1. 银行业							
（1）资产总额	亿元	51286.8	10.0	56223.2	9.6	62315.5	10.8
（2）负债总额	亿元	49265.0	10.1	54095.7	9.8	60039.3	11.0
（3）各项贷款余额	亿元	39851.1	13.2	44692.1	12.1	49773.0	11.4
（4）各项存款余额	亿元	36879.4	6.4	40212.4	9.0	44067.2	9.6
2. 证券期货业							
（1）股票融资	亿元	60.5	-48.8	126.7	109.7	93.5	-26.2
（2）债券融资	亿元	3818.3	-8.3	3428.0	-10.2	3928.4	14.6
（3）期货公司资产总额	亿元	—	—	—	—	—	—
（4）私募基金管理规模	亿元	824.2	58.0	1063.5	29.0	1389.3	30.6
3. 保险业							
原保险保费收入	亿元	780.6	6.3	809.6	3.7	844.8	4.3
其中：财产险业务	亿元	241.2	3.4	261.5	8.4	283.9	8.6
寿险业务	亿元	345.8	6.1	363.2	5.0	380.4	4.8
健康险业务	亿元	165.1	11.9	158.7	-3.9	157.2	-0.9
人身意外伤害险业务	亿元	28.5	2.6	26.3	-7.7	23.3	-11.6
三、重点领域数据							
1. 房地产							
（1）房地产开发投资	亿元	3733.9	-2.9	2307.4	-38.2	1337.0	-31.2
（2）商品房销售面积	万平方米	6178.3	-8.2	4370.9	-29.3	2916.7	-18.6
（3）商品房销售额	亿元	3672.5	-13.6	2390.1	-34.9	1685.6	-14.9
2. 地方政府债务							
（1）债券发行额	亿元	1622.4	-11.8	1963.4	21.0	3207.2	63.3
（2）债务余额	亿元	8560.7	12.4	9722.0	13.6	11551.5	18.8
3. 银行代客涉外收付款总额	亿美元	636.4	15.0	684.0	7.5	598.4	-12.5

表 38　　重庆市金融稳定相关指标表

指标名称	单位	2021 年		2022 年		2023 年	
		年末余额/本年累计	同比（%）	年末余额/本年累计	同比（%）	年末余额/本年累计	同比（%）
一、经济数据							
1. 地区生产总值（GDP）	亿元	27894.0	8.3	29129.0	2.6	30145.8	6.1
2. 全社会固定资产投资	亿元	—	6.1	—	0.7	—	4.3
3. 社会消费品零售总额	亿元	13967.7	18.5	13926.1	-0.3	15130.3	8.6
4. 进出口总额	亿元	8000.6	22.8	8158.4	2.0	7137.4	-12.5
5. 地方一般预算收入	亿元	2285.4	9.1	2103.4	-8.0	2440.7	16.0
6. 地方一般预算支出	亿元	4835.1	-1.2	4892.8	1.2	5304.6	8.4
7. 居民人均可支配收入	元	33803.0	9.7	35666.0	5.5	37595.0	5.4
8. 居民消费价格指数（CPI）		100.3	0.3	102.1	2.1	99.7	-0.3
二、金融数据							
1. 银行业							
（1）资产总额	亿元	66013.2	11.7	70023.7	6.1	76353.0	9.0
（2）负债总额	亿元	62830.5	11.3	66693.7	6.1	72686.8	9.0
（3）各项贷款余额	亿元	46927.6	12.0	50051.9	6.7	56730.2	13.3
（4）各项存款余额	亿元	45908.0	7.1	49567.2	8.0	53562.8	8.1
2. 证券期货业							
（1）股票融资	亿元	186.6	-34.0	366.5	96.4	135.8	-62.9
（2）债券融资	亿元	8330.7	2.9	7829.5	-6.0	8067.9	3.0
（3）期货公司资产总额	亿元	321.5	32.1	399.8	24.4	457.0	14.3
（4）私募基金管理规模	亿元	1340.1	-12.1	1660.5	23.9	1814.5	9.3
3. 保险业							
原保险保费收入	亿元	965.5	-2.2	981.1	1.6	1055.8	7.6
其中：财产险业务	亿元	213.7	-7.2	226.6	6.0	244.4	7.8
寿险业务	亿元	519.2	-3.7	520.2	0.2	578.3	11.2
健康险业务	亿元	206.3	7.8	212.7	3.1	214.7	0.9
人身意外伤害险业务	亿元	26.3	-2.6	21.6	-17.9	18.4	-14.9
三、重点领域数据							
1. 房地产							
（1）房地产开发投资	亿元	4355.0	0.1	3467.6	-20.4	2792.4	-19.5
（2）商品房销售面积	万平方米	6197.7	0.9	4439.0	-28.4	3572.4	-19.5
（3）商品房销售额	亿元	5391.3	6.3	3101.6	-42.5	2475.0	-20.2
2. 地方政府债务							
（1）债券发行额	亿元	2518.0	48.5	2117.0	-15.9	2999.6	41.7
（2）债务余额	亿元	8610.0	26.6	10071.0	17.0	12257.8	21.7
3. 银行代客涉外收付款总额	亿美元	1827.2	30.2	1696.0	-7.2	1289.2	-24.0

表 39　四川省金融稳定相关指标表

指标名称	单位	2021 年		2022 年		2023 年	
		年末余额/本年累计	同比（%）	年末余额/本年累计	同比（%）	年末余额/本年累计	同比（%）
一、经济数据							
1. 地区生产总值（GDP）	亿元	53850.80	8.20	56749.80	2.90	60132.90	6.00
2. 全社会固定资产投资	亿元	—	5.90	—	6.00	—	4.40
3. 社会消费品零售总额	亿元	24133.20	15.90	24104.60	-0.10	26313.40	9.20
4. 进出口总额	亿元	9513.60	17.60	10076.73	6.10	9574.90	-4.00
5. 地方一般预算收入	亿元	4773.30	12.00	4882.20	7.50	5529.10	13.30
6. 地方一般预算支出	亿元	11215.6	9.0	11914.7	6.2	12731.7	6.9
7. 居民人均可支配收入	元	29080.1	9.6	30679.0	5.5	32514.0	6.0
8. 居民消费价格指数（CPI）		100.3	0.3	102.0	2.0	100.0	0.0
二、金融数据							
1. 银行业							
（1）资产总额	亿元	122971.8	9.9	136407.4	10.9	152697.0	11.9
（2）负债总额	亿元	118032.8	9.0	131752.4	11.6	147506.6	12.0
（3）各项贷款余额	亿元	80161.3	13.2	91975.5	14.7	105425.0	14.6
（4）各项存款余额	亿元	94731.7	8.3	106657.3	12.6	117878.3	10.5
2. 证券期货业							
（1）股票融资	亿元	362.3	-9.5	625.1	72.5	209.8	-66.4
（2）债券融资	亿元	9767.3	19.4	9539.6	-2.3	10528.1	10.4
（3）期货公司资产总额	亿元	96.2	20.0	114.0	18.5	115.3	1.2
（4）私募基金管理规模	亿元	2232.3	12.5	2492.9	11.7	2622.2	5.2
3. 保险业							
原保险保费收入	亿元	2204.9	3.1	2297.8	4.2	2483.5	8.1
其中：财产险业务	亿元	557.3	3.1	598.0	7.3	633.8	6.0
寿险业务	亿元	1172.9	3.2	1210.7	3.2	1314.9	8.6
健康险业务	亿元	414.0	1.3	432.7	4.5	482.5	11.5
人身意外伤害险业务	亿元	60.6	4.2	56.4	-7.0	52.3	-7.3
三、重点领域数据							
1. 房地产							
（1）房地产开发投资	亿元	7832.0	7.1	7500.0	-4.2	5320.6	-23.3
（2）商品房销售面积	万平方米	13692.9	3.3	10340.0	-24.5	8005.8	-4.9
（3）商品房销售额	亿元	10796.7	3.9	8216.0	-23.9	7170.2	1.7
2. 地方政府债务							
（1）债券发行额	亿元	3695.0	4.3	3873.0	4.8	4468.0	15.4
（2）债务余额	亿元	15237.5	19.6	17705.4	16.2	20270.0	14.5
3. 银行代客涉外收付款总额	亿美元	1878.3	27.8	2042.2	8.7	1783.4	-12.7

表 40　　贵州省金融稳定相关指标表

指标名称	单位	2021 年		2022 年		2023 年	
		年末余额/本年累计	同比（%）	年末余额/本年累计	同比（%）	年末余额/本年累计	同比（%）
一、经济数据							
1. 地区生产总值（GDP）	亿元	19586.4	8.1	20164.6	1.2	20913.3	4.9
2. 全社会固定资产投资	亿元	—	-3.1	—	-5.1	—	-5.7
3. 社会消费品零售总额	亿元	8904.3	13.7	8507.1	-4.5	9011.2	5.9
4. 进出口总额	亿元	654.2	19.7	792.9	21.2	759.8	11.5
5. 地方一般预算收入	亿元	1969.5	10.2	1886.4	-4.2	2078.4	10.2
6. 地方一般预算支出	亿元	5590.2	-2.6	5851.4	4.7	6203.7	6.0
7. 居民人均可支配收入	元	23996.0	10.1	25508.0	6.3	27098.0	6.2
8. 居民消费价格指数（CPI）		100.1	0.1	101.6	1.6	99.7	-0.3
二、金融数据							
1. 银行业							
（1）资产总额	亿元	47786.5	8.6	51778.6	8.4	56720.2	9.5
（2）负债总额	亿元	45565.3	8.7	49499.9	8.6	54145.9	9.4
（3）各项贷款余额	亿元	35829.4	11.2	40223.1	12.3	45063.5	12.0
（4）各项存款余额	亿元	30048.1	6.3	32761.1	9.0	36066.6	10.1
2. 证券期货业							
（1）股票融资	亿元	194.7	598.2	169.5	-12.9	45.5	-73.2
（2）债券融资	亿元	4371.4	-5.8	3470.5	-20.6	3424.2	-1.3
（3）期货公司资产总额	亿元	—	—	—	—	—	—
（4）私募基金管理规模	亿元	1360.6	-3.1	1588.6	16.8	1799.5	13.3
3. 保险业							
原保险保费收入	亿元	496.3	-2.5	504.2	1.6	537.9	6.7
其中：财产险业务	亿元	214.7	-3.7	229.9	7.1	245.5	6.8
寿险业务	亿元	180.7	-1.2	175.9	-2.7	197.5	12.3
健康险业务	亿元	80.2	-4.7	79.8	-0.6	80.6	1.0
人身意外伤害险业务	亿元	20.7	9.5	18.7	-9.6	14.3	-23.2
三、重点领域数据							
1. 房地产							
（1）房地产开发投资	亿元	2807.3	-5.2	1834.7	-34.7	1188.3	-19.8
（2）商品房销售面积	万平方米	5586.0	0.6	2908.2	-47.9	2214.7	-5.6
（3）商品房销售额	亿元	3243.9	0.6	1686.5	-48.0	1251.7	-3.5
2. 地方政府债务							
（1）债券发行额	亿元	2276.0	-9.8	2082.0	-8.5	4128.0	98.3
（2）债务余额	亿元	11872.0	8.0	12473.0	5.1	15125.0	21.3
3. 银行代客涉外收付款总额	亿美元	132.4	11.7	147.7	11.6	123.0	-16.7

表 41　云南省金融稳定相关指标表

指标名称	单位	2021 年		2022 年		2023 年	
		年末余额/本年累计	同比（%）	年末余额/本年累计	同比（%）	年末余额/本年累计	同比（%）
一、经济数据							
1. 地区生产总值（GDP）	亿元	27146.8	7.3	28954.2	4.3	30021.1	4.4
2. 全社会固定资产投资	亿元	—	4.0	—	7.5	—	-10.6
3. 社会消费品零售总额	亿元	10731.8	9.6	10838.8	1.0	11560.7	6.7
4. 进出口总额	亿元	3143.8	16.8	3342.4	6.3	2588.0	-17.9
5. 地方一般预算收入	亿元	2278.2	7.6	1949.3	-14.4	2149.4	10.3
6. 地方一般预算支出	亿元	6634.4	-4.9	6699.7	1.0	6730.3	0.5
7. 居民人均可支配收入	元	25666.0	10.2	26937.0	5.0	28421.0	5.5
8. 居民消费价格指数（CPI）		100.2	0.2	101.6	1.6	100.3	0.3
二、金融数据							
1. 银行业							
（1）资产总额	亿元	51002.3	6.2	54543.1	6.9	58923.9	8.0
（2）负债总额	亿元	49133.7	6.2	52757.5	7.4	56963.0	8.0
（3）各项贷款余额	亿元	38977.9	11.2	42682.8	9.5	45966.9	7.7
（4）各项存款余额	亿元	36520.0	2.4	39580.7	8.4	43322.8	9.5
2. 证券期货业							
（1）股票融资	亿元	183.8	69.9	338.1	83.9	166.6	-50.7
（2）债券融资	亿元	2376.2	-27.3	2573.5	8.3	3002.2	16.7
（3）期货公司资产总额	亿元	42.4	15.4	35.0	-17.4	37.4	6.8
（4）私募基金管理规模	亿元	1137.1	-9.5	1074.1	-5.5	1050.3	-2.2
3. 保险业							
原保险保费收入	亿元	690.2	-1.7	725.0	5.0	760.3	4.9
其中：财产险业务	亿元	262.1	-10.4	277.5	5.9	285.9	3.1
寿险业务	亿元	251.6	-11.9	271.2	7.8	300.1	10.7
健康险业务	亿元	148.3	-0.3	150.4	1.5	150.6	0.1
人身意外伤害险业务	亿元	28.3	7.6	26.0	-8.3	23.7	-8.8
三、重点领域数据							
1. 房地产							
（1）房地产开发投资	亿元	4309.9	-4.3	3152.0	-26.9	2066.6	-34.4
（2）商品房销售面积	万平方米	3880.8	-20.1	2938.4	-24.3	2490.9	-15.2
（3）商品房销售额	亿元	2962.5	-25.4	1999.4	-32.5	1702.2	-14.9
2. 地方政府债务							
（1）债券发行额	亿元	2282.0	-0.5	2456.0	7.6	3702.0	50.7
（2）债务余额	亿元	10982.0	14.5	12128.0	10.4	14454.0	19.2
3. 银行代客涉外收付款总额	亿美元	296.5	18.1	322.2	8.6	311.3	-3.4

表 42 西藏自治区金融稳定相关指标表

指标名称	单位	2021 年		2022 年		2023 年	
		年末余额/本年累计	同比（%）	年末余额/本年累计	同比（%）	年末余额/本年累计	同比（%）
一、经济数据							
1. 地区生产总值（GDP）	亿元	2080.2	6.7	2132.6	1.1	2392.7	9.5
2. 全社会固定资产投资	亿元	—	-14.2	—	-18.0	—	35.1
3. 社会消费品零售总额	亿元	810.3	8.7	726.5	-10.3	879.8	21.1
4. 进出口总额	亿元	40.2	88.3	46.0	14.6	109.8	138.3
5. 地方一般预算收入	亿元	215.6	-2.4	179.6	-16.7	236.6	31.7
6. 地方一般预算支出	亿元	2027.0	-8.3	2593.0	27.9	2809.1	8.3
7. 居民人均可支配收入	元	24950.0	14.7	26675.0	6.9	28983.0	8.7
8. 居民消费价格指数（CPI）		100.9	0.9	101.5	1.5	100.3	0.3
二、金融数据							
1. 银行业							
（1）资产总额	亿元	6351.7	0.0	6731.9	6.0	7294.2	8.4
（2）负债总额	亿元	6550.1	1.1	7005.4	7.0	7557.1	7.9
（3）各项贷款余额	亿元	5135.3	3.6	5416.4	5.5	6011.5	11.0
（4）各项存款余额	亿元	5596.5	3.2	6361.2	13.7	6446.3	1.3
2. 证券期货业							
（1）股票融资	亿元	9.2	-66.7	5.2	-43.4	25.8	392.6
（2）债券融资	亿元	461.2	98.9	367.3	-20.4	487.5	32.7
（3）期货公司资产总额	亿元	—	—	—	—	—	—
（4）私募基金管理规模	亿元	3764.1	23.0	3297.3	-12.4	3026.2	-8.2
3. 保险业							
原保险保费收入	亿元	39.9	0.4	39.4	-1.1	47.1	19.3
其中：财产险业务	亿元	27.4	0.7	27.8	1.2	32.0	15.2
寿险业务	亿元	5.4	3.1	5.4	0.4	6.3	16.2
健康险业务	亿元	4.2	-5.0	3.9	-7.3	5.9	51.0
人身意外伤害险业务	亿元	2.9	1.2	2.4	-20.1	2.9	22.1
三、重点领域数据							
1. 房地产							
（1）房地产开发投资	亿元	142.0	-14.2	60.7	-57.3	79.2	30.5
（2）商品房销售面积	万平方米	140.8	51.0	59.6	-57.7	79.7	33.7
（3）商品房销售额	亿元	121.7	45.0	50.7	-58.3	66.8	31.6
2. 地方政府债务							
（1）债券发行额	亿元	162.0	15.7	126.0	-22.2	135.0	7.1
（2）债务余额	亿元	496.0	32.3	568.0	14.5	682.0	20.1
3. 银行代客涉外收付款总额	亿美元	3.3	-12.5	4.1	25.9	7.4	79.5

表 43　　辽宁省金融稳定相关指标表

指标名称	单位	2021 年		2022 年		2023 年	
		年末余额/本年累计	同比（%）	年末余额/本年累计	同比（%）	年末余额/本年累计	同比（%）
一、经济数据							
1. 地区生产总值（GDP）	亿元	27584.1	5.8	28975.1	2.1	30209.4	5.3
2. 全社会固定资产投资	亿元	—	2.6	—	3.6	—	4.0
3. 社会消费品零售总额	亿元	9783.9	9.2	9526.2	-2.6	10362.1	8.8
4. 进出口总额	亿元	7724.0	17.6	7907.3	2.4	7659.6	-3.1
5. 地方一般预算收入	亿元	2764.7	4.1	2524.3	-8.7	2754.0	9.1
6. 地方一般预算支出	亿元	5901.3	6.0	6253.0	6.4	6567.3	4.9
7. 居民人均可支配收入	元	35112.0	7.3	36089.0	2.8	37992.0	5.3
8. 居民消费价格指数（CPI）		101.1	1.1	102.0	2.0	100.1	0.1
二、金融数据							
1. 银行业							
（1）资产总额	亿元	96016.0	4.9	99454.0	3.6	104663.6	5.2
（2）负债总额	亿元	93004.9	5.9	97015.7	4.3	101564.7	4.7
（3）各项贷款余额	亿元	53174.4	1.7	54294.2	2.1	54878.1	1.1
（4）各项存款余额	亿元	69046.6	4.2	71732.6	3.9	79469.8	6.5
2. 证券期货业							
（1）股票融资	亿元	171.0	21.4	183.3	7.2	78.8	-57.0
（2）债券融资	亿元	2492.0	-61.5	2546.1	2.2	2073.3	-18.6
（3）期货公司资产总额	亿元	22.1	77.4	8.4	-62.0	0.0	-100.0
（4）私募基金管理规模	亿元	237.7	3.5	224.5	-5.5	198.6	-11.5
3. 保险业							
原保险保费收入	亿元	1360.9	1.8	1403.8	3.2	1571.9	12.0
其中：财产险业务	亿元	375.1	-2.7	407.1	8.5	427.6	5.0
寿险业务	亿元	724.7	2.7	727.7	0.4	853.8	17.3
健康险业务	亿元	179.5	6.6	243.1	35.5	267.8	9.9
人身意外伤害险业务	亿元	75.1	3.8	25.8	-65.7	22.7	-11.9
三、重点领域数据							
1. 房地产							
（1）房地产开发投资	亿元	2900.7	-2.6	2362.0	-18.6	1744.8	-26.1
（2）商品房销售面积	万平方米	3433.9	-8.3	2182.5	-36.4	2071.0	-5.1
（3）商品房销售额	亿元	3066.4	-8.9	1814.7	-40.8	1557.0	-14.2
2. 地方政府债务							
（1）债券发行额	亿元	2457.0	685.0	2024.0	-17.6	3467.0	71.3
（2）债务余额	亿元	10252.0	10.7	10976.0	7.1	12871.0	17.3
3. 银行代客涉外收付款总额	亿美元	1397.9	-22.1	631.6	-54.8	1363.4	115.9

表 44　吉林省金融稳定相关指标表

指标名称	单位	2021 年		2022 年		2023 年	
		年末余额/本年累计	同比（%）	年末余额/本年累计	同比（%）	年末余额/本年累计	同比（%）
一、经济数据							
1. 地区生产总值（GDP）	亿元	13235.5	7.5	13070.2	-1.9	13531.2	6.3
2. 全社会固定资产投资	亿元	—	11.0	—	-2.4	—	0.3
3. 社会消费品零售总额	亿元	4216.6	10.3	3807.7	-9.7	4150.4	9.0
4. 进出口总额	亿元	1504.9	17.3	1559.0	3.6	1679.1	7.7
5. 地方一般预算收入	亿元	1144.0	5.4	851.0	-25.6	1074.8	26.3
6. 地方一般预算支出	亿元	3696.7	-10.4	4044.0	9.4	4406.9	9.0
7. 居民人均可支配收入	元	27770.0	7.8	27975.0	0.7	29797.0	6.5
8. 居民消费价格指数（CPI）		100.6	0.6	102.1	2.1	99.9	-0.1
二、金融数据							
1. 银行业							
（1）资产总额	亿元	38418.6	7.2	41785.5	8.8	46125.6	10.4
（2）负债总额	亿元	37045.9	7.7	40360.2	8.9	44589.8	10.5
（3）各项贷款余额	亿元	24589.6	8.0	26452.4	7.6	27792.4	5.5
（4）各项存款余额	亿元	28695.1	8.7	31838.5	11.0	36499.3	11.5
2. 证券期货业							
（1）股票融资	亿元	70.4	-70.1	47.9	-31.9	22.9	-52.3
（2）债券融资	亿元	1188.2	-7.9	967.9	-18.5	1194.3	23.4
（3）期货公司资产总额	亿元	11.2	37.0	9.8	-11.9	12.4	26.4
（4）私募基金管理规模	亿元	328.1	9.2	326.5	-0.5	326.5	0.0
3. 保险业							
原保险保费收入	亿元	691.3	-2.6	677.7	-2.0	721.3	6.4
其中：财产险业务	亿元	170.5	-9.3	187.1	9.7	199.7	6.8
寿险业务	亿元	349.2	-1.4	329.7	-5.6	363.8	10.4
健康险业务	亿元	155.9	2.1	148.5	-4.7	147.0	-1.0
人身意外伤害险业务	亿元	15.7	1.6	12.4	-20.6	10.8	-13.4
三、重点领域数据							
1. 房地产							
（1）房地产开发投资	亿元	1540.9	5.5	1014.8	-34.1	823.8	-18.8
（2）商品房销售面积	万平方米	1836.3	0.3	1001.1	-45.8	1057.3	5.6
（3）商品房销售额	亿元	1291.0	-6.6	696.3	-46.1	730.2	4.9
2. 地方政府债务							
（1）债券发行额	亿元	1394.0	0.7	1525.0	9.4	2380.0	56.1
（2）债务余额	亿元	6259.0	19.9	7168.0	14.5	8871.0	23.8
3. 银行代客涉外收付款总额	亿美元	280.9	16.1	252.6	-10.1	263.9	4.5

表 45 黑龙江省金融稳定相关指标表

指标名称	单位	2021 年		2022 年		2023 年	
		年末余额/本年累计	同比（%）	年末余额/本年累计	同比（%）	年末余额/本年累计	同比（%）
一、经济数据							
1. 地区生产总值（GDP）	亿元	14879.2	6.1	15901.0	2.7	15883.9	2.6
2. 全社会固定资产投资	亿元	—	6.4	—	0.6	—	-14.8
3. 社会消费品零售总额	亿元	5542.9	8.8	5210.0	-6.0	5634.2	8.1
4. 进出口总额	亿元	1995.0	29.6	2651.5	33.0	2978.3	12.3
5. 地方一般预算收入	亿元	1300.5	12.8	1290.6	-0.8	1396.0	8.2
6. 地方一般预算支出	亿元	5104.5	-6.3	5452.0	6.8	5776.7	6.0
7. 居民人均可支配收入	元	27159.0	9.1	28346.0	4.4	29694.0	4.8
8. 居民消费价格指数（CPI）		100.6	0.6	101.9	1.9	100.6	0.6
二、金融数据							
1. 银行业							
（1）资产总额	亿元	47025.0	8.2	51404.7	9.3	56135.9	9.2
（2）负债总额	亿元	45268.9	8.1	49719.0	9.8	54318.0	9.3
（3）各项贷款余额	亿元	24409.5	8.1	25358.0	3.9	26871.4	5.3
（4）各项存款余额	亿元	34319.9	8.6	38782.5	13.0	43274.1	11.6
2. 证券期货业							
（1）股票融资	亿元	37.4	-72.1	157.6	321.2	66.1	-58.0
（2）债券融资	亿元	934.5	-45.8	1056.4	13.0	807.7	-23.5
（3）期货公司资产总额	亿元	3.1	-35.8	2.7	-13.9	2.3	-15.0
（4）私募基金管理规模	亿元	126.3	22.6	118.0	-6.6	139.6	18.3
3. 保险业							
原保险保费收入	亿元	995.5	2.1	982.4	-1.3	1026.0	4.4
其中：财产险业务	亿元	198.5	-4.4	218.4	10.0	238.7	9.3
寿险业务	亿元	549.0	5.3	522.3	-4.9	533.6	2.2
健康险业务	亿元	230.8	1.0	226.5	-1.9	240.0	6.0
人身意外伤害险业务	亿元	17.1	-4.7	15.3	-10.9	13.7	-10.3
三、重点领域数据							
1. 房地产							
（1）房地产开发投资	亿元	936.0	-4.8	628.6	-32.8	457.0	-27.3
（2）商品房销售面积	万平方米	1348.1	-9.8	925.5	-31.3	857.8	-7.3
（3）商品房销售额	亿元	858.1	-19.4	569.4	-33.6	554.4	-2.6
2. 地方政府债务							
（1）债券发行额	亿元	1387.0	2.7	1272.9	-8.2	2102.8	65.2
（2）债务余额	亿元	6534.5	15.0	7290.9	11.6	8497.3	16.5
3. 银行代客涉外收付款总额	亿美元	169.4	9.6	187.2	10.5	197.0	5.3

表 46　　大连市金融稳定相关指标表

指标名称	单位	2021 年		2022 年		2023 年	
		年末余额/本年累计	同比（%）	年末余额/本年累计	同比（%）	年末余额/本年累计	同比（%）
一、经济数据							
1. 地区生产总值（GDP）	亿元	7825.9	8.2	8430.9	4.0	8752.9	6.0
2. 全社会固定资产投资	亿元	—	1.2	—	6.5	—	0.6
3. 社会消费品零售总额	亿元	1909.7	4.5	1846.9	-3.3	2008.6	8.8
4. 进出口总额	亿元	4248.5	10.3	4792.1	12.8	4552.8	-5.0
5. 地方一般预算收入	亿元	737.6	5.0	669.7	-9.2	750.2	12.0
6. 地方一般预算支出	亿元	980.1	-2.2	991.1	1.1	1013.5	2.3
7. 居民人均可支配收入	元	44267.0	5.7	45790.0	3.4	47608.0	4.0
8. 居民消费价格指数（CPI）		101.4	1.4	102.2	2.2	100.4	0.4
二、金融数据							
1. 银行业							
（1）资产总额	亿元	22016.8	5.6	23912.4	8.6	24909.5	4.2
（2）负债总额	亿元	21828.4	7.7	23674.7	8.5	24252.0	2.4
（3）各项贷款余额	亿元	13540.3	4.5	14235.1	5.1	14404.9	1.2
（4）各项存款余额	亿元	17081.5	6.7	18911.4	10.7	19886.0	5.2
2. 证券期货业							
（1）首次公开发行（IPO）	亿元	5.4	-55.7	18.5	243.1	6.9	-62.6
（2）债券融资	亿元	958.1	-29.2	1122.8	17.2	855.6	-23.8
（3）期货公司资产总额	亿元	13.3	476.8	—	-100.0	—	—
（4）私募基金管理规模	亿元	119.0	2.7	131.0	10.1	92.1	-29.7
3. 保险业							
原保险保费收入	亿元	378.2	2.9	400.8	6.0	451.2	12.6
其中：财产险业务	亿元	83.5	-2.0	93.2	11.7	97.2	4.3
寿险业务	亿元	229.9	4.2	244.0	6.1	288.9	18.4
健康险业务	亿元	4.3	-12.7	56.8	1234.0	59.0	3.8
人身意外伤害险业务	亿元	54.1	4.4	6.8	-87.5	6.1	-10.3
三、重点领域数据							
1. 房地产							
（1）房地产开发投资	亿元	729.0	-3.2	608.8	-16.5	458.1	-24.8
（2）商品房销售面积	万平方米	687.7	-3.8	434.3	-36.8	309.6	-28.7
（3）商品房销售额	亿元	945.3	-0.6	543.2	-42.5	361.4	-33.5
2. 地方政府债务							
（1）债券发行额	亿元	575.0	83.7	467.0	-18.8	671.0	43.7
（2）债务余额	亿元	2369.0	14.8	2545.0	7.4	2898.0	13.9
3. 银行代客涉外收付款总额	亿美元	756.5	18.9	974.0	28.8	782.2	-19.7